LA FEMME
DANS LES CONTES DE FÉES

« *Espaces libres* »

MARIE-LOUISE VON FRANZ

LA FEMME DANS LES CONTES DE FÉES

Traduit par
Francine Saint René Taillandier

Albin Michel

Albin Michel
■ *Spiritualités* ■

Collection « Espaces libres » dirigée
par Jean Mouttapa et Marc de Smedt

INTRODUCTION

A l'origine, et jusqu'au XVIIe siècle environ, les contes de fées n'étaient pas tant destinés aux enfants qu'à la population adulte. Cette situation s'est prolongée dans les milieux ruraux où, jusqu'à une époque relativement récente, conteurs et conteuses animaient les traditionnelles veillées. Progressivement, cependant, le développement du courant rationnel et son corollaire, le refus de l'irrationnel, firent que l'on ne vit plus dans les contes populaires qu'absurdes histoires de vieilles femmes, tout juste bonnes à amuser les enfants.

Il y a peu de temps encore, la plupart des adultes ne se seraient pas donné le ridicule de prendre les contes de fées au sérieux. Cependant ceux-ci étaient devenus l'objet d'études scientifiques aussi bien que littéraires ; on élabora diverses théories à leur sujet et les recueils de contes se multiplièrent dans différents pays. Je ne reviendrai pas sur cette question dont j'ai traité ailleurs [1] et me contenterai de rappeler le regain d'intérêt que le public porte actuellement à cette forme de littérature populaire. Les essais d'interprétation et les approches psychologiques auxquels ils ont donné lieu n'y sont certainement pas étrangers, et nous verrons que la psychologie de C.G. Jung, en particulier, nous permet d'en pénétrer le sens en les revivifiant. Ce faisant, elle nous

1. Marie-Louise von Franz *L'Interprétation des contes de fées*, trad. fr. de F. Saint René Taillandier éd. La Fontaine de Pierre, Paris, 1978, chap. I. (N.d.T.) (2e édition, Dervy-Livres, 1987).

rend capables de recevoir les leçons et les effets bienfaisants que ces récits ont eu, de tous temps, pour tâche de transmettre.

Avant d'aborder le sujet de la présente étude, spécialement consacrée aux *figures féminines* qui apparaissent dans les contes de fées, nous nous demanderons tout d'abord si le sexe de la personne qui rapporte l'histoire a une influence sur celle-ci.

Certains éditeurs, par souci de précision scientifique, donnent des indications sur leurs « informateurs ». Les conteurs auprès de qui les récits ont été recueillis sont soit des paysans, des gens tout à fait normaux, soit des vieillards étranges ou des personnes névrosées et à tendance schizoïde ; quoi qu'il en soit, ils peuvent être de l'un comme de l'autre sexe.

Pour ma part, je pense que le récit aura une tonalité un peu différente suivant qu'il aura été rapporté par un conteur ou par une conteuse. J'illustrerai ceci par un exemple : un de mes amis, professeur de dessin, proposa à ses élèves de représenter une scène de leur choix du conte de Grimm N° 6 : *Jean le fidèle (Der treue Johannes).* De toute évidence, cette histoire reflète la psychologie masculine, et la seule figure féminine qu'elle contient est assez pâle. C'était une classe mixte. Tous se mirent au travail avec un égal enthousiasme, mais les garçons choisirent les scènes héroïques et dramatiques qui mettaient en valeur les personnages masculins auxquels ils s'identifiaient, tandis que les filles prirent le seul personnage féminin, en qui elles se reconnaissaient. On peut donc supposer que les versions des contes, telles qu'elles nous sont parvenues, ont subi tantôt une influence féminine dominante, tantôt une empreinte masculine, et que certains traits en ont été soulignés et d'autres estompés, selon qu'elles ont été rapportées, en dernier lieu, par un homme ou par une femme.

Ceci entraîne tout naturellement une seconde question : un personnage féminin d'un conte représente-t-il vraiment la femme, sa situation et sa psychologie ? En effet, qu'une figure féminine joue le rôle central dans un récit ne signifie pas pour autant que celui-ci traite de la femme et des problèmes féminins tels que les femmes les ressentent, car bien des histoires qui décrivent les aventures ou les souffrances d'une femme ont été contées par des hommes ; ce sont des développements et des projections de leur imagination, qui expriment leurs aspirations et leurs difficultés à vivre leur propre pôle féminin et à entrer en relation avec les femmes.

Ces problèmes se reflètent clairement, par exemple, dans le thème bien connu de l'épouse abandonnée qui doit traverser de longues épreuves pour retrouver son époux. C'est le cas de Psyché à la recherche d'Amour, dont Apulée nous raconte la belle histoire dans son roman : *L'Ane d'Or*[2]. Dans les textes gnostiques antiques apparaît la figure de *Sophia*, personnification féminine de la sagesse divine, à propos de qui sont rapportés des mythes étonnants : étant la plus jeune fille de la divinité, elle désire connaître son Père, qui porte le nom d'Abîme ; ce désir téméraire l'amène à tomber dans la matière, la souffrance et les difficultés où elle est retenue prisonnière, et d'où elle ne cesse de supplier qu'on la délivre. Ce thème se rencontre également dans la tradition juive de la kabbale, sous la forme de la *Shékhina* perdue. Or, nous savons que ces textes ont été composés par des hommes et que ces figures sont sorties de l'imagination et de l'esprit masculins. La Sophia ou la Shékhina sont donc des aspects de ce que Jung a nommé l'*anima* de l'homme. On sait que Jung désigne par là ce que l'on peut appeler le « pôle féminin » de l'homme, constitué principalement de ces qualités de sensibilité, d'imagination, d'intuition, etc., que l'image collective du mâle « viril » oblige un homme à refouler plus ou moins. Ces aspects de lui-même se mêlant à la poussée instinctive qui le porte vers l'autre sexe, auront tendance à se

2. Ce conte est commenté dans M.-L. von Franz, *L'Ane d'Or. Interprétation d'un conte*, adapt. fr. de F. Saint René Taillandier, éd. La Fontaine de Pierre, Paris, 1978, chap. V et VI. 2e éd. 1982) (N.d.T.).

manifester dans les phantasmes, rêveries éveillées et songes sous forme de figures féminines.

Dans *Les Racines de la conscience* [3], Jung montre l'influence de la mère sur la formation chez l'homme de son image de la femme, de son anima. La première expérience que l'homme a eue de la femme est, normalement, celle de sa mère, avec tout ce que cela comporte de sensations, d'émotions et de sentiments entremêlés, restés plus ou moins inconscients. C'est ainsi que la mère marquera non seulement les aspects « féminins » de son fils, mais aussi l'image qu'il se fait de la femme, ses aspirations, ses exigences et ses craintes vis-à-vis des femmes. Cette image, vague et mythique, qui oscille dans son imagination et ses désirs entre la déesse et la prostituée, évoluera au contact des femmes réelles rencontrées ou aimées. Un des problèmes de l'homme est d'apprendre à ajuster ces fantasmagories à la réalité et de reconnaître en sa partenaire un autre individu humain : rien de plus, mais rien de moins ! Et c'est bien cette fantasmagorie que nous montrent les mythes, les contes et aussi les rêves où les figures féminines sont, suivant les cas, princesse, sorcière, ou maternelle bonne fée. De même chez la femme se développent des qualités « viriles », des images et une attente du partenaire. Jung a nommé ce pôle « masculin » de la femme : l'*animus*.

Pour en revenir à la question épineuse que nous nous posions plus haut, que représentent les personnages de femmes dans les contes de fées ? Ou, en d'autres termes, la princesse est-elle sortie d'une imagination féminine ou d'une imagination masculine ? Nous dirons que les choses ne sont pas si faciles à démêler car, même dans la réalité, on ne peut séparer entièrement les deux : la femme réelle a une influence sur l'anima de l'homme, et, inversement, l'anima de l'homme en a une sur la femme. Cette question sera à la fois éclairée et sa

---

3. Cf. C.G. Jung, *Les Racines de la conscience*, trad. fr. d'Yves Le Lay, éd. Buchet-Chastel, Paris, 1971, p. 77 et sv. (N.d.T.)

complexité mise en relief si nous réfléchissons aux interactions qui se produisent dans la réalité entre l'anima d'une part et la femme concrète d'autre part.

Une femme peut avoir une influence éducatrice et transformante sur l'éros de l'homme. Un homme, surtout s'il est très absorbé par des activités professionnelles ou intellectuelles, aura souvent tendance à se montrer quelque peu fruste et indifférencié dans le domaine du sentiment. Il rentre à la maison, embrasse distraitement sa femme, mange, se plonge dans son journal ou la télévision et va se coucher : il oublie de s'intéresser à sa femme et de parler avec elle, d'avoir un dialogue vrai. S'il a une relation sexuelle avec elle, de quoi se plaindrait-elle ? Il ne voit pas la personne qu'est sa femme et ses besoins, ni ce qu'elle aurait à lui apporter. C'est dans ce domaine que l'attitude de la femme peut avoir un effet transformant. Si elle est capable de soutenir ses droits d'être humain sans tomber sous l'influence de ce que Jung appelle un animus négatif, esprit de récrimination ou de découragement qui empirerait la situation, et si elle a un bon rapport avec l'homme avec qui elle vit, elle pourra lui faire comprendre certains aspects de la psychologie féminine. De même qu'il a d'abord subi l'influence de sa mère dans la formation de son sentiment, les femmes qu'il rencontrera par la suite joueront un rôle important dans l'édification de son anima et de sa fonction d'éros.

Mais la femme subit de son côté l'influence de l'anima de l'homme. Une femme qui se comporte spontanément d'une certaine façon et qui remarquera que l'homme qu'elle aime ou qui l'intéresse en est choqué ou troublé, parce que ce comportement heurte l'image qu'il a de la femme, aura tendance à s'adapter à ce que l'homme désire, de peur de le perdre. Même très jeune, une petite fille comprend très vite que si elle entre dans le jeu de l'anima de son père en le câlinant et en lui faisant des coquetteries, elle obtient ce qu'elle veut de lui. La « fille à papa » écartera sa mère qui exige qu'elle ait les ongles propres et soit à l'heure à l'école ; elle saura dire

« papa » sur un ton si charmeur qu'il fondra et tombera dans son piège. C'est ainsi que la fillette commence à exploiter l'anima de l'homme en y adaptant son comportement. Cela est bon dans une certaine mesure, car cela apprend à la future femme à connaître les réactions masculines et à savoir entrer à bon escient dans le jeu de l'instinct qui régit le rapport entre les sexes, mais cette attitude comporte un danger. Adulte, une telle « femme-anima » adopte le rôle que lui suggère ou lui impose l'homme qui retient son intérêt à ce moment-là, et le milieu masculin, professionnel ou autre, où elle évolue. Elle perd son autonomie et n'est consciente d'elle-même qu'en tant que miroir des désirs de son partenaire. Elle devient la « femme-objet ». L'homme pourra la trouver merveilleuse, au moins dans un premier temps, mais s'il lui fait défaut, elle se sentira anéantie, la conscience qu'elle a de sa personnalité dépendant uniquement de celui qui est son vis-à-vis.

Certaines femmes cèdent entièrement aux caprices de l'anima de l'homme. Une femme de ma connaissance avait des pieds petits et sensibles ; comme son mari aimait les talons aiguilles, elle se tortura, contre l'avis des médecins, pour lui plaire. Une femme n'agit ainsi que par peur de perdre l'amour de l'homme ; si elle sent que celui-ci ne tient à elle qu'en tant qu'incarnation de son anima, elle se sent obligée de jouer le rôle de celle-ci. Mais dans ce cas, son mari ne l'aime que comme un de ses phantasmes et non comme une personne indépendante de lui-même — ayant, comme lui, le droit de se tenir ferme sur ses deux pieds — ce n'est qu'un simulacre de sentiment. Si, au lieu de plier en silence, elle avait gentiment refusé, peut-être se serait-il aperçu que sa femme existait !

Que ces interactions paraissent positives ou négatives, une telle femme se trouve très affectée par l'anima de l'homme, ce qui nous ramène, pour l'un comme pour l'autre des partenaires, à un niveau de conscience très primitif, très collectif et indifférencié, où l'on ne peut plus distinguer ce qui appartient à l'anima de ce qui est caractéristique de la personnalité de la femme. Lorsque les deux sont ainsi mêlées, elles réagissent l'une sur l'autre, ce qui est la source de conflits incessants.

Dans notre civilisation judéo-chrétienne, c'est-à-dire dans une tradition strictement patriarcale, l'image archétypique de la femme ne figure pas ; suivant la boutade de Jung, elle n'a pas de représentant au « Parlement d'En Haut ». Il en résulte que, d'une part, l'anima de l'homme est négligée, et que, d'autre part, la femme est incertaine quant à sa propre essence ; elle ne sait ni ce qu'elle est, ni ce qu'elle pourrait être. Il ne lui reste que deux solutions : régresser jusqu'à un modèle de comportement instinctif primitif et s'y cramponner pour résister aux pressions exercées sur elle par la civilisation, ou tomber dans une attitude d'animus et s'identifier totalement à lui, tentant de construire une image masculine d'elle-même pour compenser l'incertitude qu'elle ressent à l'intérieur quant à sa nature. C'est ainsi que l'on rencontre « l'épouse dévouée », « la parfaite maîtresse de maison » et « la mère qui a tout sacrifié pour ses enfants », ce qui est plein de mérite, si toutefois la femme n'y a pas perdu toute personnalité et ne fait pas payer à son entourage les frustrations subies pour réaliser de tels exploits. Ou, à l'inverse, elles essayeront de ressembler à des hommes, mettant tout d'elles-mêmes dans leur carrière, l'ambition, etc., y sacrifiant toute vie sentimentale et individuelle.

Dans une structure matriarcale, comme en Inde du Sud, les femmes ont une confiance spontanée en leur nature féminine. Elles ont conscience de leur importance, du fait qu'elles ont des traits particuliers qui les différencient de l'homme et de ce que ceux-ci n'impliquent aucune infériorité. Elles ont une assurance toute naturelle dans leur existence et leur comportement humains.

A un niveau primitif et inconscient, l'image de la femme et celle de l'anima de l'homme se confondent plus ou moins en une même réalité psychologique ; celle-ci subit une lente transformation au cours des siècles. L'évolution actuelle est vraisemblablement la somme des millions de réactions individuelles qui se sont produites en particulier durant ces trois ou quatre derniers siècles. L'amertume ressentie par d'innombrables femmes d'avoir été rejetées ou insuffisamment appréciées et de n'avoir pas pu épanouir leurs richesses a fini par déclencher l'apparition du mouvement d'émancipation de la femme au début du XIXe siècle. De tels mouvements de masse, qui ont un important arrière-plan psychologique, sont le résultat de nombreuses expériences individuelles et se développent longuement de façon souterraine avant d'exploser à la surface, de sorte que le problème se pose enfin de façon consciente à la collectivité. Nous verrons que ces courants souterrains se reflètent, entre autres, dans les contes de fées.

Il nous faut donc commencer par un paradoxe : les personnages féminins des contes ne représentent ni l'anima, ni la femme, mais les deux. Parfois l'une domine, ou parfois l'autre ; nous demeurons sur un terrain relativement sûr si nous reconnaissons que certains contes tendent davantage à représenter la femme concrète, et d'autres l'anima, selon le sexe de celui qui a imprimé sa marque au récit.

Comme nous ne pouvons jamais dire avec certitude si c'est la femme ou l'anima qui est en cause, et que les deux sont indissociables, la meilleure approche sera de tenter d'interpréter l'histoire suivant les deux hypothèses. On constatera alors que certaines sont très riches quand elles sont interprétées du point de vue de la femme, tandis que de celui de l'homme elles sont moins révélatrices, ou inversement. C'est ainsi que j'ai choisi tout d'abord de parler de quelques contes de Grimm qui se prêtent plus particulièrement à être interprétés d'un point de vue féminin, sans pour autant exclure le fait qu'ils concernent également les problèmes de l'anima.

Il a parfois été dit — à tort, je crois — que le mythe est l'histoire des dieux et les contes de fées celle d'êtres humains. Cette théorie se heurte au fait que, dans certains récits folkloriques, les personnages portent des noms de dieux mythologiques. Ainsi, dans certaines versions de *La Belle au Bois dormant,* les Fées ont des noms de déesses, comme nous le verrons plus loin ; et, dans nombre de versions les deux enfants de l'héroïne reçoivent les noms de *Soleil* et de *Lune,* tandis que, dans d'autres versions, ils se nomment *Aurore* et *Jour* (cf. Perrault). Comme la mère du Soleil et de la Lune n'est pas non plus un être ordinaire, on peut en conclure que l'histoire est une allégorie qui se réfère au mythe de Létô donnant naissance à Apollon et à Diane dans l'île de Délos. Par ailleurs, le Soleil et la Lune avec leur mère est un thème alchimique bien connu. Ainsi, Michel Maïer représente-t-il Latone et ses deux enfants à tête de soleil et de lune, à l'emblème XI d'*Atalante Fugitive*[4]. Je ne reviendrai pas pour l'instant sur la place que tiennent les symboles alchimiques dans les contes de fées, ce dont j'ai déjà parlé ailleurs[5]. On peut voir, entre autres, dans la Belle endormie, une allégorie de la Nuit donnant naissance à la Lune ou à l'Aurore, puis au Soleil et au Jour. D'un point de vue psychologique nous dirons que, dans les mythes comme dans les contes, les personnages sont des figures archétypiques qui n'ont, à première vue, rien à voir avec des êtres ordinaires ou avec les caractères décrits par la psychologie.

J'ai eu en traitement une femme très simple. Fille d'un menuisier, elle avait été élevée dans un pays de montagne très primitif et très pauvre. Elle frôlait de très près la schizophrénie, si elle n'était pas effectivement schizophrène. Les voix qu'elle entendait, ses visions et ses rêves, produisaient un matériel archétypique des plus stupéfiants. Bien qu'ayant appris le métier de coif-

4. Michel Maïer, *Atalante Fugitive,* trad. fr. d'Etienne Perrot, éd. Librairie de Médicis, Paris, 1969, p. 120. (N.d.T.)

5. Cf. M.-L. von Franz, *L'Interprétation des contes de fées,* trad. cit., pp. 189-191 ; *L'Ane d'Or, Interprétation d'un conte,* trad. cit., pp. 226 à 232 et chap. XII : « La matière et le vase mystique » ; *La Voie de l'individuation dans les contes de fées,* trad. fr. de F. Saint René Taillandier, éd. La Fontaine de Pierre, Paris, 1978 ; p. 78 et *passim.* (N.d.T.)

feuse, l'invasion de ses fantasmes l'empêchait de l'exercer. Elle faisait des ménages, mais elle se montrait si querelleuse et si bizarre qu'elle devait travailler dans des usines aux heures où elle ne rencontrait personne. Elle s'était donc trouvée repoussée jusqu'aux frontières de la société humaine. Par ailleurs, c'était une personne véritablement religieuse, qu'on aurait pu comparer à Thérèse Neumann. Elle était réellement si absorbée par ses visions qu'elle ne pouvait pas s'adapter au monde extérieur. A notre première entrevue, malgré son désir, elle ne parvint pas, pendant les soixante minutes de la séance, à entrer en contact avec moi. Son complexe du moi était trop faible ; il lui fallait d'abord s'habituer à ma personne et à l'endroit où nous nous trouvions. Elle réussit enfin à me dire qu'on ne pouvait parler de sujets tels que Dieu sans préparation. Cela est vrai, car il faut une ambiance intime et amicale pour pouvoir partager un secret d'une telle importance. J'acceptai donc que nous nous voyions moins souvent, mais en lui consacrant un après-midi entier. Je ne la recevais pas dans mon cabinet de consultation : nous allions dans une auberge où nous buvions un verre ensemble, ou en promenade. Pendant une heure ou une heure et demie, elle ne parlait pas du tout, ou bien d'imbécillités, ce qui était épuisant. Alors, pour la ramener à la réalité, je regardais ma montre ou je lui faisais remarquer que je devais être rentrée pour dîner. Elle sursautait, puis commençait subitement à parler de ses expériences intérieures ou à me raconter un rêve comme s'il s'agissait d'événements concrets. Pour empêcher qu'elle ne replonge dans son monde purement archétypique et raffermir sa conscience, je lui disais : « Oui, mais c'était un rêve. » N'étant pas désorientée au point de ne pas s'en rendre compte alors, elle acquiesçait toujours. Seulement, je remarquais ensuite qu'elle ne pouvait plus continuer, qu'elle était troublée, comme un artiste lorsqu'on interfère dans son travail. En effet, une personne habitée par une idée créatrice naissante risque d'être arrêtée et mutilée par une interruption et de perdre le fil de son inspiration. La première émergence d'une idée créatrice ne doit pas être troublée. On ne devrait jamais commenter de telles idées avant qu'elles n'aient pris une forme définie, car elles sont évanescentes et plus fragiles que des nouveau-nés, c'est pourquoi tous les gens créateurs sont très sensibles aux interruptions. Ayant remarqué la même chose chez cette femme, je réservais mes commentaires pour la fin, quand je pensais qu'il était juste de la ramener un peu à la réalité concrète, suivant en cela l'exemple des contes de fées où souvent un commentaire, une phrase, vous chasse hors du récit, mais seulement lorsque celui-ci est terminé.

Cette personne pouvait donc me raconter les histoires archétypiques les plus incroyables comme si elles étaient vraies. C'est là, pris sur le vif, un exemple de la façon dont un conte de fées peut naître : quelqu'un raconte une histoire dramatique dont le thème est classique et existe sous une forme ou sous une autre dans la littérature folklorique et, à la fin, on constate que c'était un rêve. Dans un cas semblable, il y a complète identification entre le conteur et son histoire ; plus tard, si elle est répétée, elle se modifie, se complète et se restructure, tandis que les motifs personnels sont laissés de côté.

Les contes se terminent souvent par une phrase de ce genre : « Et le coq chanta cocorico, l'aube est venue et mon conte est fini. » Ce qui signifie que le moment est venu de se réveiller de l'atmosphère onirique du conte, car, lorsque le coq chante, c'est l'heure de sortir du lit ! Il existe bien des formules qui, toutes, sont des sortes de « rites de sortie ». Elles nous rappellent que le conte se passe dans un monde imaginaire et que les personnages et les événements qui s'y déroulent appartiennent à un univers qui est le domaine de l'inconscient. C'est un « autre monde » qui contraste avec celui de la vie et des gens ordinaires. Ainsi s'établit spontanément un mouvement de va-et-vient entre le conscient et l'inconscient.

Dans le mythe et le conte, les personnages sont peu définis et schématiques ; ils correspondent à ce que

Lévy-Bruhl appelait des « représentations collectives ». Comme les thèmes de contes émigrent, on ne peut les mettre en rapport avec une conscience collective nationale déterminée que lorsqu'il s'agit d'une version locale bien précise. Ils contiennent, en ce cas, énormément de matériaux qui compensent et contredisent les idées admises par le conscient collectif du pays où ils sont racontés.

La personne dont je parlais plus haut me rapportait parfois des rêves où Dieu le Père lui apparaissait et lui parlait, et ce qu'il disait correspondait à son éducation chrétienne. Il n'y avait aucune difficulté à appeler tel personnage le Père, et tel autre le Saint-Esprit. Une fois, sur une montagne, elle sentit la présence à ses côtés d'un bel homme qu'elle entendit lui dire : « Il faut peindre ceci en vert, pour vous racheter vous-même, ainsi que l'humanité. » Elle répondit qu'elle n'en était pas capable et la voix rétorqua : « Je vous aiderai. » Il lui sembla avoir pu le faire, et on lui permit de redescendre de la montagne ; elle se trouva alors dans un hôtel en train de se réveiller. Lorsque je lui demandai à qui appartenait la voix, elle me répondit que c'était celle du Saint-Esprit, et, en effet, rien ne s'opposait absolument à ce que cette présence qu'elle avait sentie à ses côtés soit assimilée à la « représentation collective » du Saint-Esprit, ce que fit la rêveuse sans hésiter, bien que le songe ne l'ait pas précisé. Il est évident que dans un autre système religieux, elle aurait donné au personnage divin un autre nom.

Si, ce qui est fréquent, une figure apparaît qui ne correspond pas aux données collectives du milieu dans lequel vit le sujet et qu'il soit impossible de la situer par rapport à celles-ci, il dira qu'elle ressemble à telle ou telle figure qu'il connaît ou tentera de lui donner un nom imaginaire. Supposons qu'une personne ait une expérience, onirique ou non, d'une figure numineuse qui présente toutes les caractéristiques d'une Déesse-Mère, mais qui se plaît à des extravagances et à des plaisanteries sexuelles dignes de la Baubo du mythe de Déméter. Si la personne a été élevée dans la tradition catholique, il ne lui sera pas possible d'assimiler cette vision à la Vierge et, comme celle-ci est la seule représentation féminine numineuse dont elle dispose, elle devra, ou bien ne pas la nommer, ou lui inventer un nom, tel que « Petite Mère toujours verte » ou je ne sais quoi d'autre. Mais ceci n'est pas un nom officiel, et, dans notre culture, nous n'adorons pas une telle déesse. C'est ainsi qu'il arrive que des gens rêvent spontanément de figures de contes ou de mythes, ou de dieux païens qui correspondent mieux au contenu qui cherche à se manifester. Ceci explique pourquoi les contes de fées, qui mettent en scène des expériences intérieures ne coïncidant pas entièrement avec les conceptions courantes, donnent parfois à leurs personnages des noms de dieux, ou des noms étranges, ou pas de noms du tout. Plus encore que le mythe, le conte nous éclaire sur le déroulement de la fonction compensatrice de l'inconscient.

Que cherche à manifester l'inconscient collectif, qui n'est pas exprimé dans les « représentations collectives » conscientes ? Les contes eux-mêmes nous fournissent à ce sujet des renseignements de grande valeur. Ainsi, certains racontent des histoires abominables à propos de personnages religieux. Dans certaines régions, il en existe quelques-uns où Jésus se comporte de façon scandaleuse : il se fait accompagner de St Pierre, qu'il dupe de sorte que ce dernier se fait battre par l'aubergiste à sa place, etc. Le naïf St Pierre est évidemment une victime toute trouvée, et le conte souligne l'inconvénient qu'il y aurait à prendre trop à la lettre la candeur et la non-agressivité du parfait disciple du Christ. Par ailleurs, un conte tchèque met en scène un faible vieillard assis dans un arbre ; il demande qu'on l'aide à en descendre, et, à la fin de l'histoire, on découvre qu'il ne s'agit de rien de moins que de Dieu lui-même. Qu'on imagine la divinité sénile et incapable de descendre d'un arbre ! Cependant, qu'une charmante jeune fille doive l'aider est une compensation très juste à nos idées fossilisées et intellectualisées, et à notre monde masculin abstrait.

La patiente dont j'ai parlé plus haut se met parfois dans de terribles fureurs contre Dieu. Elle prétend qu'Il est insupportable et court après les femmes, ce qui l'oblige à le chasser de sa chambre. Elle dit : « Dieu, de nouveau, s'est trop approché de moi. » Elle trouve qu'il est un être immoral, une sorte de charlatan trompeur et elle a appris à ruser à son tour avec Lui. Alors Il la laisse tranquille quelque temps. Mais qu'elle raconte cela à un prêtre ! Elle a tenté de le faire dans le passé et aucun n'a voulu l'écouter. Elle est très mal à l'aise quand Dieu s'approche d'elle, et ce sont les moments où elle a ses visions. Quand Il s'éloigne, elle est plus normale et plus proche de la réalité concrète. C'est ainsi que les contes de fées expriment des contenus inconscients pour lesquels la mentalité collective n'a pas de langage.

CHAPITRE I

LA BELLE AU BOIS DORMANT

Le conte que je désire étudier en premier est celui, bien connu, de *La Belle au Bois dormant*. Les différents thèmes qui le composent se retrouvent dans nombre de récits et de mythes. Ainsi en est-il de celui des « fées », des vieilles femmes ou sages-femmes, qui forment des vœux à la naissance d'un enfant, comme c'est le cas dans plusieurs romans du Moyen Age, tel *Huon de Bordeaux*. Le thème du dépit d'une des figures tutélaires que l'on a laissée de côté apparaît également dans des textes de cette époque, et, comme nous le verrons plus loin, remonte aux mythes antiques, de même que celui du long sommeil. Tous ces thèmes se rencontrent un peu partout, en Orient comme en Occident.

Deux récits du XIVe siècle, romans allégoriques dans le style de la Renaissance, montrent des analogies intéressantes avec notre conte. L'un d'eux est une nouvelle catalane qui s'intitule *Frère de joie et Sœur de plaisir*. L'autre est un passage du roman français de *Perceforest*. Le nom même du héros-chevalier rappelle celui de *Perceval*, ce qui le met en rapport avec les légendes du Graal.

Dans l'épisode de Perceforest intitulé « L'aventure de Troylus et de Zellandine », les femmes qui viennent se pencher sur le berceau de la princesse portent les noms de trois déesses : *Lucina, Thémis* et *Vénus*. C'est là un trait significatif, car il éclaire quelque peu le personnage de la mère archétypique à la fin du Moyen Age, ces noms désignant certains aspects de la Déesse-Mère qui manquent à la figure chrétienne de Marie. *Lucina* (la Lumineuse) était une des appellations de Junon et aussi de Diane, *Thémis* était la déesse de la justice et de la vengeance et *Vénus*, on le sait, celle de la beauté et de l'amour, mère d'Eros. Nous avons vu plus haut que les noms des enfants, dans les contes du type de la *Belle au Bois dormant*, Lune et Soleil, ou Aurore et Jour, renvoient également à un arrière-plan allégorique et mythologique. L'emploi de noms hérités de l'antiquité classique était assez courant, et l'on en trouve déjà des exemples dans des récits des XIe et XIIe siècles, mais les rôles attribués aux héros y diffèrent considérablement de ce qui était dit des dieux originels. Si, d'un côté, les dieux païens expriment des contenus inconscients réprimés par le monothéisme, par contre le fait d'attribuer des noms de dieux ou de déesses aux personnages d'un conte peut revêtir un caractère savant et historique, bien dans le goût de la Renaissance, et présenter un certain aspect régressif. A cette époque, l'attitude envers des domaines tels que l'amour et la sexualité était encore imprégnée de culture chrétienne, si bien que ces jeux à la mode dans les arts et la littérature, auxquels participent les dieux antiques, peuvent paraître quelque peu artificiels.

Les récits d'ermite ayant dormi ou étant demeuré en extase cent ans dans une grotte, ou les aventures rapportées par des récits antiques et médiévaux, telles que celle d'Epiménide de Cnosse qui dormit cinquante-sept ans, ou encore celle des Dormants d'Ephèse que rapportent à la fois la légende chrétienne et le Coran, ou celles racontées par Chrétien de Troyes ou Marie de France au sujet d'une héroïne endormie, montrent assez l'importance et la diffusion du thème central de *La Belle au Bois dormant*.

Une théorie, qui fut très discutée en son temps dans les cercles littéraires et savants, donnait pour source de ce thème la tragédie d'Eschyle intitulée *Aetnae*. Dans cette œuvre du grand poète grec, Talia (l'une des déesses de la beauté), fille du dieu forgeron Héphaïstos, fut, comme bien d'autres femmes, aimée de Zeus et persécutée par la jalouse Héra. Pour la protéger, le maître des dieux cacha Talia dans les entrailles de la terre jusqu'à ce qu'elle donnât naissance aux jumeaux Palices. On relevait, à l'appui de cette thèse, que dans la version italienne du thème de la Belle endormie, qui est un des épisodes du *Pentamerone* de Basile : *Sole, Luna e Talia*, l'héroïne porte le nom de cette même déesse. Mais il pourrait tout aussi bien s'agir d'une simple allusion littéraire.

La seule chose qui paraît certaine et qui ressort de ces quelques exemples (la présente étude portant sur l'*interprétation* des contes n'est pas un essai littéraire et historique et je renvoie ceux que cela intéresse aux ouvrages spécialisés) [1] est que le thème central du conte de la *Belle au Bois dormant* paraît remonter à une époque très ancienne et avoir été largement répandu, ce qui est confirmé par le fait que les différentes versions que nous en connaissons varient peu entre elles sur le fond. Il est étonnant de constater combien un conte de fées peut survivre plusieurs siècles, presque inchangé. Cela s'explique par le fait qu'il reflète une structure psychologique humaine de base et donc universelle. Même si un conte émigre et s'adapte dans une certaine mesure au pays où il reprend racine, le thème fondamental en reste intact, car il exprime un processus commun à tous les êtres humains. C'est pourquoi, du point de vue de la

1. Dans *Les contes de Grimm, mythe et réalité*, Coll. Circé, Ed. Lettres modernes, Paris, 1979, Antoine Faivre consacre quelques pages aux « Exégèses junguiennes » dans lesquelles il croit pouvoir comparer les théories de M.-L. von Franz à celles de Hedwig von Beit. Ce faisant, il ignore la large part qu'a prise M.-L. von Franz à l'élaboration des trois volumes de *Symbolik des Märchens* parus à Berne en 1952 sous le nom de H. von Beit. Quant aux interprétations de contes que comporte cet ouvrage, elles sont dues à M.-L. von Franz. Cf. M.-L. von Franz, *L'Interprétation des contes de fées*, trad. cit., p. 23, et *C.G. Jung, son mythe en notre temps*, éd. Buchet-Chastel, Paris, 1975, (2e édition, 1989) p. 153, note 39. (N.d.T.)

psychologie des profondeurs de C.G. Jung, les querelles littéraires et les théories contradictoires à propos des survivances et des migrations de thèmes, bien qu'ayant leur intérêt, nous laissent quelque peu sceptiques ; nous ne cherchons pas à y ajouter une hypothèse de plus. Il est en effet pour nous d'expérience courante que ces thèmes archétypiques peuvent surgir n'importe où et à n'importe quel moment, puisqu'ils apparaissent spontanément dans les fantasmes et les rêves des contemporains, quels que soient leur contexte culturel et ethnique ou l'intérêt qu'ils portent à la littérature folklorique. On peut dire, en un sens, que tout rêve est une sorte de conte sorti spontanément de l'inconscient, qui, sous une forme symbolique, nous raconte une histoire chargée de sens. C'est pourquoi l'étude des contes est une excellente préparation à la compréhension de la vie onirique et de ses processus.

Des thèmes tels que celui de la recherche et de la délivrance de la princesse, celui de la figure qui disparaît ou meurt pour renaître ou réapparaître se retrouvent tant dans les mythes que dans les contes et dans les légendes, et dans un grand nombre de rêves individuels. Qu'on se rappelle simplement le mythe de Déméter : chaque hiver, elle perd sa fille Perséphone qui descend dans les Enfers où elle rejoint son époux Pluton, pour en remonter chaque printemps ; comme l'a montré Karl Kerényi, c'est là un mythologème répandu dans le monde entier, dont la *Belle au Bois dormant* n'est qu'une version particulière.

Si ce conte, sous une forme ou sous une autre, n'a probablement jamais totalement cessé d'être raconté dans nos campagnes par mères, nourrices et « mères-grands », nous en perdons la trace pendant une longue période. En Allemagne, la Belle au Bois s'éveilla de ce long sommeil grâce aux frères Grimm qui la redécouvrirent auprès d'une femme de Cassel, qui fut l'une de leurs sources principales. Publiée, avec les autres contes qu'ils avaient recueillis, en 1812[2], l'histoire connut aussitôt un succès immense. Des écrivains et des poètes s'en inspirèrent car elle se prêtait particulièrement bien à représenter l'anima du poète — sa muse — dans le mouvement alternatif de sommeil et d'éveil propre à l'inspiration.

Les versions anglaises, qui portent le titre de *Briar Rose* (Eglantine) ou, plus habituellement, de *Sleeping Beauty*, sont en général des traductions ou des adaptations du conte de Grimm N° 50 : *Dornröschen*, littéralement : *Petite rose épineuse*.

Par contre, en France, dès 1696, Charles Perrault avait fait paraître une version de *La Belle au Bois dormant* dans le *Mercure galant*, avant de joindre ce conte à son recueil littéraire de nos contes folkloriques, les fameux « Contes de ma mère l'Oye », parus sous le titre : *Histoires ou Contes du temps passé*[3], qui n'ont cessé de nourrir, au cours des générations, l'imagination des enfants, jeunes et vieux. Nous rapportons ici le conte de Grimm, plus court et moins connu du public français que celui de Charles Perrault, lequel, on le sait, non seulement nous offre une version qui se continue après les noces du Prince et de la Princesse par d'autres péripéties, mais encore a enjolivé le conte d'allusions se rapportant à la cour du Roi-Soleil. Sa version, dans sa délicieuse forme littéraire, est donc quelque peu « arrangée » dans le détail, bien que la structure même du conte y soit respectée.

2. *Die Märchen der Brüder Grimm, Kinder- und Hausmärchen*, éd. de poche : Goldmann, Münich ; et J. et W. Grimm, *Les Contes*, trad. fr. d'Armel Guerne, éd. Flammarion, Paris, 1967. Editions partielles des contes de Grimm : Club français du Livre, 1959 et coll. « Folio », Gallimard, 1976, choix de contes préfacés et traduits par Marthe Robert ; « Bibliothèque de la Pléiade », 1973, trad. de Y. Delétang-Tardiff ; Presses de la Renaissance, 1978, trad. de Myriam Viliker. (N.d.T.)

3. *Contes de Perrault*, éd. Garnier, Paris, 1967. Cette édition, de Gilbert Rouger, comporte, entre autres, une intéressante introduction. (N.d.T.)

ROSE EPINEUSE
OU
LA BELLE AU BOIS DORMANT

Il était une fois un roi et une reine qui se répétaient jour après jour : « Si seulement nous avions un enfant ! » Mais ils n'en avaient toujours pas. Un jour que la reine était allée se baigner, une grenouille sauta hors de l'eau, s'avança vers elle et lui dit : « Ton désir sera exaucé ; avant un an, tu mettras au monde une fille. »

Ce que la grenouille avait annoncé se produisit, et la reine donna le jour à une fille qui était si belle que le roi, plein de joie, décida de donner une grande fête. Il invita ses parents, amis et connaissances, et il voulut aussi que les femmes sages viennent, afin qu'elles se montrent favorables et bienveillantes à l'enfant. On en comptait treize dans le royaume, mais comme il n'y avait que douze assiettes d'or au palais pour leur servir le repas, il fallut en laisser une chez elle.

La fête se déroula de façon splendide, puis, quand tout fut fini, les fées firent à l'enfant des dons merveilleux : l'une, la vertu ; l'autre, la beauté ; la troisième, la richesse ; et ainsi de suite pour tout ce que l'on peut souhaiter au monde. La onzième venait juste de prononcer son vœu quand brusquement parut la treizième. Elle voulait se venger de ne pas avoir été invitée. Sans un salut ni un regard pour personne, elle lança à haute voix ces paroles : « La princesse, quand elle aura quinze ans, se piquera avec un fuseau et tombera morte. » Et, sans ajouter mot, elle fit demi-tour et quitta la salle. Dans la consternation générale, la douzième fée, qui n'avait pas encore prononcé son vœu, s'avança vers le berceau ; sans pouvoir annuler la malédiction, elle pouvait en atténuer les effets, et elle dit : « Ce n'est pas dans la mort que sera plongée la princesse, mais dans un sommeil profond qui durera cent années. »

Le roi, cherchant à préserver son enfant chérie du

mauvais sort, fit ordonner que les fuseaux soient brûlés dans le royaume tout entier. Les dons des fées se réalisèrent pleinement et l'enfant devint si belle, si vertueuse, si gracieuse et si intelligente que tous ceux qui la voyaient étaient forcés de l'aimer.

Le jour de ses quinze ans, il se trouva que le roi et la reine s'absentèrent et que la jeune princesse demeura seule au château. Elle alla çà et là, visitant les chambres et les galeries, les salons et les resserres suivant sa fantaisie. Sa promenade la conduisit finalement dans une très vieille tour. Elle gravit les marches d'un étroit escalier tournant et arriva devant une petite porte. Il y avait une vieille clé rouillée dans la serrure, et quand elle la fit tourner, la porte s'ouvrit, et là, dans une petite pièce, se tenait une vieille femme assise, le fuseau à la main, occupée à filer le lin.

« Bonjour, petite grand-mère », lui dit la princesse, « que fais-tu là ? » « Je file », dit la vieille avec un hochement de tête. « Et cet objet qui danse si joyeusement, qu'est-ce que c'est ? » fit la jeune fille en s'emparant du fuseau pour essayer de filer elle aussi.

Mais à peine l'avait-elle touché que le sort s'accomplit et qu'elle se piqua le doigt. Dès qu'elle sentit la piqûre, elle tomba sur le lit qui se trouvait là, plongée dans un profond sommeil.

Ce sommeil se répandit sur le château tout entier, à commencer par le roi et la reine qui venaient de rentrer et se trouvaient encore dans la grande salle où ils s'endormirent, et avec eux toute la cour. C'est ainsi que les chevaux s'endormirent dans les écuries, les chiens dans la cour, les pigeons sur le toit, les mouches sur le mur ; le feu, lui aussi, cessa de flamber dans la cheminée, se fit silencieux et s'assoupit ; et le rôti sur la broche cessa de grésiller, et le cuisinier, qui allait tirer les cheveux du marmiton pour quelque sottise, le lâcha et s'endormit. Le vent cessa et plus la moindre feuille ne bougea sur les arbres entourant le château.

Autour du château une haie épineuse se mit à croître et à s'épaissir année après année, si bien que le château en fut tout entouré, puis complètement recouvert, à tel point qu'on ne le voyait plus, pas même la bannière sur le toit. Et peu à peu, dans tout le pays, circula une légende de la belle Fleur-d'Epine endormie, car tel était le nom qu'on avait donné à la princesse. Des princes vinrent de loin en loin pour se forcer un passage à travers la haie et pénétrer dans le château, mais c'était impossible parce que les épines se tenaient fermement comme avec des mains, et les jeunes gens y restaient accrochés ; ils ne pouvaient plus s'en défaire et finissaient par mourir d'une mort misérable.

Après de longues années, il arriva qu'un fils de roi passa dans le pays et entendit ce que racontait un vieillard sur cette haie d'épines et au sujet d'un château qui se trouvait derrière et dans lequel une princesse d'une beauté merveilleuse, appelée Fleur-d'Epine, dormait depuis déjà cent ans, ainsi que le roi, la reine et la cour tout entière. Ce prince avait également entendu raconter par son grand-père que de nombreux fils de rois étaient venus et avaient essayé de passer à travers la haie d'épines, mais qu'ils en étaient tous restés prisonniers, mourant là d'une triste mort. Le jeune prince déclara alors : « Je n'ai pas peur ; je veux y aller et voir la belle Fleur-d'Epine. » Le bon vieillard eut beau le lui déconseiller tant qu'il put, il n'écouta rien de ce qu'il lui disait.

Mais les cent années se trouvant justement révolues, le jour était arrivé où la princesse devait se réveiller. Quand le prince avança vers la haute haie épineuse, il ne trouva que de belles et grandes fleurs épanouies qui s'écartaient d'elles-mêmes pour lui ouvrir le passage, et qui se resserraient derrière lui en reformant la haie. Dans la cour du château, il vit les chevaux couchés, ainsi que les chiens de chasse qui dormaient ; sur le toit il vit des pigeons qui avaient tous la tête sous l'aile. Et quand il entra à l'intérieur du château, les mouches dormaient sur le mur ; le cuisinier, dans sa cuisine, avait toujours le bras tendu, comme s'il voulait attraper le marmiton, et la servante était assise avec la poule noire qu'elle allait plumer. Il pénétra dans la grande salle et vit toute la cour royale endormie, couchée çà et là ; et plus haut, près du trône, le roi lui-même et la reine allongés. Il s'avança encore, et tout était si calme et si silencieux qu'on s'entendait respirer ; pour finir il monta dans la tour et ouvrit la porte de la petite chambre où la belle princesse Fleur-d'Epine dormait. Couchée là, elle était si belle qu'il ne pouvait pas en détourner les yeux ; il se pencha sur elle et lui donna un baiser.

En sentant ce baiser, Fleur-d'Epine ouvrit les yeux, se réveilla et regarda le prince d'un regard tendre. Alors, ils redescendirent ensemble, et le roi se réveilla, puis la reine et toute la cour, tous s'entre-regardèrent avec des yeux ronds. Et les chevaux dans la cour, se relevant, s'ébrouèrent ; les chiens de chasse se dressèrent en frétillant de la queue ; les pigeons sur le toit tirèrent la tête de sous l'aile, inspectèrent les environs et prirent leur vol ; les mouches recommencèrent à grimper le long des murs, le feu reprit dans la cuisine et, flambant clair, se remit à cuire, le rôti à la broche grésilla à nouveau, et le cuisinier expédia un bon soufflet au marmiton, le faisant crier, tandis que la servante se remettait à plumer sa volaille.

Alors furent célébrées avec splendeur les noces du prince avec Fleur-d'Epine, et ils furent heureux jusqu'à la fin de leurs jours.

Lorsqu'on se reporte aux différentes variantes de ce conte, il ressort de leur comparaison que le thème général est qu'à la naissance ou au baptême d'une princesse, un certain nombre de fées sont invitées, tandis que l'une d'elles est exclue. Ces « fées » se rapprochent des vieilles femmes sages et pleines d'expérience, un peu sorcières et guérisseuses, qui président aux accouchements. C'est ainsi que le mot qui les désigne dans le conte de Grimm, *Weise Frau,* désigne aussi bien les femmes sages que les sages-femmes. La « fée » oubliée jette, par dépit, un sort sur l'enfant qui doit mourir à quinze ans. Cette malédiction est cependant adoucie par une fée bienveillante. Le nombre de fées varie suivant les cas : tantôt elles sont trois (comme les Parques), ou sept et huit, ou douze et treize, ce qui exclut toute théorie définitive à ce sujet. Dans le récit de Grimm, il est dit que douze furent invitées et la treizième exclue, tandis que chez Perrault, sept sont invitées et la huitième oubliée. La raison pour laquelle l'une des fées est omise est soit que, s'étant depuis longtemps retirée dans une tour, on ait oublié son existence (cf. Perrault), soit qu'il n'y ait pas eu assez de gobelets, d'assiettes, ou de couverts en or pour toutes (cf. Grimm). Elle est ulcérée de ce manque d'égards et maudit l'enfant.

Dans certaines versions, ceux qui ont tenté de traverser la haie, déchirés et retenus par les épines, y ont trouvé une mort misérable (cf. Grimm). Selon d'autres variantes, pris dans la haie, ils se sont endormis, contaminés par le sort des habitants du château. Dans la version allemande, le prince venu pour libérer la jeune fille a tout simplement la chance d'arriver le jour où la période fatidique de cent ans s'achève ; il n'y est donc pas question de mérite : la haie d'épines devient une haie de roses, qui s'ouvre devant lui. La version de Perrault est aussi de ce type. Même dans les récits où le prince doit lutter héroïquement pour se frayer un passage, il ne peut y réussir que parce que le terme est atteint où tout doit à nouveau s'éveiller. Puis le prince épouse la princesse.

Cette solution est inhabituellement simple et rapide ; dans la plupart des contes de fées, un certain nombre d'épreuves et de difficultés surgissent, que le héros doit surmonter. Il existe par exemple des variantes en Russie, en France et en Catalogne où le Prince, ayant découvert la Belle, s'unit à elle sans la réveiller, et la laisse ensuite. Elle donne naissance à deux enfants, et part à la recherche de leur père. D'après Perrault, le prince, après avoir réveillé la princesse, retourne dans le royaume de son père sans rien dire de son aventure ni de son mariage. Ce n'est qu'après la mort du roi son père qu'il ramène son épouse et ses enfants à la cour. Puis il part pour la guerre et l'ogresse sa mère veut manger sa belle-fille et ses petits enfants, Aurore et Jour, qui sont sauvés de justesse par la pitié de l'intendant chargé de les tuer. Le jeune roi rentre fort à propos et l'ogresse, de dépit, se jette dans le chaudron plein de bêtes venimeuses préparé pour ses victimes. Le thème classique de la délivrance de la princesse est donc suivi ici de celui, non moins typique, de la cruelle belle-mère qui persécute la mère et le ou les enfants. Dans toutes ces versions, un chasseur, un intendant ou un cuisinier les sauve, la vieille reine est punie et le jeune couple vit heureux désormais. On peut penser que, dans les variantes de ce type, le jeune prince n'était pas mûr affectivement ni virilement ; l'épreuve de la haie d'épines a été trop facile. Il est incapable de s'affirmer devant son père, lui cache son mariage et la naissance de ses enfants et, quand il doit partir pour la guerre, il est assez stupide pour les confier aux soins de sa mère ogresse. C'est une attitude d'adolescent encore tout empêtré de ses complexes parentaux et il semble qu'il lui faille essuyer le feu des combats pour être enfin un homme capable de vivre heureux en ménage.

On reconnaît ici la tendance qu'ont les contes à s'enchaîner les uns aux autres, ce qui est particulièrement caractéristique des contes orientaux. Il semblerait que les conteurs aient eu le sentiment que l'histoire originelle était trop simple et que les choses ne pouvaient pas se dérouler aussi facilement : traverser une haie d'épines ou d'églantines ne paraissait pas assez héroïque pour forger un caractère, même si celle-ci était enchantée. C'est là un exemple de la façon dont un conte peut contenir un mélange de thèmes archétypiques différents. La façon dont ceux-ci se combinent entre eux suivant les pays et les époques est fort instructive. Une variante peut nous plaire davantage qu'une autre mais, si on les examine de près, toutes ont un sens. Toutes sont parcourues par un fil défini et signifiant, car nos fantaisies suivent une direction déterminée. Ainsi, si nous suivons jusqu'au bout nos phantasmes spontanés, nous voyons qu'ils se déroulent vers un but ou la prise de conscience de quelque chose dont nous avons à tenir compte. C'est là le point de départ de toutes les techniques de « rêve éveillé » et de ce que Jung a appelé « l'imagination active » [4]. Si un phantasme nous obsède ou nous distrait, plutôt que de le chasser (il reviendra !) ou de se laisser aller à une rêverie paresseuse, mieux vaut y concentrer toute notre attention — sans interférer — et voir où il veut nous mener. C'est ainsi que, dans ces récits où l'inconscient est laissé pratiquement libre de ses inventions, les thèmes se trouvent instinctivement à leur place juste, c'est-à-dire significative.

Le premier motif rencontré dans le conte est celui de la naissance miraculeuse de l'héroïne. L'idée que le personnage central d'un mythe ou d'un conte n'est pas venu au monde de la façon habituelle, et que sa naissance est miraculeuse et entourée de mystère, est universelle. Ainsi, dans certaines versions (cf. Grimm), c'est une grenouille qui annonce à la reine qu'elle aura enfin un enfant. L'aspect irrationnel de la naissance du héros ou de l'héroïne prouve bien qu'il s'agit, non d'êtres humains, mais de contenus psychiques. L'interprétation de ces figures pose un problème particulièrement délicat. Ayant déjà débattu de ce problème dans un autre ouvrage [5], je n'y reviendrai pas en détail. Je rappellerai cependant qu'il est bon de se garder de la tentation qu'il y aurait à vouloir plaquer sans réflexion des termes de psychologie junguienne sur les personnages des contes, en disant, par exemple, que le héros est le moi, ou le Soi, et la princesse son anima. On tomberait dans la même erreur que celle qui consiste à interpréter un rêve sans discernement suffisant. La discrimination est

---

4. Cf. l'article de Barbara Hannah, « L'imagination active », dans *C.G. Jung et la voie des profondeurs*, ouvrage collectif dirigé par Étienne Perrot et Francine Saint René Taillandier, 2e édition remaniée, La Fontaine de Pierre, 1980. Du même auteur, *Rencontres avec l'âme*, éditions Jacqueline Renard, 1990. (N.d.T.)

5. M.-L. von Franz, *L'interprétation des contes de fées*, trad. cit., pp. 74 et sv. (N.d.T.)

difficile, c'est un art qui s'acquiert par l'expérience. Quelqu'un qui interprète des milliers de rêves d'autres personnes peut parfois rester coi ou se tromper quand il s'agit du sien ; on manque alors de distance et d'objectivité. Il faut parfois se dire : « Que dirais-tu si c'était le rêve d'un patient ? » Notre propre problème, notre « équation personnelle » du moment risquent de nous mettre sur une mauvaise piste, d'où le sentiment que l'on a parfois que l'inconscient, tel le dieu railleur Mercure, nous trompe et cherche à nous jouer des tours.

Je me souviens d'une femme mariée qui avait eu un flirt assez inoffensif avec un homme également marié. Comprenant que cela pourrait aller plus loin et ayant beaucoup d'estime pour l'épouse de cet homme, elle préféra cesser de le voir. Sa vie prit un autre tour et elle oublia l'affaire qui se perdit sous la surface du conscient. Plus tard surgit en elle un immense besoin de création, elle entreprit une tâche qu'elle repoussait depuis longtemps et se mit à écrire, attendant avec intérêt de voir quelle serait la réponse de l'inconscient. Et voilà qu'elle rêva que ce couple qu'elle avait connu divorçait et qu'elle épousait l'homme avec qui elle avait flirté. Prenant le rêve à la lettre, elle fut d'abord bouleversée. Or il s'avéra qu'il s'agissait d'un « mariage intérieur » : elle était invitée à épouser ses forces créatrices pour donner naissance à une œuvre personnelle. Si une femme demeure volontairement inconsciente et refuse une pulsion créatrice, il se produit dans son inconscient une sorte de mariage négatif entre son animus et son ombre (qu'elle projettera facilement sur son couple ou sur celui des voisins !). Dans ce rêve, il y avait divorce entre son animus et son ombre et, ces opérations mentales ayant cessé, elle pouvait enfin épouser cet homme qui figurait son animus, c'est-à-dire avoir une relation consciente et suivie avec ses énergies intellectuelles et créatrices. Son début d'aventure sentimentale avait été le premier symptôme montrant qu'il existait en elle un surcroît de libido non utilisable dans sa vie de couple, de mère et de maîtresse de maison. Le rêve avait, à propos de sa décision d'écrire, repris l'affaire là où elle s'était arrêtée.

Ma première pensée fut aussi : est-ce à prendre concrètement ? Mais elle ne refoulait pas de désir pour cet homme. Il est utile en ce cas de voir s'il reste de l'émotion à propos de la situation passée qu'évoque le rêve, chose qu'il est difficile de faire lorsqu'il s'agit de son propre rêve. Or c'était pour elle tout à fait terminé. Je me posai la question : « Qu'est-ce qui provoque cette idée de divorce ? » Ne trouvant pas de motifs à ce désir, je comparai son rêve aux thèmes archétypiques du même genre qui apparaissent en mythologie et en alchimie et qu'il est bon d'étudier, car ils donnent une base de connaissance des processus archaïques. C'est ainsi qu'il existe des textes alchimiques qui montrent une femme enlevée par un homme sombre, ou ayant épousé un homme qui ne lui convient pas. La tâche du héros est alors de conquérir sa partenaire en la séparant de l'autre homme. C'était bien le processus dynamique qui se trouvait à l'œuvre chez cette femme. Pourquoi l'inconscient choisit-il ce genre d'images ? C'est que cela traduit fidèlement la situation. Il est évident que si l'énergie créatrice n'est pas rendue consciente et investie, son trop-plein causera des troubles. Si l'on n'exploite pas sa libido disponible, on s'ennuie à mourir et l'on est poussé à faire des bêtises d'un genre ou d'un autre, car l'énergie qui n'est pas employée dans la tâche voulue cherche un autre cours. Après m'être rappelé ces éléments, j'appliquai le rêve à la situation véritable de la rêveuse : la veille, quand elle s'était mise à écrire, elle avait tenté « d'épouser » ses opérations mentales ; son moi conscient s'était uni à certains élans et processus mentaux montés de l'inconscient, mais, pour ce faire, elle avait eu besoin d'un certain degré de détachement de son ombre féminine. En effet, un travail créateur est tout particulièrement difficile pour une femme qui a toujours une tâche ménagère en retard à accomplir. S'identifier totalement à l'image collective de la bonne épouse - bonne mère - bonne maîtresse de maison est une grande tentation. Si cela va trop loin, c'est le fait de l'ombre : la femme tombe dans ces schémas collectifs et n'existe plus en tant qu'individu. Aussi, pour trouver sa vraie personnalité et pouvoir l'exprimer, elle doit devenir consciente de ce danger et se séparer de cette image-standard d'elle-même.

Ne pas prendre les images à la lettre est une des difficultés de l'interprétation aussi bien des rêves que des contes de fées. Une autre erreur dans laquelle tombent de nombreux interprètes est de parler « autour » du sujet, sans chercher à le rattacher à la situation psychologique réelle qui l'a provoquée. On voit aussi trop souvent des interprétations philosophiques ou littéraires se servir des notions de Jung sans employer ses termes ni reconnaître l'origine des idées dont ils se servent. Il ne faut pas non plus tomber dans l'erreur inverse et plaquer à tous propos des notions « junguiennes » et des concepts tels qu'*animus*, *anima*, *moi* ou *Soi*, sans se rappeler ce qu'ils signifient réellement. C'est le piège de tout langage accepté : nous risquons de nous endormir dans la haie d'églantiers ou de n'être plus que des perroquets. Ainsi, faute d'avoir pris l'habitude de réfléchir par elles-mêmes, certaines femmes adorent discuter de concepts qui « sont dans l'air » ou qui ont été conçus par quelque grand homme.

Pour en revenir au héros et à l'héroïne, s'identifier à ce type de personnages est si évident et spontané qu'il est difficile de conserver une certaine objectivité scientifique par rapport à eux ; nous nous reconnaissons en eux, nous vivons leurs aventures imaginaires, mais nous ne nous demandons pas ce qu'ils sont ou ce qu'ils représentent. Comme dans nos propres rêves, nous manquons du recul nécessaire.

Si nous considérons de plus près ces personnages, nous constatons que ce ne sont pas véritablement des êtres humains : la vie intérieure et subjective de la jeune fille n'est pas mentionnée ; elle naît de façon miraculeuse, grandit, s'endort, se réveille et se marie. Elle est un modèle impersonnel. Max Lüthi[6] fait remarquer que tous les personnages de contes de fées sont abstraits. Je dirais plutôt que ce sont des images de processus archétypiques auxquels manque le contexte humain, la vie réelle, individuelle et concrète. On ne peut donc pas dire que cette abstraction féminine représente un moi. D'un autre côté, si nous comparons ce thème à des mythes tels que celui de Perséphone, ou à d'autres personnifications de l'aurore ou de la renaissance printanière de la nature, il nous faudra admettre que la jeune fille revêt certains aspects divins, ce qui nous amène à être tentés de l'identifier au Soi. Quelle est la part collective et quelle est la part individuelle en elle ? Que la princesse ne représente pas une femme en particulier — Marie Dubois ou Anne Dupont — est évident. Pourquoi, en ce cas, est-elle présentée comme une personne et se comporte-t-elle comme un moi ? Et pourquoi le moi serait-il entièrement personnel ?

Si l'on demande : « Qu'êtes-vous, en tant qu'individu ? » la plupart des gens montrent leur corps. Mais posez-vous la question à vous-même : « Qu'est-ce qui est particulier à ma personne ? » Le fait d'avoir un moi n'est pas une exception, c'est le complexe le plus normal et le plus nécessaire aux êtres humains. Il n'y a rien de particulier non plus à ce que le moi joue un rôle dans l'adaptation à la vie : « Je fais », « je décide », « je vois » ou « je pense » sont des opérations communes à tous. L'un fait une chose mieux, un autre moins bien, mais les fonctions d'adaptation au réel appartiennent normalement à chacun. Le moi possède une telle proportion de traits généraux qu'il est bien difficile de démêler ceux qui forment l'essence particulière d'un individu. On ne peut atteindre cette essence et la connaître qu'à travers une analyse approfondie, voie par laquelle passent peu d'individus. Mais il existe un « moi » archétypique, ou

6. Max Lüthi, *Die Gabe in Sage und Märchen*, Berne, 1943 ; cf. M.-L. von Franz, *L'interprétation des contes de fées*, trad. cit., pp. 29-30. (N.d.T.)

plutôt une disposition archétypique commune et semblable chez tous, qui se manifeste d'une façon ou d'une autre en chaque être humain.

Quel rapport a cet aspect archétypique du moi avec ce que Jung nomme le Soi ? Lorsqu'on lit les diverses études de Fordham sur les enfants ou celles de Frances Wickes[7], ou *L'histoire des origines de l'inconscient* de Neumann[8], ou si l'on a soi-même de jeunes analysés, on remarque que beaucoup de névroses de la jeunesse sont le fait d'un retard ou d'une malformation de l'évolution de la conscience du moi. Lorsque l'on observe les processus inconscients chez l'enfant, on voit qu'il existe dans leurs jeux, rêves et phantasmes des dynamismes qui tendent vers la formation du moi et sa maturation. On peut donc dire que le moi naît de l'inconscient et que c'est l'inconscient qui veut l'amélioration du moi ; ce n'est pas le moi de l'enfant qui le veut. L'élan de l'inconscient est à l'origine même du trouble névrotique, en ce qu'il tente de pousser l'enfant vers un niveau de conscience supérieur et à construire un complexe du moi plus solide. L'éducation et les techniques scolaires qui enseignent à l'enfant à se concentrer ou à dominer la fatigue seraient insuffisantes sans cet instinct de l'inconscient et sa poussée évolutive vers la construction du moi. Cet élan est donc un trait humain général, un archétype, qui émane du Soi. Fordham montre que les symboles qui apparaissent dans la première enfance tendent à fortifier la conscience, tandis que, dans la seconde partie de la vie, les choses s'inversent, l'accent étant mis alors sur l'écoute de l'inconscient.

Pendant la période bissexuelle et indifférenciée de la puberté, les jeunes tombent souvent amoureux d'une personne plus âgée qu'eux et de même sexe. Vues superficiellement, on pourrait interpréter ces figures dans les

---

7. Frances Wickes, *The Inner World of Childhood*, éd. Coventure, Londres, 1977. *Le monde intérieur de l'enfance*. Traduction française en préparation aux éditions Jacqueline Renard.
8. Erich Neumann, *Ursprungsgeschichte des Bewusstseins*, éd. Rascher, Zürich, 1949.

rêves et les phantasmes comme traduisant des tendances homosexuelles : or si l'on observe leurs rêves, on constate généralement que l'inconscient paraît soutenir cette admiration et cet attachement. Le personnage du frère aîné, du professeur ou de l'oncle y est paré de vertus magiques et présenté comme porteur de salut ou maître de sagesse. Il est, en effet, par certains aspects, une projection du Soi : la réaction naturelle du jeune admirateur est de désirer ressembler à l'objet de son admiration. Le personnage fonctionne donc comme le modèle d'un comportement meilleur et plus adulte, ce qui est exactement le rôle des « héros » de contes. Tant que le complexe du moi est encore faible, cette projection aide à la construction d'un moi mieux adapté. Tenant compte de ces faits d'expérience, nous résumerons donc en disant que le moi a un aspect archétypique et qu'il est édifié par le Soi, et que c'est cet aspect archétypique du moi que représentent le héros ou l'héroïne des contes de fées.

Pour illustrer le mode de formation du moi, nous prendrons pour exemple les processus de développement de l'œuf de grenouille. A un certain stade, on y voit apparaître une tache grise. Si, au moyen d'un fil, on partage celle-ci, il naîtra, le moment venu, une grenouille à deux têtes, et si on la supprime totalement, la grenouille n'aura pas de tête du tout. C'est ainsi que l'on peut prouver expérimentalement que cette tache correspond à la partie du plasma appelée à devenir l'encéphale. Si, ayant prélevé cette tache, on laisse tomber un peu d'acide chlorhydrique sur le plasma restant, le plasma convenable se reforme, une nouvelle tache apparaît, une tête se développe et l'œuf donne naissance à une grenouille complète. Le processus de formation du moi est analogue. Le moi peut être considéré comme le centre du champ de la conscience ; enfanté par ce dernier, il doit son existence à une réaction globale du système psychique tout entier, qui est un système autorégulateur. On peut dire que l'impulsion latente à produire le moi est un des aspects du héros mythologique. Celui-ci a des qualités qui ne coïncident pas avec celles du moi réalisé, mais qui relèvent davantage de la totalité archétypique de la psyché.

La plupart des difficultés humaines, y compris les dissociations névrotiques ou psychotiques, sont dues à un moi qui ne fonctionne pas en harmonie avec la totalité psychique. Il y a une discordance de quelque nature entre le moi et la structure d'ensemble de la psyché. Ainsi l'on observe dans un certain type de schizophrénie une énorme production imaginaire issue de l'inconscient, en même temps qu'un appauvrissement du conscient en ce qui concerne la pensée, et aussi, comme l'avait déjà fait remarquer Bleuler, l'émotion et l'affectivité ; la personnalité consciente est en disharmonie avec la vitalité débordante de l'inconscient, car la surabondance de ce dernier se déverse dans un vase trop étroit. C'est pourquoi l'un des rôles principaux du traitement analytique est de travailler à élargir le champ des réactions émotionnelles de sorte que la capacité et la solidité du conscient augmente et soit en mesure d'accueillir les pulsions venues de l'inconscient. Bien qu'il existe diverses sortes de disharmonies et que toutes les dissociations névrotiques n'aient pas cette origine, celle-ci se rencontre fréquemment.

Le complexe du moi tend tout particulièrement à se dissocier du reste de la psyché et à se comporter de façon autonome, jusqu'à se trouver en opposition avec elle, c'est pourquoi l'une des tâches essentielles de l'espèce humaine est de réussir à ce que s'élabore un moi qui fonctionne de façon saine, c'est-à-dire en accord avec la structure instinctive d'ensemble de l'anthropos. D'une part, nous nous distinguons des autres animaux en ce que nous avons un complexe du moi fort, mais d'autre part, notre conscient plus développé nous fait continuellement courir un danger de dissociation.

Les récits mythologiques où le héros ou l'héroïne se conduit de façon spécifique sont une tentative de l'inconscient pour créer un modèle de complexe du moi qui fonctionne de façon adéquate. Le héros représente le complexe du moi idéal, demeurant en harmonie avec les exigences de la psyché. Il est celui qui met fin à la stérilité d'un pays et y rétablit une santé florissante en faisant couler la vie sous des formes bénéfiques. Chaque conte a un sens particulier, mais le héros-modèle s'y comporte toujours selon ses instincts. De même, lorsque l'héroïne vit en accord avec les exigences instinctives complètes de sa psyché, elle représente un modèle de comportement de la personnalité féminine consciente. Le héros et l'héroïne nous proposent une sorte d'esquisse de correspondance archétypique entre le moi et le Soi, qui demande à s'accomplir et à se réaliser de façon concrète dans la vie de chaque personne. On pourrait dire que la totalité psychique, ou ce que nous appelons le Soi, est une possibilité virtuelle et latente. Tel un œuf, c'est une masse de possibles qui a besoin de la vie consciente concrète, avec ses tragédies, ses conflits et ses solutions pour prendre vie : comme la Belle au Bois, elle attend d'être éveillée. Le moi est donc l'instrument grâce auquel les potentialités psychiques innées peuvent devenir réalité : si, par exemple, j'ai des dons artistiques sans que jamais j'en prenne conscience ni fasse quoi que ce soit pour essayer de les utiliser, ces dons pourraient tout aussi bien ne pas exister. En termes mythologiques, le moi est le héros, l'instrument de l'incarnation du Soi. Le héros et l'héroïne des contes de fées illustrent la façon dont de tels instruments d'incarnation devraient fonctionner. Le moi a un nombre infini de fonctions différentes à remplir, et chaque conte souligne l'un de ses aspects, généralement celui qui, à ce moment donné, fait défaut dans la situation collective ou est réclamé par elle. Le Fils de Dieu en est un exemple frappant : la figure divine centrale de notre civilisation est un homme réduit à l'impuissance, abandonné de tous et pendu sur la croix. Il est condamné à la souffrance et à une passivité totale ; or c'est lui que l'homme occidental actif et volontariste est invité à adorer et à prier, c'est sur lui qu'il lui faut méditer.

On peut considérer la question sous un autre aspect, celui de la variété infinie des symboles. Si l'on conclut, trop hâtivement, que certains symboles représentent le Soi, cela peut être juste dans tel contexte particulier ou dans tel ou tel rêve, mais ce n'est pas une interprétation mythologiquement et généralement valable. Même si, techniquement parlant, cela n'est pas faux, une affirmation aussi générale est dénuée de sens. Un symbole du Soi n'équivaut pas à un autre. Il est donc nécessaire de préciser notre pensée et de nous demander quelles différences il peut y avoir entre des symboles tels que le mandala, l'œuf, le diamant, la boule d'or, le trésor à découvrir, l'enfant, le héros ou l'héroïne, etc. qui, chacun, représentent un aspect du Soi. La première remarque qui vient à l'esprit est que le héros est un être humain tandis que la boule et les autres objets ne le sont pas, ce qui paraît une affirmation très banale, mais qu'il faut comprendre en la situant à son juste niveau. Si, dans certains matériaux, la totalité apparaît sous la forme de symboles impersonnels tels qu'un arbre, par exemple, ou à demi humains, tels qu'un héros, à quelle différence psychologique cela correspond-il ? J'ai constaté empiriquement que le premier aspect, celui d'une représentation matérielle du Soi qui symbolise de manière impersonnelle la totalité de la psyché, a tendance à apparaître en des moments de dissociation et de désorientation. Ainsi, les figures géométriques régulières viennent souvent compenser le fait que le sujet se sent « décentré », perdu au milieu d'une situation chaotique ; en ce cas, un symbole matériel abstrait vient objectiver l'expérience intérieure et guider le sujet vers un détachement et un ordre dont il a impérieusement besoin. Si, par contre, une personne se sent comme si elle était la seule au monde à avoir jamais vécu une déception amoureuse, subi un deuil ou attendu un enfant, et qu'elle ne sache comment faire face à la situation, il lui est nécessaire d'apprendre à considérer la vie sous un angle moins subjectif ; c'est alors que le Soi se montre à elle sous l'aspect du héros ou de l'héroïne qui lui indiquent l'attitude qu'elle devrait avoir en pareilles circonstances et le type de réaction instinctive nécessaire. Dans ces cas, il ne suffit pas d'être détaché ou philosophe, un comportement humain spécifique est exigé.

CHAPITRE II

MÈRE ET FILLE

La Belle au Bois dormant relève, nous l'avons vu, du thème de la disparition de la fille divine. Il s'agit en l'occurrence d'un sommeil ayant l'apparence de la mort. Dans le mythe de Déméter et de Coré, on sait que Coré, enlevée par Pluton, le dieu de la mort, s'évanouit temporairement hors de ce monde pour revenir à la vie terrestre lors du réveil printanier de la nature. Ce thème de la fille divine qui disparaît pour réapparaître a son parallèle masculin : c'est celui du fils divin qui descend dans le monde inférieur et qui en est ramené au printemps, comme, par exemple, Tammuz ou Adonis ; c'est là un thème universel. L'éclipse momentanée de la fille divine et celle du fils divin ont, à quelque chose près, une signification analogue. La jeune femme de type Coré est toujours reliée à la figure archétypique de la mère[1].

Dans notre conte, la jeune fille est bénie par un certain nombre de figures maternelles, et maudite par l'une d'entre elles ; elle reçoit en même temps les bénédictions et la malédiction. Dans le mythe de Coré, la disparition de cette dernière n'est pas le fait de sa mère Déméter. Celle-ci est cependant une figure double et variable : elle est la déesse de la fécondité, assiste les femmes en

1. Cf. C.G. Jung et Karl Kerényi, *Introduction à l'essence de la mythologie*, trad. fr. d'Henri del Medico, éd. Payot, Paris, 1953. (N.d.T.)

couches et préside à la croissance du grain de blé ; mais, lorsqu'elle a perdu sa fille, elle devient une divinité de la vengeance et du malheur. Déméter passe donc d'un aspect à l'autre, selon la qualité de sa relation à sa fille.

Dans le conte d'*Amour et Psyché*[2] la fille divine est durement persécutée par sa future belle-mère, Vénus, qui, comme par exemple Ishtar et Atargatis, est une figure de la Grande Mère. Ce conte présente une intéressante variante du thème, puisque c'est par jalousie que Vénus persécute Psyché qui, dit-on, la surpasse en beauté. Les gens se sont mis à adorer la fille au lieu de la mère et à voir en Psyché une incarnation de Vénus. Mais la déesse ne tolère pas l'existence d'une rivale humaine. Les civilisations occidentales et méditerranéennes nous offrent là un développement intéressant de ce type de conte. Il nous montre l'action ambivalente des dieux dans l'inconscient collectif vis-à-vis de leur humanisation. Il semble que la question n'ait rien perdu de son actualité. Ainsi, dans *The lonely Venus*, Erskine traite de ce problème. Vénus, la déesse-mère, agit sous la poussée de ses affects et de ses émotions sans beaucoup de réflexion ; de ce fait, elle suscite un beau désordre, avant de reconnaître que la seule issue serait de s'humaniser. Cette tendance à s'incarner, qui s'est fait jour dans les systèmes religieux de la fin de l'Empire romain, se révèle surtout dans le christianisme. Elle s'exprime dans la tradition judéo-chrétienne sous la forme d'une figure divine paternelle ambivalente, de qui procède un fils qui est non pas un fils mythologique divin, mais un être humain ayant une réalité historique. L'incarnation de Dieu dans le Christ a été vécue comme une expérience religieuse collective de portée immense.

Mais, dans le cas de la déesse-mère antique, la tendance vers l'incarnation en une fille humaine n'a pas abouti. Ce qui signifie, au plan pratique que, l'image de la femme n'étant pas reconnue, la femme ne l'est pas

2. Cf. M.-L. von Franz, *L'Ane d'Or, interprétation d'un conte*, trad. cit., pp. 120 et sv. (N.d.T.)

non plus. Nulle part ce désir d'humanisation n'a été mené à son terme et ne s'est traduit sous forme d'événement religieux et culturel. Le culte même de la déesse-mère a tourné court et a été réprimé. S'il a réapparu plus tard dans la dévotion à la Vierge Marie, c'est accompagné d'importantes restrictions mentales et de précautions visant à purifier la déesse de son ombre. On accueillait à nouveau la déesse-mère, mais dans la mesure seulement où elle se soumettait à l'approbation de l'homme et se comportait « convenablement ». L'aspect d'ombre de la déesse-mère antique n'a pas encore fait sa réapparition dans notre civilisation, ce qui nous laisse sur une interrogation, car il est évident qu'avec elle un élément important est absent.

Si l'on considère le cas de ces antiques déesses-mères qui haïssaient leurs propres incarnations humaines, on voit que le conflit peut se caractériser de la façon suivante : les déesses sont l'image d'une féminité absolument irréfléchie ; elles ne font que suivre leurs réactions émotives élémentaires. Si Zeus avait une relation amoureuse avec une autre femme, Héra faisait une scène terrible et se vengeait sur sa rivale et éventuellement sur l'enfant innocent de celle-ci. Les femmes que nous sommes doivent admettre que sans le frein imposé par la conscience nous ferions de même, car c'est la réaction instinctive. Mais en même temps la déesse-mère pouvait se montrer compatissante : elle prenait dans son giron tout ce qui était pauvre, estropié et malheureux, l'aimait et le soignait. Une charité élémentaire et incontrôlée est un de ses traits typiques, de même qu'un comportement sexuel débridé tel que celui de Baubo. La Mère était la grande prostituée qui se donnait à tout homme inconnu qu'elle rencontrait. Il y avait en elle une fécondité et une générosité infinies, une charité sans restrictions, une jalousie et une vanité sans bornes, et ainsi de suite.

La réaction totale et tout d'une pièce qui caractérise ces déesses est celle de chaque femme, car elle correspond à sa structure émotive et instinctive naturelle. Si nous comparons les déesses-filles à ces déesses-mères, telles qu'elles apparaissent dans la mythologie grecque, nous voyons qu'elles sont identiques à leurs mères (tout comme le Fils est identique au Père). Néanmoins, elles sont habituellement un peu plus humaines ; elles sont capables, comme Psyché, de se sacrifier au lieu de suivre aveuglément leurs pulsions instinctives, de remplir leur mission et de se retenir de la vengeance, de la violence ou de la pitié irréfléchie. Elles sont moins primitives, moins chaotiques, plus réservées et plus stables, en un mot, plus différenciées dans leurs réactions.

Cette tendance progressive inhérente à la structure féminine apparaît dans l'inconscient collectif comme un effort pour susciter une nouvelle forme de féminité chez la femme, de même qu'un nouvel aspect de l'éros et de l'anima chez l'homme — ce qui correspond chez lui à un sentiment plus stable et plus nuancé. En Occident, l'homme a devancé la femme dans le processus de civilisation. En Inde du Sud, l'humanisation de la femme et de l'éros masculin semble plus avancée que chez nous ; là-bas, les femmes sont fières de leur féminité et l'attitude générale envers l'éros est plus évoluée. En Occident se rencontrent souvent la brutalité, la vulgarité et une absence de nuances sur le plan des sentiments ; par contre, on y trouve généralement une différenciation bien plus grande sur le plan de l'intellect et du logos qu'en Orient. En Inde, par exemple, le principe du logos est relativement peu développé et demeure encore teinté de préjugés médiévaux.

Le roi et la reine de notre conte de fées n'avaient pas d'enfants ; alors la grenouille apparaît et dit à la reine : « Votre vœu sera exaucé. Avant que l'année ne soit écoulée, vous donnerez le jour à une fille. »

Il est fréquent que la naissance du héros ou de l'héroïne soit précédée d'une longue période de stérilité ; la naissance intervient alors de façon surnaturelle. Transposé dans le domaine psychologique, cela signifie qu'une période d'activité particulièrement grande du conscient est très souvent préparée par une longue période de complète stérilité. Il est par exemple tout à fait normal qu'une personnalité créatrice, avant de produire quelque nouvelle œuvre d'art ou de découvrir une idée scientifique originale, passe par une période d'apathie, de dépression et d'attente où la vie lui paraît sans intérêt. Au cours de l'analyse de telles personnes, on constate (par exemple dans leurs rêves) que pendant ce temps l'énergie s'accumule dans l'inconscient, ce qui se traduit, au plan conscient, par ce sentiment de dépression et de vide.

Je me souviens que, me sentant à bout de ressources de semblable façon, je rêvai que je regardais une importante gare de chemin de fer où l'on procédait à des manœuvres pour former de nouveaux trains. Cela montrait clairement que dans l'inconscient la libido se remettait en place, que des structures instinctives et énergétiques se réajustaient. Avant l'explosion d'un épisode psychotique, on voit aussi apparaître une période où tout devient insipide mais dans ce cas la libido, n'étant pas parvenue à se réorganiser, s'accumule dans l'inconscient avant de jaillir sous forme d'explosion destructrice.

Ces périodes de stérilité apparente montrent donc que quelque chose de spécifique est en gestation dans l'inconscient. Dans la version de notre conte relevée par les Grimm, cela est annoncé par la grenouille qui apparaît dans le bain de la reine. Une interprétation sexuelle semblerait s'imposer. La grenouille est d'ailleurs considérée par le folklore comme un animal plutôt impur. On l'utilisait jadis pour des sortilèges amoureux : ses os étaient portés en amulettes et elle figurait en tête de nombreuses prescriptions concernant la fécondité et la sexualité. On pense au membre mâle fécondant la reine, mais, si l'on se reporte au folklore, elle est dans les contes, suivant les cas, prince ou princesse enchantés, et c'est aussi très souvent un animal maternel qui secourt les femmes en couches, apporte la fécondité et représente l'utérus [3]. Dans de nombreux pays on dit que le

3. Cf. M.-L. von Franz, *L'interprétation des contes de fées*, trad. cit.,

coassement des grenouilles au printemps ressemble aux vagissements des nourrissons et que ces animaux représentent les âmes non encore incarnées d'enfants à naître.

La grenouille et le crapaud sont presque partout considérés comme des animaux sorciers et le second comme venimeux. Hildegarde von Bingen, mystique médiévale et écrivain érudit, écrit que, tout particulièrement au printemps, au moment où la nature s'éveille, le diable met des idées épouvantables dans la tête des hommes, car le diable « aime le coassement des grenouilles ». Nous voyons là encore le lien de cet animal avec la sexualité, le désir sexuel, l'« humeur printanière » et l'exubérance de la nature. Ceci étant, il est évident que dans la perspective chrétienne, la grenouille ne pouvait être que sorcière et diabolique. Mais, comme nous venons de le voir, elle a aussi à faire avec la naissance des enfants ; elle représente un esprit de la nature, une impulsion vitale et annonce la fin d'une période de stérilité psychologique.

Jung dit un jour de la grenouille qu'elle semblait une tentative de la nature, au niveau de l'animal à sang froid, en vue de façonner l'homme et cela en raison de la similitude frappante qui existe entre la structure humaine et les petites pattes et les petites mains de l'animal. Cette idée que la grenouille est un être humain imparfait est très répandue. Les gens appellent un enfant « petit crapaud » ou « petite grenouille ». Créature aquatique, puis semi-aquatique, qui passe par des métamorphoses, la grenouille représente, en particulier dans les rêves, un élan de l'inconscient qui tend à devenir conscient. Certaines pulsions résistent à la prise de conscience et il faut leur donner, en quelque sorte, un coup de pouce ; abandonnées à elles-mêmes, elles demeureraient inconscientes. D'autres complexes contiennent, au contraire, une forte poussée énergétique vers l'accession à la conscience et vous obligent en quelque

---

pp. 121 et sv. L'auteur y développe le thème de la princesse grenouille dans le conte de Grimm : « Les trois plumes. » (N.d.T.)

sorte à reconnaître leur existence. La grenouille représente une de ces pulsions qui cherchent à s'imposer, le problème restant étant celui de l'acceptation du contenu représenté ainsi et de son intégration dans la vie réelle. Lorsqu'un patient rêve de grenouille, je sais qu'il me suffit d'avoir une attitude réceptive ; le reste suivra de lui-même. Dans de nombreux autres contes, une figure possédant des pouvoirs magiques vient révéler qu'il faut faire ou manger telle ou telle chose pour avoir un enfant, mais ici rien de tel n'est exigé, il s'agit d'un processus naturel : la reine n'a qu'à attendre en tricotant de la layette pour le bébé !

Ainsi naît une petite fille extrêmement belle. A l'occasion du baptême de l'enfant, ses parents donnent une grande réception où un événement terrible survient. Un certain nombre de fées-marraines sont invitées, mais l'une d'elles se trouve oubliée, ou laissée de côté. Parfois on ne l'invite pas parce qu'il n'y a pas assez d'assiettes, de couteaux ou de gobelets d'or, parfois, comme dans le conte de Perrault, parce qu'il y avait plus de cinquante ans qu'elle n'était plus sortie d'une tour et qu'on la croyait morte ou « enchantée » : elle a mené une vie trop introvertie ; ou encore elle a été oubliée sans raison précise. Elle réapparaît inopinément et on ne peut lui donner de couvert en or, ce qu'elle considère comme une insulte personnelle. En conséquence, elle maudit la fillette nouveau-née et la condamne à mourir à quinze ans.

Nous avons vu que le thème du dieu, ou, plus fréquemment, de la déesse oubliée, est également archétypique. Lorsqu'Agamemnon voulut partir pour Troie, le vent manqua pour lui permettre de faire la traversée. On découvrit qu'Artémis, furieuse de ce que son culte était délaissé, exigeait que le chef des Grecs sacrifiât sa propre fille, Iphigénie, pour que les vents favorables lui permettent de prendre la mer. Le thème de la déesse offensée est fréquent car c'est souvent la femme que l'on ignore et qui ne le supporte pas. Il arrive cependant que ce soit un dieu mâle qui se venge de ce que l'on a omis de lui offrir des sacrifices comme aux autres dieux. Je me rappelle l'histoire d'une petite fille qui, lors d'une réunion d'enfants, se mit à pleurer, d'abord parce que les petits garçons la pinçaient, puis ensuite parce qu'ils ne faisaient pas attention à elle : des deux, dit-elle, elle préférait encore être pincée ! C'est là une réaction typiquement féminine, qui est probablement due au fait que la mentalité collective a souvent tendance à lui donner moins de place qu'au garçon.

Qu'est-ce que cela signifie sur le plan psychologique ? Il est évident que les dieux représentent des contenus archétypiques de l'inconscient, c'est-à-dire des complexes que chacun possède en soi et qui ne sont en aucune façon pathologiques. Comme le dit Jung, les complexes, tels que ceux du moi ou de l'ombre, sont normaux dans notre société. Il y a dans la psyché différents centres dynamiques qui font partie des structures normales. Ces archétypes, de par leur puissance et leur vie partiellement autonome, apparaissent comme des figures numineuses et ont généralement été personnifiés par des dieux. Cela apparaît très clairement, par exemple, dans le cas des dieux astrologiques : parmi les planètes, Mars représente tout ce qui concerne l'agressivité et l'autodéfense, Vénus le sexe et ainsi de suite. Chaque dieu correspond, au niveau de l'image et du mythe, à un type de comportement instinctif spécifique. Dire qu'un dieu ou une déesse se trouve oublié signifie qu'un comportement psychologique naturel est négligé ou refoulé. On a, soit par artifice, soit par stupidité, omis de le prendre en considération.

On observe, en particulier chez les jeunes enfants, qu'une nouvelle tendance se manifeste tout d'abord de façon exagérée avant de trouver progressivement sa place dans l'ensemble de la personnalité. C'est ainsi que des enfants peuvent, pendant une certaine période, passer tout leur temps avec le chien, leur train électrique ou des jeux de construction, se battre, grimper aux arbres ou jouer à la poupée. Ils traversent des phases où ils sont complètement absorbés par une activité ou un objet particulier, qu'ils abandonnent tout à coup pour quelque chose d'autre ; l'enfant découvre toujours quelque passion nouvelle. Ce comportement, qui semble relever de la manie, correspond à l'apparition en lui d'un nouvel élément, ce qui déséquilibre quelque peu l'ensemble du comportement jusqu'à ce que l'élément nouveau soit « appris » et intégré. L'éveil de la sexualité est, parmi les phases de ce genre, l'une des plus violentes. Habituellement son irruption submerge et dissocie la personnalité jusqu'à ce qu'un équilibre nouveau soit atteint.

Les complexes, même normaux, ne sont donc pas des phénomènes toujours harmonieux chez les humains. Ils peuvent se combattre l'un l'autre et même écarter d'autres pulsions instinctives. Qu'un dieu soit oublié signifie que certains aspects du conscient collectif se trouvent placés au premier plan de telle sorte que d'autres sont, dans une large mesure, rejetés dans l'oubli. C'est bien le sort qu'a subi l'archétype de la déesse-mère dans notre civilisation.

Il était peut-être nécessaire pour notre développement culturel que l'esprit occidental fût amené à éloigner la déesse-mère pendant un certain temps, plaçant l'accent sur le développement du pôle masculin de la psyché. Mais dans l'esprit les organes délaissés se comportent de la même façon que dans le corps. Nos organes physiques réclament une certaine dose d'attention, et nous ne pouvons nous permettre d'ignorer avec partialité leurs besoins. Si nous délaissons certains centres vitaux, ils provoquent l'apparition d'une maladie du système tout entier. Comme la maladie d'un organe peut aboutir à une détérioration complète de la santé, ainsi un complexe qui ne fonctionne pas de façon juste désorganise l'ensemble de la psyché. On voit alors apparaître une névrose, ou pire, et il faut découvrir ce qui, ayant été négligé, détruit la personnalité tout entière. Une telle vision peut paraître très optimiste et semble impliquer que si l'on a toujours l'attitude juste, si l'on offre des sacrifices et de l'attention à chacun des « dieux », rien ne peut arriver et l'on pourra être en parfaite santé.

Les différentes variantes des contes de fées ne confirment cependant pas tout à fait une semblable conclusion : dans certains d'entre eux, la marraine fait son entrée tout simplement parce qu'il lui plaît de créer des ennuis. Il arrive que l'apparition d'une névrose soit tout simplement l'apparition d'une névrose. Il serait erroné de dire qu'elle ait eu pour origine une attitude fausse — point de vue trop fréquent, du moins à l'arrière-plan du conscient, dans le monde des thérapeutes. L'apparition d'une névrose est parfois due à une attitude unilatérale, mais nous devons tenir compte du fait que la nature peut aussi, spontanément, provoquer des déficiences. Il arrive que « les dieux » créent des difficultés sans que celles-ci soient le fait de l'homme. Au sein de la nature elle-même, il y a des insuffisances, des imperfections, des dissonances et des monstruosités.

Ainsi, dans une version française du conte, la méchante marraine a nom Misère, elle est la divinité de la pauvreté. Misère et maladie ou autre calamité s'abattent sur les gens sans que l'on puisse accuser personne de carence morale. Notre culture s'est édifiée sur l'idée d'un Dieu bon et juste ; si le mal fait son entrée, c'est donc, pensons-nous, de notre faute, de celle du vieil Adam, de nos parents ou encore du refoulement : un être humain quelconque est coupable. Mais on peut tout aussi bien dire, dans nombre de cas, que le coupable est Dieu — idée qui ne nous est pas habituelle, bien qu'elle le soit pour certaines autres civilisations. Même dans notre tradition, Dieu peut se mettre dans une humeur terrible dont les effets retombent sur l'humanité, ou laisser agir le diable, comme cela arrivait au Dieu de l'Ancien Testament. Il est important de garder ce trait présent à l'esprit pour que la vision chrétienne trouve son contrepoids dans celle de l'immoralité de la nature.

Pourquoi l'héroïne est-elle victime d'un sort si terrible ? L'une des versions nous dit qu'il en est tout simplement ainsi, et l'autre que la fée-déesse était en colère d'avoir été oubliée. Cela reflète une réelle incertitude concernant ce problème du mal. Il en est comme des conceptions modernes de la lumière. Une théorie affirme que la lumière est constituée de particules, l'autre qu'elle est faite d'ondes ; il semblerait que l'une étant vraie, l'autre ne puisse l'être. De même, ou bien une névrose est due à quelque « transgression » ou refoulement, et peut être guérie par une transformation de l'attitude vis-à-vis de la vie, ou bien elle est une malchance infligée par la nature, que seule la « chance » peut guérir. Chaque théorie semble exclure l'autre, et cependant, toutes deux paraissent justes dans bien des cas. Il faut alors soigner la névrose sous les deux aspects, bien que, rationnellement, ces derniers se contredisent.

Dans le personnage de la méchante fée, la déesse-mère apparaît comme la personnification des sentiments blessés et aigris (le lait maternel devenu aigre). Elle incarne la vanité offensée et la rancœur. Ce trait peut éclairer un domaine qui a beaucoup à faire avec les problèmes des femmes, c'est pourquoi j'ai choisi ce conte de fées pour illustrer cette étude. La source de bien des maux et de bien des difficultés dans une vie de femme vient de ce qu'elle a beaucoup de peine à intégrer et à surmonter les blessures affectives ; les sentiments blessés provoquent à leur tour les attaques négatives de l'animus. Dans une multitude de cas, les souffrances de la femme proviennent de cette réaction archétypique qui consiste à ne pas savoir surmonter une blessure, une rancœur ou une mauvaise humeur dues à une déception dans le domaine du sentiment. Cette réaction submerge la personne qui se trouve envahie par un bouleversement émotif ou un état de possession. Si cela arrive, il est très utile de se demander : « En quoi ai-je été déçue, ou blessée dans mes sentiments sans en avoir suffisamment pris conscience ? » Très souvent l'origine du trouble apparaît alors. Si vous pouvez remonter à la source du mal et voir où les choses se sont gâtées, l'animus négatif cessera de vous posséder, car c'est là qu'il a fait son entrée. C'est pourquoi, lorsqu'elle est sous l'influence d'un animus négatif, une femme s'exprime toujours sur un ton plaintif et offensé.

Or cette possession par l'animus exaspère les hommes et les met immédiatement hors d'eux-mêmes. Ce qui les horripile le plus est ce ton sous-jacent de reproches plaintifs. Ceux qui sont un peu avertis sur ce point ou ont un sentiment développé et un bon instinct savent que, dans la plupart des cas, cette attitude est un appel déguisé à l'amour. Malheureusement, l'effet produit est généralement l'inverse de celui souhaité, car cette attitude de la femme fait fuir l'objet de ses désirs. Ce ton de reproche traduit en même temps le désir inavoué de rendre ses coups à celui qui l'a blessée. Il y a là un cercle vicieux qui fait qu'une discussion dégénère en une scène caractéristique. La féminité méconnue qui provoque l'animosité de la femme est une réaction de nature archétypique qui se reflète dans les matériaux mythologiques et les contes.

Il est évident que les femmes qui ont un complexe maternel négatif sont celles qui sont le plus portées à ce genre de réaction, du fait qu'elles ont un très grand besoin de la chaleur et de l'attention qu'elles n'ont pas trouvées comme il convenait auprès de leur mère. C'est pourquoi elles ont tendance à se montrer particulièrement susceptibles et ont constamment le sentiment d'être délaissées. Lorsqu'on a suffisamment d'estime pour soi-même, point n'est besoin de se sentir blessé à tout propos. Lorsqu'une jeune fille est sûre d'elle et qu'un homme la laisse pour faire la cour à une autre jeune fille en sa présence, elle ne fait que déplorer le mauvais goût de cet homme : cela ne la jette pas dans le trouble et ne la fait pas douter d'elle-même. Mais si une jeune fille, dans un pareil cas, manque de confiance en elle-même et d'estime de soi, un abîme de sentiment blessé, de découragement et de rancœur se crée en elle. Une femme qui a un complexe maternel négatif est sans cesse menacée de cette amertume, chaque fois qu'un homme se trouve en désaccord avec elle ou qu'une autre femme lui marche sur les pieds. Dans ce cas, ce qu'elle a le plus de mal à faire est de surmonter son ressentiment et sa colère ; elle attisera sa blessure pendant des années, la mettra de côté puis l'exhibera encore et encore : elle répond au modèle archétypique de la déesse outragée.

Notre conte étant une histoire collective et non pas personnelle, il faut nous demander en quoi il est caractéristique de notre civilisation. Autrement dit, quel aspect de la déesse-mère, c'est-à-dire de la nature féminine, s'est trouvé artificiellement écarté par le christianisme et par notre société. Ce qui apparaît d'abord et qui est devenu un problème à l'époque moderne, est son aspect sexuel. L'ordre social considère la sexualité comme dangereuse et comme la cause de beaucoup de désordres : elle peut, par exemple, briser des ménages. Dans cette perspective, elle devait être réglementée par la loi et n'être autorisée que dans le mariage. C'est le point de vue de l'Eglise catholique romaine, qui suggère même qu'une totale abstinence serait préférable ou que la relation sexuelle ne devrait être permise que dans le but de procréer, tout autre usage de la sexualité étant coupable. Mais il est impossible de décider arbitrairement comment il convient de maîtriser un dieu. C'est l'énorme erreur commise dans le système chrétien qui a eu pour conséquence que le dieu s'est mis à se comporter de façon autonome. Cette légalisation de la morale sexuelle n'a jamais été bien observée : ou bien les gens s'y sont tenus et sont devenus névrosés, ou bien ils ont vécu une double vie, ou bien sont « tombés dans le péché » pour le regretter ensuite.

Chez certains animaux, la monogamie fonctionne aussi longtemps que mâles et femelles sont en nombre équivalent. Les babouins se déplacent en groupe de vingt à trente et restent monogames tant que les deux sexes sont également représentés. Si, en raison de quelque catastrophe naturelle, les mâles adultes deviennent moins nombreux, l'excédent de femelles est réparti entre eux suivant leur rang. Mais dans notre civilisation où règne la loi de la monogamie, un certain nombre de femmes n'ont aucune vie sexuelle, et nombreuses sont celles qui demeurent seules ou, mais bien moins qu'autrefois, entrent par exemple au couvent. Elles sont hors jeu, ou bien elles sont ressenties comme un danger pour les couples mariés. Or, personne ne porte attention à ce fait d'ordre naturel qu'il faudrait considérer en face. On prétend ignorer un besoin archétypique vital, organique, pourtant évident et qui demande à être vécu. Au lieu de cela des lois sont promulguées et appliquées avec des résultats désastreux : la déesse est ignorée.

C'est ainsi que non seulement Vénus, la déesse de la sexualité, a été méprisée, mais, avec elle, certains des besoins vitaux de la femme. Il est bien connu que la chasteté pose beaucoup plus de problèmes dans les couvents de femmes que dans les monastères d'hommes, au point que l'on a sérieusement discuté l'éventualité de supprimer les branches féminines des Ordres. Il semble que les femmes rencontrent en ce domaine plus de difficultés que les hommes et qu'il est plus facile aux hommes de faire violence à leur nature et qu'ils en sont moins blessés que les femmes. Un homme se laisse plus aisément porter par l'élan qui le pousse vers les activités intellectuelles. De même, le service militaire pour les femmes pose un problème, car elles semblent moins bien accepter les règlements imposés, leur nature se révolte davantage. Leur personnalité a besoin d'évoluer de façon plus naturelle et moins unilatérale. Il y a là un besoin concret et réel dont on doit tenir compte. Si l'on rapproche ce que nous venons de dire des symboles classiques du soleil mâle et de la lune femelle, d'un point de vue naïf on peut dire que le soleil est digne de confiance : il se lève avec régularité, tandis que la lune est capricieuse et d'humeur changeante. Elle apparaît chaque soir un peu plus tard, et, chaque mois, elle faiblit, décline et disparaît avant de renaître. Cependant, en Egypte, la lune était un dieu mâle, *Min* : ceci est probablement lié à ce que l'homme archaïque est changeant et irrégulier dans son comportement conscient. Néanmoins, la lune est féminine dans la plupart des civilisations et dans certaines langues, mais non pas dans toutes : ainsi, en Allemand, l'on dit *die Sonne* (la soleil) et *der Mond* (le lune).

Notre héroïne est donc victime de la malédiction due à la colère de la déesse et à ses sentiments blessés. Dans une variante, l'héroïne n'est pas maudite par une déesse, mais par un prétendant déplaisant qu'elle a repoussé. Pour se venger, celui-ci, qui est magicien, lui jette un sort et l'endort pour cent ans. L'événement a donc lieu plus tard dans sa vie. C'est là une version plus complexe qui introduit le problème de l'animus. Le prétendant malheureux qui maudit la jeune fille est une figure semi-divine et nous ramène au cas du malheur immérité, car personne ne peut avoir la présomption de prétendre qu'elle aurait dû l'épouser. Bien qu'ayant l'attitude juste, elle encourt une malédiction. On ne peut pas prétendre non plus que cet homme déplaisant vient à elle pour compenser ses qualités ! Une femme dont la blancheur est excessive attirera probablement l'aspect contraire et il se peut qu'il lui soit demandé d'accepter cet aspect d'ombre d'une façon ou d'une autre, mais le conte ne dit pas que la jeune fille soit trop bonne, il affirme seulement qu'elle est belle et séduisante. Nous reviendrons sur ce problème à propos du conte de Grimm : *La jeune fille sans mains,* dans lequel l'héroïne innocente est vendue au Diable par son père.

D'autre part un comportement instinctif juste peut se heurter au comportement collectif ; les névroses collectives existent. Un milieu, une famille entière ou une société peut être névrotique ; quand il y naît un enfant qui, par la grâce de Dieu, a une nature saine, au lieu de s'adapter à la névrose collective, il lui résiste. Prenons le cas d'une mère de famille atteinte de psychose ; selon les lois de Mendel, elle n'aura pas nécessairement des enfants psychotiques — elle peut aussi en avoir un ou plusieurs normaux. Mais un enfant né d'une mère psychotique lui sera allergique et réagira de façon négative à la maladie de sa mère. Haïr sa mère est une réaction instinctive saine en pareil cas. Il y a là une tragédie authentique qui se produit chaque fois que la nature saine se heurte à une attitude névrotique : un comportement instinctif juste est la cause d'un malheur immérité. C'est le sujet d'un nombre infini de thèmes héroïques. Ce qui est pathologique haït ce qui est sain, et ce qui est sain répugne à ce qui est pathologique et le hait également, tout comme les animaux attaquent celui qui est malade. Un enfant normal qui naît dans un entourage pathologique ne pourra pas soutenir qu'il a raison et que les autres ont tort, car son entourage dira que c'est lui qui est malade, qu'il est névrosé ou psychotique ; c'est là le drame inévitable de bien des vies d'enfants, puis d'adultes. Il suffit alors parfois de dire, lors d'une analyse : « C'est vous qui aviez raison, pourquoi en doutez-vous ? » pour amener la personne à reprendre confiance en elle-même. Parfois, on doit soutenir un être contre la pression de toute notre société, ce qui arrive, par exemple, dans le cas d'un artiste ou d'une personne très introvertie que tout pousse dans nos collectivités à s'extravertir, à se trahir elle-même.

Dans un couple, si l'un des conjoints est névrosé et souffre de refoulements, il accusera sans cesse son conjoint. S'il est, par exemple, affligé d'une perversion sexuelle et qu'il veuille forcer l'autre à y participer alors que ce dernier s'y refuse, le premier accusera le second de manquer d'amour ou de ne pas être « libéré », mais celui-ci n'en restera pas moins écœuré. Lequel est névrosé ? Chacun accuse indéfiniment l'autre et il est parfois très difficile de découvrir ce qu'il en est.

Je me souviens d'un cas où une femme avait de terribles symptômes hystériques qui n'apparaissaient qu'en présence de son mari ; elle était tout à fait normale tant qu'elle se trouvait hors de chez elle. Au cours de l'analyse, on découvrit que l'homme était totalement englouti dans un complexe maternel : en ce qui concernait le sentiment, l'amour et l'affection, il ne s'était jamais marié. Lorsqu'ils eurent atteint, lui soixante-sept ans, et elle soixante-deux, il se demandait encore, dans ses lettres à sa mère, s'il ne devait pas divorcer. Alors qu'ils étaient devenus grands-parents, le mari n'avait pas encore décidé s'il devait dire oui ou non à son épouse ! Chaque fois qu'elle rentrait chez elle, elle était prise de nausées : c'était en fait une réaction normale et un excellent signe ; sa nature saine « vomissait » une pareille ambiance. Bien entendu, on peut se demander pourquoi elle avait choisi d'épouser un tel homme. Il arrive néanmoins que des êtres soient tombés dans le malheur sans en être en rien responsables — vérité importante dont il est bon que se souviennent tout particulièrement ceux qui auraient tendance à avoir, consciemment ou non, une attitude moralisatrice au sujet des névroses ou des « problèmes » des autres. Dans la pratique, on peut être amené à dire à une personne : « Vos réactions, considérées par votre entourage (et peut-être aussi par ceux que vous avez consultés) comme des symptômes névrotiques, quoique gênantes, sont tout à fait normales : votre nature se révolte ou se décourage devant certaines conditions de vie. Ce n'est pas vous qui êtes malade, mais le milieu familial, professionnel ou social où vous êtes plongé. Nous allons travailler à retrouver vos forces et voir comment et dans quelle mesure vous pouvez changer vos conditions de vie ». Il ne faut pas oublier que notre société urbaine, technique et unilatérale est, par bien des côtés, tout entière schizophrène, et que, bien souvent, ce n'est pas l'individu qui est malade, mais bien l'ensemble d'une civilisation qui ignore délibérément les besoins les plus évidents et les plus naturels de l'âme humaine.

Au début du nazisme, il arriva à plusieurs reprises que des Allemands me demandent en quoi ils étaient déséquilibrés, car, tout en se sentant de la répugnance pour le mouvement et incapables d'y adhérer, être si différents des autres les faisait douter de leur propre santé mentale. Ceux qui s'en tenaient à leur sentiment ainsi qu'à leurs réactions instinctives et qui, au sens le plus élevé, demeuraient sains et dans la voie juste étaient cependant pris de doute et ressentaient une grande détresse morale : ils étaient marqués et contaminés malgré eux par la psychose collective montante. L'homme est, en grande partie, un animal grégaire. Etre isolé de ses semblables est pour lui un facteur d'angoisse. Il faut donc être très lucide et avoir un grand courage pour rester fermement attaché à ce que l'on sent être vrai et juste, si cela est contraire à l'opinion courante ; l'isolement qui découle de ce type de situation fait que l'être est tenté de douter de son propre jugement. C'est là un exemple de situation où non seulement le malheur, mais l'angoisse et le doute s'abattent sur des individus qui ne sont ni fautifs, ni névrosés.

Considérons à présent la question de la malédiction qui pèse sur un individu innocent sous un angle différent. Beaucoup de contes débutent par le thème du prince, ou du marchand ou d'un autre personnage qui traverse la mer, ou pénètre dans une forêt, et qui est arrêté par un esprit malfaisant — un chien noir, ou le diable en personne — qui ne le laisse passer que contre la promesse qu'il lui sera donné le premier objet que le voyageur rencontrera en rentrant chez lui. Parfois, comme dans le conte de Grimm que nous étudierons plus loin, *La Jeune Fille sans mains,* c'est un homme tombé dans la misère à qui le Diable procure la richesse sous la même condition. L'homme, croyant qu'il s'agit de son chien ou de quelque être qu'il est prêt à sacrifier, retourne dans sa maison ; son enfant accourt vers lui et il s'aperçoit qu'il l'a vendu au Diable. Cet enfant se révélera être le héros ou l'héroïne du conte dont la tâche principale sera de se libérer seul du sort qui pèse sur lui.

Que, dans ce type de conte, le roi, le marchand ou le meunier agisse contre la vie signifie que l'attitude consciente collective s'est enlisée et que l'énergie vitale ne peut plus l'irriguer normalement. Dans un cas semblable, un renouvellement ne peut se produire qu'à travers un dialogue avec le principe opposé et ce qui a été refoulé par la mentalité collective et considéré comme le mal (le Diable), ou quoi que ce soit qui était exclu jusque-là. Le Diable personnifie le principe qui entrave le progrès et qui cherche à supprimer toute évolution future (l'enfant) et à s'assurer que la vie continuera dans les vieilles ornières. Dans le cas d'un individu, cela correspondrait à une situation dans laquelle il se sent comme piégé : ne pouvant plus poursuivre dans la même voie, il est acculé à entrer en relation avec l'inconscient d'une façon ou d'une autre et à envisager de conduire sa vie suivant de nouvelles normes. Inévitablement, les conditions du Diable sont tout aussi extrêmes et unilatérales que ce qui existait auparavant, et lui céder reviendrait à provoquer un retournement des valeurs, aussi la tâche de l'enfant est-elle de se libérer en dépassant les opposés.

Jung racontait l'histoire d'un homme d'affaires très correct qui avait reçu une éducation chrétienne et se comportait d'une façon très convenable chez lui avec sa femme et ses enfants ; jamais il ne fumait, ne buvait trop ni ne courait après les femmes. Quand il eut dans les quarante-cinq ou cinquante ans, il tomba dans la classique névrose des gens de cet âge — les mauvais rêves vinrent et les maladies habituelles du P.D.G. Au cours d'une nuit blanche, il réveilla sa femme à trois heures du matin en frappant sur sa table et en criant : « Maintenant, j'y suis ! je suis un escroc et un clochard !... » Etant un homme, un homme typique avec des réactions trop entières, il tomba dès cet instant dans l'excès opposé de ce qu'il avait vécu jusque-là ; il dépensa tous ses biens et mena une vie dissolue jusqu'à sa mort. Il vécut une parfaite énantiodromie. Cela demandait une certaine dose de courage et ne fut drôle ni pour sa famille ni pour ses enfants qui, eux, durent entreprendre une analyse. L'homme s'était trouvé pris par le Diable, comme le roi ou le meunier des contes, et il lui obéit sa vie durant, car il ne sut pas trouver la voie du milieu, vers la libération.

Un conte de fées qui commence ainsi par une confrontation avec le « Diable » indique donc la nécessité d'un changement et d'une prise en considération de l'attitude opposée à celle qui fut suivie jusque-là. Si l'on rapproche ce thème de l'histoire de la *Belle au Bois dormant*, nous voyons que, dans la version de Grimm, une grenouille s'adresse aux parents qui n'ont pas d'enfants et dont le royaume n'est plus fertile depuis longtemps. Loin de menacer, comme le Diable, de dérober l'enfant, la grenouille lui permet de naître. La tension n'est pas aussi grande que dans le premier cas ; l'inconscient propose la possibilité de continuer à vivre sans qu'aucune condition déterminée soit posée ; il offre un nouvel essor à l'attitude consciente déjà existante. Il faut cependant nous attendre, et c'est ce que nous dit l'histoire, à ce qu'un paiement soit exigé ; les demandes de l'ombre s'imposeront, comme elles le font au baptême de la petite princesse. Alors le côté noir de la nature apparaît pour revendiquer ses droits sur l'enfant.

CHAPITRE III

LA REVANCHE DE LA DÉESSE

Nous avons vu que dans une version médiévale du conte les trois marraines fées portent les noms divins de *Lucina* (Junon), *Vénus* et *Thémis*. Junon était entre autres choses la déesse qui aide les mères durant l'accouchement. Le nom de Vénus, déesse de l'amour et de la beauté, parle de lui-même. Quant à Thémis, la Justice et la Vengeance, c'est elle qui joue le rôle de la mauvaise marraine fée. Elle incarne un aspect de la déesse-mère qui a été largement oublié dans notre civilisation, mais qui a existé dans beaucoup de civilisations antiques et primitives. Elle représente un principe féminin de sévérité et de vengeance qui ne coïncide pas avec l'attitude parallèle masculine. Quand nous évoquons vengeance ou punition — la vengeance étant la forme primitive du châtiment — nous pensons aux lois établies, à leur violation et aux peines appliquées conformément à elles, car c'est là notre coutume.

Faire des lois et décider des peines encourues par ceux qui ne les observent pas est la façon masculine de traiter le problème de la justice. Nos lois sont basées sur le Code romain et la mentalité patriarcale, de telle sorte que nous envisageons généralement la punition comme ayant à faire avec le monde masculin tandis que la charité et l'exception seraient reliées au principe féminin. Au Moyen Age, la Vierge Marie était parfois représentée couvrant les pécheurs de son manteau : ceux qui, sous la loi divine, seraient allés en enfer ou au purgatoire voyaient, grâce à elle, leur sort adouci. Le fait que les hommes édictent des lois et traitent des problèmes mondiaux et que les femmes aient le rôle de plaider la clémence suit le vieux modèle familial patriarcal où le père châtie et exige le travail et l'effort et la mère sollicite l'indulgence ; même lorsque ce principe n'est plus appliqué, il demeure malgré tout le modèle. La justice et la punition dans le monde masculin sont rattachées à la notion de lois statistiques, et l'on entend par justice que chacun subisse la même peine pour le même délit ; il n'y a aucune exception, à moins qu'il n'y ait une réglementation pour les couvrir.

C'est là une défense contre le mal, mais c'est une façon unilatérale de considérer le problème. Si l'on en croit les données mythologiques, il existe aussi une justice et un principe de punition et de vengeance féminins. On pourrait dire que la loi, telle que nous la concevons d'un point de vue masculin, est liée au principe du logos ; elle correspond à l'idée fondamentale qu'il faut qu'un certain ordre règne dans la famille et dans la société. Pour cela, des règles sont établies et ceux qui ne s'y tiennent pas sont punis. C'est une protestation contre le chaos, typique d'une certaine attitude face à la vie. Mais, si l'on en croit les données mythologiques, il existe cet autre principe féminin de justice, de vengeance et de châtiment. Je comparerai ce processus au caractère vindicatif de la nature : si, pendant des années, une personne mange à la hâte et sans même prendre le temps de s'asseoir, elle sera punie par des désordres d'estomac. Cela n'a rien à faire avec une législation quelconque, c'est une conséquence naturelle : un comportement incorrect entraîne le malheur et la maladie.

La vengeance et la punition ne dépendent donc pas seulement des décisions humaines, mais aussi des conséquences naturelles. Cela est également vrai sur le plan psychologique. Une attitude fausse (pas nécessairement immorale, mais en désaccord avec la nature) est punie par la malchance ou la névrose, bien qu'aucune loi éthique n'ait été enfreinte. Dans la plupart des mythologies primitives, il existe une figure féminine divine de la nature analogue aux déesses grecques *Némésis*, la Vengeance, ou *Thémis*, la Justice. Dans la Kabbale juive, la Justice est placée à la gauche de l'arbre des Séphiroth, c'est-à-dire du côté féminin, ce qui montre bien que, selon le symbolisme hébraïque, la justice est une qualité féminine, ce qui peut nous sembler très étrange.

La nature est dure, sévère et cruellement vengeresse. Il n'y a ni jugement ni règle, mais simplement, traduit en termes mythologiques, la revanche de l'aspect sombre de la déesse. L'auteur italien du xve siècle qui donna à la mère obscure le nom de Thémis fait allusion à la façon dont la nature rectifie la loi masculine dans un sens total et naturel. Les femmes ont tendance à ne pas attacher beaucoup d'importance aux principes de la justice et de la loi, mais à réagir instinctivement contre ce qui leur déplaît par de la méchanceté, réaction qui ressemble à celle de la nature (ce qui ne signifie pas qu'on doive justifier toute réaction de l'animus en se référant à ce que je viens de dire !). L'anima chez l'homme comporte aussi une forme de méchanceté, car elle est comme une femme primitive ; elle a également une façon de réagir aux situations déplaisantes en se rendant carrément insupportable. Laisser monter une humeur au lieu d'appliquer une peine réfléchie et raisonnable n'est pas toujours injustifié : dans certaines situations, se montrer simplement désagréable est la bonne réponse. La renarde qui mord le renardeau parvenu à un certain âge se conduit comme elle le doit ; en agissant ainsi, elle le renvoie à lui-même et l'oblige à prendre sa liberté. Certaines mères font de même et repoussent leurs enfants qui se cramponnent trop à elles ; comme la mère animale, elles les envoient promener. Ceci correspond à l'esprit de revanche de la nature dans son aspect positif, même si, vu de l'extérieur, cela paraît choquant. Si la femme est psychiquement en ordre et fonctionne en accord avec les lois internes de son être, elle peut se permettre cette sorte de méchanceté instinctive et féminine sans que ce soit de l'animus négatif. L'animal qui veut être nourri trop longtemps par sa mère obtient en contrepartie la méchante mère. Mais ce fonctionnement de la loi féminine n'est pas reconnu par notre civilisation patriarcale, c'est pourquoi elle est considérée comme immorale. Je connais la mère d'une fillette de huit ans qui est très capricieuse et veut sans cesse que sa mère joue avec elle. Pour son après-midi de congé, la mère expédie l'enfant dehors. A la dernière minute, pourtant, l'enfant demande systématiquement quelque chose. Par exemple, elle est suffisamment maligne pour dire qu'elle a fait ses exercices d'arithmétique — ce qu'elle déteste — et demander à sa mère de les vérifier. D'un point de vue conventionnel, la mère devrait aider sa fille dans le travail scolaire, mais dans le cas présent et d'un point de vue féminin, la mère fait bien, car c'est une ruse de la fillette pour garder sa mère avec elle. En apparence, l'enfant semble logique et honnête, aussi faut-il une certaine subtilité pour décider qui a raison. Ici se pose la question de savoir si la mère doit suivre la motivation intérieure et se montrer désagréable, ou la motivation « supérieure » qui se révèle, à la longue, mauvaise pour les deux. Les femmes qui ont un sens du devoir trop rigide ont des difficultés dans un cas semblable ; elles sont portées à dévier de la réaction instinctive et à penser qu'une bonne mère *doit* aider l'enfant dans son travail scolaire. C'est un « doit » et par conséquent, du point de vue féminin, une réaction de l'animus et, bien qu'en ce cas il ait une intention bienveillante, c'est tout de même de l'animus. La réaction saine serait de suivre l'instinct et de dire « non » à l'enfant.

Le problème est très subtil, car l'on peut retourner tout ce que je viens de dire pour justifier la paresse, l'égoïsme, ou les idées de l'animus contre l'instinct réel. On est obligé d'être franc et honnête avec soi-même pour comprendre ce que l'inconscient exprime.

La vengeance de la nature est reliée de près à la situation grave qui est l'un des plus grands problèmes de notre temps : à savoir, celle créée par les immenses progrès techniques et rationnels, — en particulier dans le domaine de la médecine — de la civilisation occidentale. Ces problèmes sont la conséquence de la domination des races blanches. Bientôt le monde risque d'être dans un état de surpeuplement sans espoir. Avant deux siècles la situation sera insoluble, mais les organisations mondiales se refusent à envisager le problème en face. Il en est de même de l'exploitation sans frein des ressources naturelles limitées et de la destruction du milieu, pourtant nécessaires à toute vie. Les progrès techniques, l'hygiène et la lutte contre les maladies sont évidemment un bien, mais se leurrer au sujet de l'ombre terrible de cette attitude unilatéralement bonne provoque des situations redoutables. Pour faire face à un problème avec efficacité, il faut l'envisager dans sa totalité, c'est-à-dire savoir évaluer les conséquences néfastes d'une attitude positive, sinon l'on aboutit avec le temps à une situation pire qu'avant. Peut-être la nature inventera-t-elle un nouveau virus — car ceux-ci sont capables de mutations étonnantes — ou bien la surpopulation créera un tel état d'irritation que la Russie, les Etats-Unis ou une autre nation déclarera la guerre atomique, l'humanité devant être réduite d'une façon ou d'une autre...

Toutes les entreprises charitables bien intentionnées sont fondées sur une *Weltanschauung* et basées sur des idées d'inspiration chrétienne et humanitaire qui ne prennent pas en considération le côté sombre de la mère nature. Si l'on ignore un dieu ou une déesse, il se manifeste d'autant plus dangereusement. Il fut un temps où, dans l'idée que l'on se faisait de la nature, le bon, le généreux et le mal, l'obscur s'équilibraient dans une certaine mesure, mais depuis le XIIe et XIIIe siècles environ, comme on peut le voir par exemple dans la mythologie, la poésie et les mouvements religieux, les processus ne sont plus censés devoir s'aligner que sur une attitude unilatéralement lumineuse et bonne. Depuis lors, on persista à tort dans une direction qui n'était plus valable sans comprendre qu'une évolution nouvelle était nécessaire : une transformation était exigée en même temps qu'une conscience de l'existence de « l'autre côté ». Au lieu de cela un raidissement général se produisit à travers toute l'Europe ; ce qui avait été juste se transforma en une attitude névrotique et des mécanismes de défense s'élevèrent contre la situation de masse.

Au plan individuel, prenons le cas d'une fillette grandie dans une ambiance familiale imprégnée d'animus. Elle développera une grande indépendance et des activités intellectuelles — ce qui est tout à fait juste et, par ailleurs, la seule solution en accord avec la situation du moment. Mais la famille s'étant défaite, l'enfant quitte la maison. Si elle exagère son indépendance et devient inabordable sur le plan de la sensibilité, elle tombera dans une attitude névrotique. L'attitude rigide de l'animus, qui était un moyen de défense en conformité avec la situation à un certain moment, devrait s'assouplir pour s'adapter à son nouveau contexte.

La persistance dans une attitude dépassée et qui n'est plus adaptée aboutit à des situations impossibles. C'est un fait tragique que la structure de l'homme soit telle que la persévérance soit nécessaire pour maintenir le principe de la conscience, car c'est justement cette obstination qui entraîne la dissociation. La seule issue est l'attitude préconisée par Jung ; reconnaître ces difficultés, essayer de développer une plus grande flexibilité et une attitude plus ouverte au sein de sa propre attitude consciente et suivre son instinct jusqu'à ce qu'on ait un clair message de l'inconscient. La difficulté est que cette attitude peut se confondre avec de l'instabilité. Il existe, en effet, une sorte d'incapacité infantile à persévérer dans une attitude. Une personne dans ce cas change et hésite, incapable de suivre une route déterminée, ce qui dénote une faible conscience du moi. Il arrive que l'on se réfère alors à la recherche d'équilibre entre les opposés, chère à Jung, pour tenter de justifier un manque de caractère ou de légitimer son inconstance infantile.

Pour en revenir à notre histoire, la mauvaise marraine-fée maudit la petite fille, annonçant qu'elle mourra ; dans Grimm, ceci doit se passer le jour de ses quinze ans, alors que Perrault ne précise pas exactement le moment. Mais la dernière marraine atténue la malédiction : au lieu de mourir, elle dormira pendant cent ans. Sommeil et mort étaient dans l'antiquité des frères divins : *Hypnos* et *Thanatos*. On pense au sommeil comme à une sorte de mort, c'est pourquoi dans cette histoire l'un et l'autre doivent être compris de façon relative. Psychologiquement, un contenu est « mort » lorsqu'il est complètement endormi. Si je rêve que telle ou telle personne est morte, cela signifie que le complexe représenté par cette personne est totalement refoulé, si bien que je n'en perçois même plus l'existence ; il est mort, il a cessé de participer à ma vie psychique. C'est pourquoi, dans une psychose, il y a tant de symboles de revenants, de cimetières et de cadavres sortant de tombeaux ; en ce cas, cela révèle l'existence de toute une vie psychotique dissociée et autonome qui demanderait à être réintégrée. On pourrait dire que le côté sombre de la nature menace, à l'âge de la puberté, de séparer cette jeune fille de toute la vie qui l'entoure. C'est en effet une période où les attitudes névrotiques se révèlent souvent.

Sur un plan collectif, cela signifie qu'un certain stade de la féminité est admis à se développer tant qu'il reste au niveau infantile de soumission, mais non au-delà. Les éléments féminins qui ne cadrent pas tout à fait avec notre civilisation sont autorisés durant l'enfance, mais sont bannis dès que la fillette arrive à un âge où cela doit être pris au sérieux dans le monde adulte. Ainsi, au carnaval de Bâle — la fameuse Fasnacht — il y a un dieu de la liberté sexuelle, dieu que la civilisation chrétienne ne sait pas comment aborder ; mais elle n'est pas la seule, d'autres civilisations eurent également quelque ennui avec lui ! Pendant cette fête, les règles morales se relâchent, mais il est entendu que ceci ne doit pas être pris au sérieux et que ce sont seulement des amusements enfantins. Nous laissons donc ces choses vivre au niveau du jeu, mais comme adultes nous leur refusons une place dans notre vie. Nous disons : ceci est bon pour l'enfant, ou pour le carnaval, ce n'était qu'un délassement. Nous ne le permettons que sous le déguisement innocent de la plaisanterie, mais dès que cela devient sérieux, nous le réprimons.

Un des meilleurs exemples historiques de cette attitude est la façon dont les romantiques jouèrent avec l'image de l'anima. Les poètes romantiques, en particulier les Allemands, en donnèrent les plus merveilleuses descriptions, comme par exemple, E.T.A. Hoffmann dans *Der Goldene Topf* (Le pot d'or) dont Aniéla Jaffé fit une interprétation [1].Cette histoire atteint réellement au cœur du problème de l'anima et en montre les difficultés les plus profondes, mais les choses allèrent si mal que quelques poètes se détachèrent du mouvement, tandis que d'autres se convertirent au catholicisme ou que d'autres encore se suicidèrent. La majorité cependant usa d'une ruse bien connue dans l'histoire de la littérature et que l'on nomma « ironie romantique » ; à la fin d'un récit merveilleux, l'auteur dit soudain : « tout cela n'était qu'un joli rêve ! ». Beaucoup d'artistes modernes ont la même attitude : ils écrivent sur les sujets les plus sérieux, tout en prétendant que c'est de « l'art pur » ou du « jeu », de façon à rendre impossible de prendre l'idée au sérieux et de se l'appliquer.

Cependant, certains auteurs ont employé des formules analogues dans un but différent. Ainsi, lorsque Shakespeare dit :

We are such stuff
As dreams are made on [2].

« Nous sommes de l'étoffe / dont les rêves sont faits », on peut penser qu'il fait de ceux-ci une réalité, encore qu'il ait pu livrer cette réflexion au public de sorte que celui-ci quitte le théâtre dans une humeur pas trop pen-

1. Cette étude est incluse dans l'ouvrage de C.G. Jung, *Gestaltungen des Unbewussten*, éd. Rascher, Zürich, 1950.
2. *La Tempête*, acte IV, scène I, vers 156-157.

sive, à la façon des conteurs qui terminent leur récit par une formule de sortie. On ne connaît rien de Shakespeare, qui semble s'être protégé du public. Mais en ce qui concerne les poètes romantiques, nous savons qu'ils n'appliquaient pas à eux-mêmes ce qu'ils écrivaient, car ils ignoraient comment l'affronter. Ils craignaient probablement que le problème ne les brise s'ils le considéraient avec sérieux, et certains d'entre eux se tuèrent en effet. Le contenu devait être réprimé à nouveau, car les choses devenaient trop brûlantes. De même, à la Renaissance, le problème du paganisme antique ressurgit en son entier : l'on préférait parfois Vénus à la Vierge Marie, mais cela demeura un plaisir d'esthètes et, pour cette raison, fut toléré par l'Eglise. Le mouvement se figea à un certain moment, et ses contenus psychiques ne furent jamais vraiment admis consciemment ni pris sérieusement en considération, car ils auraient remis en cause toute la mentalité chrétienne.

La dernière marraine-fée transforme la mort en un sommeil de cent ans, ce qui représente une bien longue période de répression. Il peut arriver en effet, dans la pratique, que les problèmes individuels s'aplanissent, tout en laissant le sentiment gênant qu'ils sont plutôt somnolents que résolus. En général, l'attitude consciente est alors telle que les problèmes ne peuvent émerger, ce qui fait qu'ils s'endorment, mais on sent qu'ils reviendront. Le roi a supprimé à la cour tous les fuseaux mais, d'une manière typique, le seul oublié blesse la jeune fille. Il est également curieux de remarquer qu'au jour fatidique de ses quinze ans, au lieu de veiller sur leur fille, les parents sont absents. Pour un « acte manqué », il est de taille !

On peut penser que la vieille femme n'est autre que la marraine évincée qui vient consommer la malédiction. Rappelons-nous que dans certaines versions, comme dans Perrault, elle vivait depuis plus de cinquante ans dans une tour. A présent elle a pris l'apparence d'une vieille femme ordinaire, qui est si vieille et qui vit d'une façon si retirée qu'elle a (encore) été oubliée. Elle est le côté sombre du principe féminin, l'ombre, le côté imparfait de la mère nature négligé dans notre civilisation et qui, bien entendu, se reflète aussi dans les mères personnelles.

Le fuseau, lui, est un symbole à la fois féminin et phallique. Dans l'Allemagne médiévale, on parlait de la « parenté de fuseau » pour désigner la famille maternelle. C'était aussi l'emblème de Sainte Gertrude qui avait la plupart des qualités des déesses-mères pré-chrétiennes, telles que Freya, Hulda, Perchta, et d'autres. Le fuseau est aussi le symbole des vieilles femmes sages et des sorcières. Le lin qu'elle file est également relié aux activités féminines. Il était généralement planté par les femmes et dans beaucoup de pays les femmes avaient l'habitude d'exposer leurs organes génitaux au lin en croissance en disant : « Je te prie de pousser aussi haut que se trouve mon sexe maintenant. » Semailles, filature et tissage du lin sont donc liés à l'essence de la vie féminine, avec ses implications de sexualité et de fertilité.

Madame Carol Baumann a recueilli des rêves de femmes enceintes et ceux précédant immédiatement ou suivant la naissance. Elle a publié ses résultats sous le titre : « Expériences psychologiques liées à l'enfantement »[3]. On y voit que les thèmes de fils et de tissages apparaissent souvent dans ces rêves[4]. J'ai rencontré récemment un motif de ce genre : *Une future mère rêvait que de nombreuses femmes l'emmenaient sur un bateau, bien qu'elle réclamât son mari. Une femme très positive se présenta alors et lui montra une étoffe de soie, lui expliquant comment elle avait été réalisée, les fils en*

3. « Psychological experiences connected with Childbirth », in *Studien zur analytischen Psychologie C.G. Jungs*, éd. Rascher, Zürich, 1955, vol. I, pp. 291 et sv.
4. M.-L. von Franz, *L'interprétation des contes de fées*, trad. cit., pp. 95-100, sur le symbolisme du tapis, et Sibyl Birkhäuser, « Le personnage de la fileuse dans les contes de fées », in *C.G. Jung et la voie des profondeurs*, *op. cit.* (N.d.T.)

étant tissés de façon à produire un effet moiré et multicolore. La rêveuse sentit que c'était très numineux. Alors deux jeunes femmes, des jumelles, l'entraînèrent par la main vers la partie supérieure du bateau. Un complexe-mère négatif faisait que cette femme avait quelque difficulté à accepter d'être mère, aussi l'inconscient lui proposait-il un modèle positif tendant à lui faire retrouver sa féminité et, de ce fait, son instinct maternel.

Ce motif du tissu de couleur changeante composé d'une multitude de fils est lié au chatoiement de l'imaginaire concernant la future maternité. Le mystère entourant le fait de donner la vie est fondamentalement associé à l'idée de filage et de tissage, activités féminines complexes consistant à assembler des éléments naturels dans un certain ordre. L'analogie biologique qui s'impose à notre esprit est que chaque enfant est le résultat de l'arrangement, suivant des modèles déterminés, des facteurs héréditaires de Mendel. Nous savons que chaque être humain est un facteur complexe que nous pourrions décrire comme une toile tissée de toutes les unités ancestrales, tant biologiques que psychologiques, dont il est formé. D'après Konrad Lorenz, qui a étudié les modèles de comportements hérités chez les animaux, si l'on divise ces modèles de comportement en unités d'actions, on constate que ces séquences se transmettent suivant les lois de Mendel.

De même, chaque nouvel enfant est fait d'un mélange vivant d'éléments psychosomatiques qui se combinent selon un certain modèle pour former un nouvel être. Le mystère concernant la façon dont un enfant devient un tout à partir de modèles psychologiques et physiques hérités est figuré par le tissage. Un enfant de quatre ans demanda un jour à sa grand-mère : « Qui m'a mis ensemble ? » A cette œuvre immense, la femme ne contribue pas consciemment, mais avec son être tout entier, et à travers sa substance totale, aussi bien biologique que psychique. Il semble qu'il est extrêmement important et même essentiel pour l'enfant que les phantasmes de la femme enceinte se concentrent dès les premiers mois sur l'enfant. Je dirais que si une mère pense beaucoup à l'enfant à venir, prie et a des imaginations à son sujet, c'est-à-dire, « file » et « tisse » pour lui, cette activité mentale prépare la terre nourricière où il naîtra. L'attention de la mère qui tourne naturellement autour du mystère de l'enfant à naître et s'émerveille à son sujet, influence son sentiment à son égard et lui offre un sein bienveillant.

La femme au rêve de l'étoffe de couleurs chatoyantes exerce une profession. Elle est très fière de pouvoir avoir son enfant « incidemment », en travaillant jusqu'à la fin. Elle est satisfaite de sa bonne santé et de la vie qu'elle mène, c'est une personne très active, mais je pense que, d'une certaine façon, elle néglige intérieurement l'enfant. A cause de son complexe-mère négatif, elle n'a pas senti spontanément qu'elle devait « tisser » son enfant à l'aide de ses imaginations et de ses espérances, c'est pourquoi ce rêve lui disait quelle devait être son attitude psychique juste.

D'une part, toute personne qui a tricoté, exécuté un tissage ou une broderie sait quel effet bienfaisant ceci peut avoir, car on peut rester tranquille et paresser sans se sentir coupable, et filer ses propres pensées tout en travaillant. On peut se détendre, laisser courir son imagination, puis se lever avec le sentiment d'avoir fait quelque chose ! Ce travail exerce aussi la patience, ce qui, pour un tempérament « animus », est tout à fait utile : seules celles qui ont fait de tels ouvrages savent toutes les catastrophes qui peuvent se produire, comme de perdre une rangée de mailles justement quand on est en train de faire des diminutions ! C'est une occupation éducative, qui, de plus, aide la nature féminine à s'exprimer, et il est extrêmement important pour les femmes de ne pas abandonner ce genre de travail dans la vie fiévreuse actuelle. Mais on peut en abuser, comme de toutes les activités. J'ai connu un peintre qui prétendait que les femmes tricotent d'une façon vraiment désespérée, y mettant toutes leurs peines, leurs déceptions et leurs colères et, en effet, il arrive que des femmes tricotent comme des enragées ! Cet homme avait eu une mère semblable et fait l'expérience de l'aspect négatif de ces travaux, aussi interdisait-il à sa femme de tricoter, en dépit du fait qu'elle n'était pas comme cela. Quand tricoter, filer la laine ou tisser est décrit dans un conte comme négatif, on peut penser que la femme est en train de « filer » une intrigue quelconque. Le phantasme de désir est alors tissé en mauvaise toile de sorcière. Si le contexte mythologique du rêve ou du conte de fées rattache cette activité à la vie volontaire et consciente, cela indique une façon de comploter au plan matériel à l'aide d'associations et d'émotions, activité interne typique de la femme ou de l'anima.

Une des tâches de la femme est de créer une certaine atmosphère autour d'elle, car elle est en grande partie responsable de l'ambiance du foyer. Celle-ci dépend de la tonalité de son sentiment et de ses phantasmes au sujet de sa famille. Si ce sentiment est correct, elle peut entretenir l'attitude et l'adaptation justes. Si une épouse a confiance en son mari et en ses enfants sans les surestimer pour autant, le climat sera favorable et les siens désireront mériter cette confiance. Avoir foi dans sa famille et nourrir des espoirs pour elle est un des rôles de l'attitude maternelle et invite à y répondre. Rien n'est plus difficile pour un enfant que de sentir qu'on n'a pas confiance en lui : il n'est plus alors qu'une créature misérable. Mais inversement, certaines femmes pensent que leur enfant est un héros, un génie, un sauveur, un Christ, ou une princesse et une Vierge Marie, ce qui détruit également l'enfant. Le phantasme du héros-sauveur chez les mères est très souvent la raison profonde de la destruction de leur fils, car cela affecte celui-ci. La mère doit filer la juste sorte de phantasme sans surestimer ni sous-estimer l'enfant, le gardant correctement en son esprit et en son cœur, de sorte qu'il puisse suivre son propre chemin.

De telles réalités ont été trop ignorées. On parle de pédagogie, de prévenir les complexes, ou de l'âge où il convient de mettre l'enfant sur le pot, comme si les règles extérieures primaient. Nous avons tendance à ne pas voir que l'imagination et le sentiment de la mère sont ce qui importe le plus. Les femmes savent généralement très bien que si l'enfant est malade, c'est parce que la mère est perturbée. On a découvert que, pendant que l'enfant est encore dans le sein de sa mère, ce qui arrive à la mère et son état d'esprit peuvent influer sur son développement. Ces fondations invisibles ont beaucoup d'importance dans la création de la situation vitale future. Naturellement, on peut en dire autant de l'anima du père, dont l'éros négligé peut détruire l'enfant — de sorte que l'attitude du père vis-à-vis de la future mère et de la naissance à venir est évidemment primordiale.

En Inde, où il existe de fortes tendances matriarcales, l'enfant est regardé comme une âme réincarnée, et les fils de son existence sont ceux des générations. On pense que tous les êtres font partie d'un même tissu de nature divine. Comme les fils de la trame passent maintes et maintes fois, le fil apparaissant et disparaissant, les êtres humains vont et viennent et toujours un fil éternel les traverse au cours des réincarnations. On assure même pouvoir dénombrer les incarnations successives. Que cette théorie ait été bâtie sur l'observation ou qu'elle soit une explication abstraite, c'est ainsi qu'on y interprète le fait que des modèles psychiques se répètent. En Occident, nous nous considérons plutôt comme des unités isolées, bien que nous parlions, au figuré, de la « chaîne des générations ».

Plus tard, la façon dont les phantasmes inconscients du père affectent ses filles est une évidence quand l'homme qui ne vient pas à bout de son problème d'anima reporte ses imaginations sur elles ; en espérant qu'elles vivront ce qu'il n'a pas vécu et en nourrissant à leur égard des désirs incestueux inconscients, il perturbe leur développement naturel.

Un homme s'étant marié très tard, à cause de son complexe-mère, transforma à son tour sa femme en mère. Quand il eut environ cinquante ans, il devint très instable et eut de nombreux phantasmes sexuels, encore que, en « parfait gentleman », il ne les rendît pas conscients. Un cauchemar revenait périodiquement dans lequel il voyait une de ses filles sous un réverbère, attendant les hommes comme une prostituée. Tout son problème d'éros était projeté sur ses filles. L'une s'enfuit, mena une vie déréglée, tomba malade et mourut. La seconde, pendant quelque temps, fit de même et la troisième devint très prude. Toutes avaient un problème non réglé concernant l'amour et le sexe, dû au filage et au tissage des phantasmes de l'anima du père qu'il n'avait jamais assumés et regardés en face. Il les avait légués à la génération suivante et ses filles en supportèrent les conséquences.

Le fuseau, instrument d'une activité essentiellement féminine, est aussi, par sa forme, un objet de caractère phallique. C'est ce qui tournoie et autour de quoi tout pivote. Platon, dans *le Timée*, compare le monde à un fuseau, axe autour duquel le cosmos tout entier effectue ses révolutions. Dans beaucoup de récits folkloriques revient le thème des aiguilles ou des épines que les magiciens ou les magiciennes, les sorciers et les sorcières piquent dans la tête, l'œil ou derrière l'oreille, ou encore dans le doigt de leur victime, provoquant le sommeil ou la mort. Psychologiquement, une parole piquante peut effectivement tuer. La remarque mordante constitue l'agressivité habituelle des femmes aussi bien que de l'anima. Les femmes ne claquent généralement pas les portes ni ne profèrent de jurons, mais elles lancent quelque remarque subtile, douce et pointue ; c'est la blessure de la sorcière qui atteint précisément le point faible de l'autre.

Il y a dans l'esprit naturel féminin bien des aspects positifs. L'esprit de la femme a l'avantage d'être capable de voir les choses avec réalisme. On prétendait que mon arrière-grand-mère lançait à ses enfants, chaque fois qu'ils sombraient dans un romantisme d'adolescents : « Les enfants, allez faire vos lits », les ramenant ainsi à la réalité. Mais l'esprit de nature, dans sa lucidité, peut aussi toucher les complexes de façon destructrice. Ce mauvais usage est très courant chez les femmes et c'est ce qui arrive ici — l'aspect négatif de la mère nature atteint la fillette et l'endort, tandis que ses parents, eux, sont « absents ».

Le fuseau est particulièrement dangereux quand on le tourne contre soi-même : comme il ne se manifeste pas à l'extérieur, il ne peut être appréhendé. Insidieusement, sans que celle qui en est victime s'en rende compte, il la détruit. C'est ainsi que l'on entend fréquemment des femmes dire : « J'ai toujours pensé que je ne me marierais jamais », ou encore : « J'étais stupide, aussi n'ai-je jamais rien réussi dans la vie. » Lorsqu'on leur demande : « Qu'est-ce qui vous fait penser ainsi ? », la réponse est : « Je ne sais pas. » Cette conviction autodestructrice, ayant été acquise dans la prime enfance, est acceptée comme allant de soi et n'a, par conséquent, jamais fait l'objet d'une critique personnelle, ni d'une discussion avec autrui, ni même été exprimée d'une façon ou d'une autre, sinon par des malaises et des traits de comportement : apathie, manque d'entrain et de joie de vivre, échecs répétés, etc. Si la mère elle-même ne se reconnaît pas de valeur en tant que femme, elle transmettra involontairement cette conviction intime à sa petite fille. Au fur et à mesure que celle-ci grandira, elle se rendra compte de ces inhibitions qu'elle prendra pour des lacunes personnelles et, les échecs et les jugements d'autrui venant renforcer la mauvaise opinion qu'elle a d'elle-même, elle perdra le peu qu'elle pouvait avoir de confiance en soi. A partir de là, tout développement intérieur, avec ce qu'il comporte de possibilités créatrices et d'autoréalisation s'éteint, comme s'endort la princesse après s'être piquée.

Tout ce que l'on peut discerner chez de telles personnes parvenues à l'âge adulte, c'est que quelque chose s'est arrêté en elles. Elles semblent vivre en léthargie et se traîner sous un astre maléfique, sans que l'on sache pourquoi : tout stagne. En général, elles n'en parlent pas à l'analyste, parce qu'elles n'en sont pas conscientes : se confier impliquerait la reconnaissance du fait qu'il existe un problème, ou tout au moins qu'elles aient des doutes à ce sujet. Comme elles ont été « ensorcelées » à un âge où elles ne pouvaient s'en rendre compte, ce n'est pas par manque de franchise qu'elles se taisent : cela ne leur vient tout simplement pas à l'esprit qu'il puisse y avoir là matière à discussion, ni que cela puisse changer. Ce genre de femmes se retrouve un beau jour dans une impasse pareille à celle qui surgit dans le conte. D'après celui-ci l'impasse est due à un complexe-mère, plus exactement à l'animus négatif maternel, car la vieille fileuse est une sorte de mère ou de grand-mère, et le fuseau représente l'animus (le phallus) de la mère.

Je me souviens d'un cas particulièrement critique d'anorexie. Il s'agissait d'une jeune fille qui ne digérait rien et ne s'alimentait plus guère que sous forme de pilules. Lorsqu'elle vint me consulter, elle était à moitié morte d'inanition, et son médecin avait fini par conclure que sa maladie devait être de nature psychique. La mère de cette femme avait été infirmière et avait fait sienne une attitude « chrétienne » de renoncement et de sacrifice qui l'amenait à considérer que sa propre vie n'avait aucune valeur et qu'elle ne devait rien en attendre — attitude qu'ont beaucoup de mères de famille, d'infirmières, etc. — ce qui ne l'avait pas empêché d'accaparer le médecin-chef de l'hôpital. Après son mariage, cet animus négatif se manifesta à nouveau ; elle ne cessait de se plaindre à son mari et à ses enfants, déclarant à qui voulait l'entendre qu'elle n'aurait jamais dû fonder de foyer pour pouvoir continuer à exercer son métier.

Les enfants grandirent donc dans cette atmosphère, où l'animus de leur mère leur fit savoir du matin au soir que leur existence même était une erreur et qu'ils avaient tort de vivre. La jeune fille en question cédait à tout ce qu'on lui demandait sans aucun discernement personnel, avec le souci constant d'apaiser tout un chacun. Elle craignait tout le monde, sa conviction profonde étant qu'elle n'avait pas le droit d'exister et devait essayer de se le faire pardonner. Toute son attitude signifiait : « Je vous en prie, ne me tuez pas, je serai bien sage, et je ferai tout ce que vous voudrez. » On peut dire qu'elle avait été piquée par l'opinion de l'animus maternel qui était devenue sienne. Elle aussi était une « Belle au Bois dormant ».

Lorsqu'elle vint me consulter pour la première fois, j'eus le sentiment curieux qu'on m'avait placé un éteignoir sur la tête et que j'allais m'endormir. Je suis accoutumée à me laisser aller à de tels phantasmes lorsque je reçois d'un patient des impressions de ce genre. Dans le cas présent, j'avais envie de me lever pour aller me mettre la tête sous le robinet d'eau froide. L'atmosphère était (trop) paisible, car elle était entre mes mains comme un jeune caneton : elle ne me contredisait jamais et ne me résistait en aucune façon. Elle m'était par ailleurs sympathique et m'intéressait, et cependant je ressentais en sa présence cette somnolence qui exprimait en fait sa propre situation : elle ne s'était pas encore éveillée au fait qu'elle avait le droit d'exister. Pendant plusieurs années, le travail consista principalement à lui montrer dans chaque événement de sa vie comment elle s'était constamment laissé faire et avait toujours cédé aux autres passivement ; nous en revenions toujours à cela. Elle était tombée dans un tel abîme de misère qu'elle se trouvait complètement incapable de s'alimenter, car manger et digérer signifie prendre pour soi, réagir, et présuppose un minimum d'agressivité, or elle n'avait aucune réaction vis-à-vis de ce qui l'entourait.

Si nous l'envisageons à présent sur le plan collectif qui est celui du conte, ce thème du sommeil de la princesse nous ramène au fait que certains facteurs de la vie psychique féminine ont été refoulés par une censure inconsciente. Dans notre civilisation, un des présupposés le plus largement répandus — plutôt relégué à l'arrière-plan de l'esprit que véritablement inconscient — est le rapport traditionnellement établi entre le bien, l'activité, l'esprit et l'homme d'une part, et le mal, la passivité, la matière et la femme d'autre part. Déjà, dans le récit biblique, Adam dénonce Eve à Dieu comme étant responsable de la faute, car elle avait écouté le diable. Cette identification du mal et du problème que la femme pose à l'homme se rencontre sans cesse, et les hommes qui souffrent d'un complexe-mère négatif pensent fréquemment ainsi. Notre civilisation étant, pour une large part, patriarcale, ces idées demeurent au fond de bien des positions et des attitudes, tant sociales qu'individuelles.

C'est ainsi qu'un prêtre catholique occupant une position hiérarchique élevée me dit une fois : « Pourquoi y a-t-il toujours des problèmes avec les femmes ? » Sa remarque était provoquée par le fait qu'une fois de plus une de ses pénitentes avait tenté de le séduire au confessionnal en se comportant de façon révoltante ; c'était le genre de femme qui se promène ensuite en racontant partout que c'est le prêtre (ou l'analyste !) qui a cherché à la séduire, même s'il n'en est rien. Les prêtres portent la robe, ce qui proclame leur désir de ne rien avoir à faire avec le sexe et les femmes. Ce fait est ressenti comme un défi par certaines qui, dès lors, désirent les séduire et éveiller leur virilité. Mais, du point de vue du prêtre, il est évidemment exaspérant d'être sans cesse entouré de femmes hystériques. L'amour est généralement absent de ce genre de réaction, il s'agit bien plutôt d'une pulsion de puissance. Devant cela, le saint homme s'écrie : « Mon Dieu, ces femmes ! », mais ce qu'il ne voit pas, c'est qu'en portant cet habit tout en appartenant à un ordre patriarcal (à la tête duquel se trouve un pape sans équivalent féminin à ses côtés), il constitue en lui-même une sorte de déclaration de guerre envers l'élément féminin. Trois femmes qui s'étaient comportées de façon provocante dans de semblables circonstances avaient des rêves disant clairement qu'il devrait y avoir des prêtresses, ce qui montre bien qu'elles se sentaient insultées.

Dans bien des cultures traditionnelles, les deux sexes sont représentés dans les cérémonies religieuses, et les femmes peuvent y atteindre une position élevée. Pour ce qui est de l'Eglise catholique, son point de vue n'est pas aussi tranché dans la pratique qu'il l'est en théorie, car bien des femmes, grâce à la force de leur personnalité, y ont assumé le rôle de guide spirituel. Les supérieures de monastères et certaines femmes-ermites étaient évidemment des sortes de prêtresses, bien que n'ayant eu ni ce titre ni les pouvoirs sacerdotaux. Si, par exemple, Thérèse d'Avila eut une influence importante, il reste néanmoins qu'elle dut toute sa vie se soumettre à ses confesseurs et à ses supérieurs, tant réguliers que séculiers. Ses lettres et ses écrits contiennent des protestations d'humilité selon lesquelles, bien qu'étant une pauvre femme ignorante (!), elle se permet de donner son avis concernant les expériences de vie intérieure et même — comble de mauvais goût — de savoir le latin.

La situation de base était et reste donc foncièrement patriarcale. Aussi les femmes qui ne prennent pas la peine de réfléchir à ces conditions sociologiques, et celles qui ne s'en rendent même pas compte, les font leurs et sont affectées par un sentiment d'infériorité qui les rend amères et irritables, et qu'elles compensent en se montrant désagréables pour provoquer l'attention. Si l'on ne réussit pas à être normalement reconnu en tant qu'individu et à attirer l'intérêt d'autrui, on déclenche la colère pour se faire remarquer à tout prix ; en réalité, il s'agit d'une tentative légitime mais maladroite (parce que se sachant d'avance vouée à l'échec) pour réclamer le droit à l'existence.

Pour en revenir à notre conte, après que se sont écoulées les cent années, la haie épineuse qui défend l'entrée du château s'ouvre et, dans certaines versions, se met à produire de magnifiques roses. La rose avec ses épines, dit un auteur médiéval, appartient à Vénus et symbolise l'amour, car il n'y a pas d'amour sans souffrances. Les Anciens disaient également : « *Ubi mel, ibi fel* », là où il y a du miel, il y a aussi du fiel. On peut rattacher les épines des roses à ces terribles coups involontaires que se portent mutuellement les personnes qui s'aiment ;

nous avons même l'expression : « querelle d'amoureux ». Ces échanges de coups d'épées, qui consistent à se toucher aux points les plus vulnérables, sont en réalité des luttes entre animus et anima : ce sera exactement à l'endroit où le sentiment de l'homme est le plus incertain et le plus sensible que la femme enfoncera la pointe de son animus négatif, tandis que c'est là où la femme a le plus besoin d'être acceptée, comprise et encouragée que l'homme lui versera le poison de son anima meurtrière.

La présence de telles épines ou de leur équivalent indique généralement dans les rêves une susceptibilité exaspérée qui s'accompagne toujours d'agressivité. La personne souffre, mais, en se défendant contre sa propre souffrance, elle blesse les autres. S'il me vient un patient ou une patiente très susceptible, je sais que j'en recevrai beaucoup de piqûres désagréables et qu'il est prudent de revêtir une armure protectrice. Ces personnes sont souvent fières de cette sensibilité sans se rendre compte qu'elle leur sert à tyranniser autrui : un mot peu aimable provoquera des drames des mois durant, et vous ne pouvez ouvrir la bouche de peur de les heurter ; elles font des scènes sur tout, boudent et se sentent attaquées à tout propos dans leur merveilleux sentiment.

Pareille attitude, si elle traduit la souffrance d'un être prisonnier de lui-même, cache aussi généralement un complexe de domination fort ordinaire qui apparaît en rêve dans les figures d'ombre. Cette attitude infantile devant la vie sert souvent à ces personnes à manipuler ceux qui les entourent. Quand il s'agit d'une femme, ce qui serait normalement de l'amour devient une haie d'épines où tout homme, en s'aventurant, se fait tellement piquer et déchirer qu'il ne lui reste plus que la retraite. Il n'est pas possible à un homme de s'approcher d'une femme qui est susceptible au point de se sentir ulcérée par la moindre remarque : c'est trop compliqué pour lui, et bien entendu, il abandonne, ou son amour meurt transpercé comme les prétendants du conte.

Nous avons déjà remarqué que la solution du récit est

étrange, puisqu'elle ne comporte apparemment ni mérite à acquérir, ni épreuve dramatique à traverser. Au bout de cent ans, la situation se dénoue toute seule. Il n'est demandé au prince rien de particulier, si ce n'est d'avoir le courage d'entreprendre à son tour l'aventure et, surtout, d'avoir su agir au moment propice. Or nous savons que celui qui agit ainsi est un être qui est parvenu à une certaine maturité psychologique. Celui qui pèse ses actes et leurs mobiles ou qui, spontanément, fait ce qu'il faut au moment juste a atteint un certain degré d'unité, d'équilibre et de vérité intérieure. Comme le dirait Jung, il a atteint son centre et agit sous l'impulsion du Soi, en harmonie (en synchronicité) avec les événements, tant intérieurs qu'extérieurs. On pourrait dire aussi, dans le langage de la vieille sagesse chinoise, qu'il est mû par « l'activité non agissante », le *wou-wei* et qu'il entreprend son aventure dans l' « Innocence » [5]. Autrement dit, il ne force pas la haie d'épines par décision du moi, mais attend de sentir que le moment en soit arrivé et d'y être poussé du plus profond de lui-même.

On peut tirer diverses leçons de ce passage du conte, et tout d'abord que le problème de la susceptibilité demande à être traité avec beaucoup de patience, et même une certaine passivité. Si l'on essaye de se frayer de force un chemin en montrant à la personne concernée qu'il s'agit, en fait, de pouvoir, on risque d'être envoyé d'une bourrade dans les piquants où l'on se fait prendre, et la relation se déchire. Il m'est arrivé de perdre le contact dans de tels cas, parce que la personne sortait de chez moi profondément blessée que j'aie osé toucher à ce problème brûlant et déceler une tendance à la domination dans ce qui était, à son avis, une délicatesse d'âme si rare. La seule chose à faire dans un pareil cas est d'attendre que le sujet se retrouve tel-

5. *Yi King, Le Livre des Transformations*, trad. cit. Hexagramme 25 : *Wou Wang*. (N.d.T.)

lement isolé avec son complexe de puissance qu'il s'avoue battu. On constate en effet que, dans la perspective collective qui est la leur, une telle passivité constitue la morale de beaucoup de contes de fées.

Dans les situations qui dépendent du principe féminin (qu'il s'agisse de l'anima chez l'homme ou de la féminité chez la femme), le temps est un élément essentiel ; rien d'autre ne peut aider, et toute interférence serait erronée. Prenons par exemple le cas de l'anima : certains hommes ayant un complexe-mère positif offrent le type du célibataire esthète et poète, à l'âme délicate comme une fleur. Cette fragilité les empêche d'avoir la moindre idée de la façon de s'y prendre pour sortir d'eux-mêmes et faire la cour à une femme. Ils sont prisonniers de leur propre sensibilité et ont peur qu'elle soit blessée. Si la pulsion vitale ne les y force pas, ils demeureront souvent très tard à distance des femmes. Or il arrive fréquemment que, vers 30 ou 40 ans, ces hommes dépassent ce stade de façon soudaine, apparemment sans cause, et que, sans aide thérapeutique, ils entrent en relation avec une femme et fassent un mariage heureux. Il semble que quelque chose ait longtemps mûri en eux, que l'énergie nécessaire se soit accumulée et que, ayant tant attendu, ils rattrapent le temps perdu. Une analyse ne serait guère utile en ce cas et la meilleure chose à faire devant ce type de célibataire peut être de le renvoyer en l'assurant qu'il va bien et de lui conseiller d'attendre de rencontrer une femme qui lui convienne. Il peut arriver, par contre, que d'autres problèmes se posent à cette personne, ou qu'une demande d'individuation se dessine en elle, auquel cas l'analyse pourra aider à accélérer le processus de maturation, sans toutefois insister sur l'extraversion ni sur la relation avec les femmes, jusqu'à ce que la haie d'épines s'ouvre d'elle-même, ce que les rêves et les circonstances ne manqueront pas d'indiquer. Ces hommes étant habituellement très introvertis, une éventuelle thérapie devra avant tout respecter et accompagner leur rythme intérieur. Un des principaux rôles du thérapeute sera d'encourager le patient à accepter sa propre sensibilité et l'apparente lenteur de son développement vital et à s'y tenir, malgré les critiques de ses proches et la pression de la collectivité. Accepter de « ne pas être comme les autres » et pourtant continuer sa route comme on sent que c'est juste exige en effet une grande droiture et beaucoup de courage moral.

Je me souviens d'une amie, beaucoup plus âgée que moi, qui avait subi la tyrannie de sa belle-mère et de sa sœur aînée qui avait voulu remplacer la mère. La pauvre femme, qui était de nature très délicate et sensible, cédait à tout ce qu'on lui demandait. N'étant pas fortunée, elle dut prendre un métier où elle réussit bien. La seule chose qu'on remarquait, c'est qu'elle était plutôt ennuyeuse, alors qu'on avait le sentiment qu'elle aurait pu ne pas l'être. A l'âge de quarante-trois ans, elle sortit soudain de sa torpeur, se maria, eut un enfant et devint une femme vive et intéressante : les cent ans étaient révolus, et le prince charmant l'avait éveillée. Du point de vue individuel, l'histoire de *la Belle au Bois dormant* est donc celle d'une femme qui a un complexe-mère négatif ou d'un homme chez qui l'anima s'est endormie sous l'influence de ce même complexe.

CHAPITRE IV

NEIGEBLANCHE ET ROSEROUGE

Nous examinerons à présent un récit dans lequel la situation est inverse ; il s'agit du conte de Grimm N° 161 : *Schneeweisschen und Rosenrot* (Blanche comme neige et Roserouge) dans lequel la situation de départ est une relation heureuse avec la mère.

NEIGEBLANCHE et ROSEROUGE

Il était une fois une pauvre veuve qui vivait seule dans une petite chaumière, et qui avait deux rosiers dans un petit jardin, devant sa maison. L'un portait des roses blanches, et l'autre des roses rouges. Elle avait aussi deux fillettes qui ressemblaient aux deux rosiers ; l'une s'appelait Neigeblanche et l'autre Roserouge. C'étaient les petites filles les plus sages du monde, obéissantes et actives, pieuses et qui avaient bon cœur ; la seule différence entre elles était que Neigeblanche était encore plus douce et plus calme que Roserouge. Roserouge aimait à courir les prés ou les champs pour y cueillir des fleurs ou attraper des papillons, Neigeblanche préférait rester près de sa mère, l'aidait au ménage ou lui faisait la lecture quand il n'y avait pas d'ouvrage. Les deux fillettes s'aimaient tant qu'elles se tenaient toujours par la main quand elles allaient se promener, et si Neigeblanche disait à sa sœur : « Nous ne nous sépare-

rons jamais », Roserouge répondait : « Jamais, tant que nous vivrons. » Leur mère ajoutait alors : « Tout ce que l'une aura, elle devra le partager avec l'autre. » Il leur arrivait souvent d'aller seules dans les bois pour chercher des baies rouges. Aucun animal ne leur faisait de mal, ils s'approchaient d'elles sans crainte ; le lièvre venait prendre la feuille de chou de leurs mains, le chevreuil paissait et le cerf gambadait près d'elles, tandis que, dans les arbres, les oiseaux chantaient pour elles tout ce qu'ils savaient. Jamais il ne leur arriva la moindre mésaventure, et si elles se laissaient surprendre par la nuit dans la forêt, elles se faisaient un lit de mousse et dormaient côte à côte jusqu'au matin. Leur mère le savait et ne s'inquiétait pas pour elles. Un jour qu'elles avaient ainsi passé la nuit dans la forêt, elles avaient été surprises quand l'aube les avait éveillées de voir assis à côté de leur couche un bel enfant dans une robe d'une blancheur éblouissante. Il s'était levé et, après les avoir regardées avec amitié, il s'était éloigné sans prononcer un mot et avait disparu dans la forêt. Elles se rendirent compte alors qu'elles avaient dormi tout près d'un précipice et qu'elles y seraient inévitablement tombées si elles avaient fait quelques pas de plus. Leur mère leur dit qu'elles avaient dû voir l'ange qui veille sur les enfants sages.

C'était un plaisir de voir la petite maison de leur mère tant elles la tenaient propre : Roserouge s'en occupait l'été et elle ne manquait pas d'apporter à sa mère, chaque jour avant son réveil, un bouquet de fleurs fraîches contenant une rose de chaque rosier. En hiver, c'était Neigeblanche qui se levait pour allumer le feu et pendre le chaudron à la crémaillère ; c'était un chaudron de cuivre jaune qui brillait comme de l'or tellement il était bien récuré et poli. Et le soir quand il neigeait, la mère disait : « Va, Neigeblanche, pousser le loquet. » Elles s'installaient près du feu, la mère chaussait ses lunettes et lisait à haute voix dans un gros livre, tandis que les fillettes filaient la quenouille tout en l'écoutant.

Un agnelet se chauffait, couché à leurs pieds, et derrière elles une colombe dormait sur un perchoir, la tête cachée sous l'aile.

Un soir qu'elles étaient ainsi tranquillement devant l'âtre, tout à coup quelqu'un frappa à la porte. La mère dit : « Va vite ouvrir, Roserouge, c'est sans doute quelque voyageur attardé qui demande à s'abriter. » Roserouge courut tirer le loquet, pensant que c'était un pauvre homme. Mais c'était un ours qui avança sa grosse tête noire entre la porte et le montant. Roserouge se rejeta en arrière en poussant un cri, l'agneau se mit à bêler, la colombe à battre des ailes, et Neigeblanche courut se réfugier derrière le lit de sa mère. Or l'ours se mit à parler et leur dit : « N'ayez pas peur, je ne vous ferai pas de mal. Je suis à demi-gelé et je voudrais seulement me réchauffer un peu chez vous. » « Pauvre ours », dit la mère, « viens près du feu, mais prends garde de ne pas roussir ta fourrure » ; elle appela aussitôt : « Neigeblanche, Roserouge, revenez. L'ours ne vous fera pas de mal : il n'a que de bonnes intentions. » Elles se rapprochèrent toutes deux, puis l'agnelet et la colombe se rapprochèrent également peu à peu, oubliant leur première crainte. Et l'ours dit : « Vous, les enfants, enlevez-moi un peu la neige qui est dans mon pelage. » Elles prirent le balai et lui débarrassèrent le poil de toute la neige ; il s'étendit devant le feu, grognant de contentement et de bien-être. Peu après, tout à fait rassurées, elles se mirent à taquiner leur hôte pataud. Elles ébourriffaient sa fourrure avec leurs mains, mettaient leurs petits pieds sur son dos, le roulaient de côté et d'autre, ou, prenant une branche de noisetier, le fouettaient et, quand il grognait, elles riaient. L'ours les laissait faire de bonne grâce, s'écriant seulement, quand elles allaient trop loin : « Laissez-moi la vie, les enfants. Neigeblanche, Roserouge, tu assommes ton fiancé. » Quand ce fut l'heure de dormir, la mère dit à l'ours : « Tu peux bien, pardieu, rester et dormir devant l'âtre ; tu seras à l'abri du froid et du méchant temps. » Quand le jour blanchit, les enfants tirèrent le loquet et le laissèrent partir, et, trottant dans la neige, il s'enfonça dans la forêt. Et depuis ce jour-là, chaque soir à la même heure, l'ours revint se coucher près du feu, laissant les fillettes s'amuser autant qu'elles voulaient avec lui. On s'habitua même si bien à sa présence dans la maisonnette que le verrou ne fut jamais tiré avant le retour du noir compère.

Quand revint le printemps et que tout reverdit, l'ours dit un matin à Neigeblanche : « Il est temps que je m'en aille, et je ne pourrai pas revenir de tout l'été. » « Mais où vas-tu donc ainsi ? » demanda Neigeblanche. « Dans la forêt où je dois protéger mes trésors contre les méchants nains. En hiver, quand la terre est gelée, il leur faut rester dessous. Mais à présent que le soleil l'a dégelée et réchauffée, ils la traversent, montent à la surface et fouillent partout pour voler. Ce qui est tombé une fois entre leurs mains et emporté dans leurs caves ne revoit pas facilement la lumière du jour. » Neigeblanche se sentit toute triste de ce départ. Quand elle lui déverrouilla la porte, l'ours se hâta de sortir, il se prit la fourrure dans le loquet et s'écorcha en passant. Neigeblanche crut voir briller quelque chose comme de l'or, mais elle n'en était pas sûre. L'ours s'éloigna vite et disparut bientôt parmi les arbres de la forêt.

A quelque temps de là, leur mère envoya les fillettes dans la forêt ramasser du petit bois. Elles trouvèrent un gros arbre qui gisait abattu sur le sol et, près du tronc, quelque chose sautillait dans l'herbe sans qu'elles puissent distinguer ce que cela pouvait bien être. S'approchant, elles virent que c'était un nain dont le visage était tout vieux et ridé, avec une barbe blanche comme neige et longue d'une coudée, dont le bout était pris dans une fente du tronc. Il tirait dessus, sautait et se débattait de-ci de-là comme un jeune chien au bout de sa corde, sans savoir quoi faire. Fixant les fillettes de ses yeux d'un rouge de braise, il glapit : « Qu'avez-vous donc à rester plantées là ? Ne pouvez-vous pas venir me donner un coup de main ? » « Qu'as-tu donc fait, petit homme ? » questionna Roserouge. « Oie stupide et curieuse, je voulais fendre cet arbre pour faire du menu bois pour ma cuisine. Les grosses bûches, cela ne nous convient pas ; c'est tout juste bon pour brûler les petits plats que nous cuisons, car nous n'engloutissons pas des masses comme vous autres, peuple de gloutons grossiers. J'avais déjà bien enfoncé mon coin et tout aurait dû bien se passer, mais ce maudit bois était trop lisse : le coin a sauté soudain et l'arbre s'est refermé si vite que je n'ai pas eu le temps de retirer ma belle barbe blanche. Maintenant elle est prise et je ne peux plus m'en aller. Et vous riez, faces de lait lisses et niaises ! Pouah, que vous êtes donc laides ! » Les fillettes se donnèrent beaucoup de peine sans parvenir à dégager la barbe, tellement elle était fermement pincée. « Je vais courir chercher de l'aide », dit Roserouge. « Têtes de moutons folles, glapit le nain, aller chercher encore du monde alors qu'à vous deux c'en est déjà autant de trop ! C'est tout ce que vous trouvez ? » « Ne t'impatiente pas, je sais ce que nous allons faire », lui dit Neigeblanche. Elle prit ses petits ciseaux dans sa poche et coupa la pointe de la barbe. Sitôt libre, le nain attrapa son sac qui était resté entre les racines de l'arbre et qui était plein d'or, le souleva et partit en grommelant : « Peuple de rustres ! Me couper un bout de ma fière barbe. Que le coucou vous le rende ! » Avec ces mots, il jeta son sac sur son dos et s'en alla sans un regard aux deux fillettes.

Quelques jours plus tard, Neigeblanche et Roserouge allèrent pêcher un plat de poisson. Quand elles arrivèrent près de l'eau, elles virent une sorte de grosse sauterelle qui sautillait vers l'eau comme pour y plonger. Elles accoururent et reconnurent le nain. « Où donc veux-tu aller ? » lui demanda Roserouge. « Tu ne veux pas te jeter à l'eau ? » « Je ne suis pas fou à ce point, s'écria le nain, ne voyez-vous donc pas que c'est ce poisson de malheur qui me tire ? » Le petit être s'était assis là pour y pêcher, et, par malheur, le vent avait emmêlé sa barbe à sa ligne, et, lorsqu'un gros poisson avait mordu, la faible créature avait eu trop peu de force pour le tirer ; le poisson avait eu le dessus et attirait le nain, et bien que celui-ci s'aggripât aux touffes d'herbes et aux joncs, cela ne lui servait pas à grand-chose. Il était entraîné par les mouvements du poisson et en grand danger de tomber à l'eau. Les fillettes arrivèrent à temps et s'efforcèrent de démêler la barbe du fil, mais sans y réussir, car la barbe et la ligne étaient inextricablement mêlées. Il ne leur resta plus qu'à prendre les petits ciseaux et à couper un peu de la barbe. Quand il s'en aperçut, il leur cria, furieux : « Est-ce que ce sont des façons, vous, crapauds, de massacrer ainsi le visage des gens ? Non contentes de m'avoir déjà coupé la pointe de ma barbe, voilà maintenant que vous en taillez le meilleur bout. Je n'oserai plus me montrer aux miens. Je souhaite que vous couriez jusqu'à en perdre les semelles de vos chaussures ! » Puis il empoigna le sac de perles qui était dans les roseaux et, sans un mot de plus, il disparut derrière une grosse pierre.

A quelque temps de là, ayant besoin de fil et d'aiguilles, de lacets et de rubans, la mère envoya les fillettes à la ville. Le chemin traversait une lande parsemée çà et là de grands rochers. Les enfants virent un grand oiseau qui planait dans le ciel au-dessus d'elles en tournant et qui descendait progressivement ; il fondit soudain et disparut derrière un rocher, tout près d'elles. Aussitôt après, elles entendirent un cri perçant de détresse. Elles accoururent et virent, avec effroi, que l'aigle avait saisi leur vieille connaissance le nain, et s'apprêtait à l'emporter. Prises de pitié, les fillettes agrippèrent le petit homme et le tirèrent si bien de leur côté que l'aigle lâcha sa proie. A peine revenu de sa première frayeur, le nain cria avec colère : « Ne pouviez-vous pas me traiter avec plus de ménagement ? Vous avez tellement tiré sur mon habit fin qu'il est en loques et tout troué, lourdaudes et maladroites que vous êtes. » Reprenant son sac de pierres précieuses, il se faufila sous le rocher dans sa grotte.

Habituées à son ingratitude, les fillettes poursuivirent leur route et s'en allèrent à la ville faire leurs achats.

Au retour, quand elles passèrent de nouveau sur la lande, elles surprirent le nain qui avait étalé sur une petite place bien nette le sac de pierres précieuses, ne pensant pas qu'on passerait encore par là si tard. Le soleil couchant éclairait les pierreries brillantes qui étincelaient de toutes leurs couleurs, si bien que les enfants s'arrêtèrent pour les admirer. « Pourquoi restez-vous là à béer ? », glapit le nain, et son visage gris de cendre devint rouge vermillon de fureur. Il continuait à les invectiver quand on entendit un grognement puissant ; un ours noir sortit de la forêt en trottant. Effrayé, le nain bondit sur ses pieds, mais il ne put regagner son trou : l'ours était déjà sur lui. Dans son affolement, il supplia : « Seigneur ours, épargnez-moi. Je vous donnerai tous mes trésors. Voyez les belles pierres précieuses que j'ai là. Laissez-moi la vie. De quel profit vous serait un petit être maigrichon comme moi ? Vous ne me sentiriez même pas entre vos crocs ! Voyez ces deux gamines sans foi que voilà. Elles vous feront de tendres bouchées, dodues comme de jeunes cailles, mangez-les ! » L'ours ne prêta aucune attention à ces paroles ; il donna un coup de patte à la méchante créature, qui ne bougea plus.

Les fillettes s'étaient sauvées un peu plus loin, mais l'ours les rappela : « Neigeblanche, Roserouge ! N'ayez pas peur. Attendez, je viens avec vous. » Reconnaissant sa voix, elles s'arrêtèrent et, lorsque l'ours arriva près d'elles, la peau d'ours tomba, et il se tint là un bel homme tout vêtu d'or. « Je suis le fils d'un roi, dit-il, j'avais été ensorcelé par ce maudit nain qui m'avait volé mon trésor, et j'étais condamné à courir les bois sous la forme d'un ours sauvage jusqu'à ce que je sois délivré par sa mort. Maintenant il a reçu la punition qu'il méritait. »

Neigeblanche lui fut donnée en mariage et Roserouge fut mariée à son frère et ils partagèrent les grands trésors que le nain avait amassés dans son antre. La vieille mère vécut encore de longues et heureuses années en

paix auprès de ses enfants. Elle emporta les deux rosiers qui, placés devant sa fenêtre, portaient chaque année les plus belles roses blanches et les plus belles roses rouges.

Le début de l'histoire décrit une situation typique : c'est l'Eden de la relation mère-fille, le paradis innocent de l'enfance. Tout y paraît harmonieux, mais un peu trop beau ! D'autre part, il n'y a là que trois personnages ; la situation est incomplète, car, du point de vue de la moyenne statistique, on sait que le chiffre habituel de la totalité est le quatre. L'élément mâle fait entièrement défaut ; il n'y a pas de père, puisque le mari est mort, ni de frère. Cette atmosphère purement féminine est décrite comme idéale et, tant que les enfants sont très jeunes, cela n'est pas très grave. Seulement les fillettes ne sont plus désormais des bébés, et elles mènent une vie si isolée qu'elles ne voient jamais d'hommes ; elles sont en marge de la vie. Avec l'ours apparaît le quatrième masculin.

Si l'on étend ce thème à la situation historique et culturelle de nos sociétés occidentales, on peut dire que les univers masculin et féminin n'entretiennent pas entre eux une relation juste, tant sur le plan humain que sur le plan de l'esprit. Une des façons dont le monde féminin cherche à se défendre et à instaurer son droit propre consiste à se créer des paradis féminins. On observe cela dans les associations ou clubs où les femmes se réunissent pour parler de leurs intérêts et de leurs soucis, jugés anodins par le monde masculin, en ignorant ou en excluant le monde de l'homme. La même chose se voit dans certaines familles, où mère et fille font cause commune et jouent leur jeu entre elles, faisant peu de cas du père ou des frères ; elles déclarent que les hommes n'ont pas leur place à la cuisine, etc., et les traitent en grands bébés ou en imbéciles. De même que les hommes ont, de leur côté, des associations destinées à renforcer leur amour-propre ainsi que leur rôle dans la collectivité, les femmes ont besoin de disposer de quelque chose d'analogue — il n'y a aucune raison pour qu'il n'en soit pas ainsi — qui leur permette d'affirmer leur féminité vis-à-vis d'elles-mêmes, leur fournisse un cadre pour prendre conscience de ce qui les différencie des hommes et satisfaire leurs besoins particuliers.

Dans de nombreuses ethnies dites « primitives », les jeunes gens sont initiés aux sociétés secrètes d'hommes, et les jeunes filles aux sociétés de femmes. Les jeunes gens sont instruits de certains arts traditionnellement masculins, tels que celui de parler au conseil, l'usage des armes, la chasse, etc. tandis que les jeunes filles apprennent le tissage, la poterie, la culture et autres activités féminines, et la façon de se comporter en femme adulte suivant les normes de leur cadre culturel, ainsi que la magie amoureuse.

Quant à l'ours, la mythologie grecque en faisait un animal de la Déesse-mère, et les auteurs médiévaux l'associaient à la Vierge Marie. *Arctos*, la constellation de la Grande Ourse, prend en grec (comme en français) l'article féminin. Il existait en Grèce un culte de la déesse Artémis de Brauron qui avait une forme d'ourse. Des jeunes filles de bonne famille étaient consacrées, entre douze et seize ans, à son service. On les confiait à la déesse à l'âge où les jeunes filles sont aussi difficiles à garder à la maison que les jeunes gens. Pendant cette période, elles se comportaient en garçons manqués, ne se lavant pas, ne prenant aucun soin de leur personne et s'exprimant de façon grossière, aussi les appelait-on les « oursonnes ». Ces sociétés avaient pour tâche de renforcer leur personnalité en protégeant sa formation. En les faisant entrer plus tard dans la vie, déjà pourvues d'une certaine maturité obtenue en toute sécurité sous la protection qu'offrait l'affreuse peau d'ours, on permettait à leur personnalité de s'affirmer et de se développer sans se heurter avant l'heure au problème de la sexualité. Cela leur évitait de tomber dans une vie amoureuse et des maternités prématurées et de se retrouver vieilles et usées avant l'âge. Dans ce dernier cas l'évolution mentale est freinée ou arrêtée parce que la substance vitale est épuisée.

Ce sont plus particulièrement les jeunes filles dotées d'une nature délicate qui ont tendance à se cacher ainsi sous une toison d'ours. J'ai longtemps enseigné des garçons et des filles de cet âge, et j'ai noté que les filles affublées de peaux d'ours étaient beaucoup plus vives et s'intéressaient davantage aux études ; leurs notes descendaient en flèche dès qu'elles se mettaient à devenir coquettes et commençaient à sortir avec des garçons, s'intéressant désormais davantage à ce côté de leur vie. Celles qui tardaient plus longtemps à s'éveiller à la sexualité avaient une meilleure chance de développer leur personnalité et leur esprit que celles qui s'émancipaient trop tôt.

Que des femmes ou des adolescentes se rassemblent et fassent barrage contre le principe masculin n'est donc pas toujours forcément négatif, dans la mesure où cela a pour conséquence de consolider leur féminité et permet aux deux sexes de se rencontrer plus tard à un niveau plus élevé. Il ne faut pas oublier qu'entre les sexes n'existe pas seulement une attirance instinctive, mais aussi une opposition authentique et qu'ils n'ont jamais cessé de se menacer l'un l'autre — les femmes essayant d'attirer les hommes dans leurs manières féminines, et *vice versa.* C'est la trame d'une tension nécessaire et tout à fait normale, l'altérité étant la cause même de l'attraction mutuelle des sexes.

Dans notre société, on peut observer que les femmes sont généralement concernées, plus que les hommes, par leurs voisins et les événements familiaux tels que mariages, naissances et décès et par les relations d'ordre personnel ; elles ont tendance à créer des liens avec ceux qui vivent autour d'elles, tandis que les hommes sont davantage portés à s'intéresser à ce qui se passe au-dehors pour se préparer à l'affronter. C'est ce qu'exprime l'ancienne philosophie chinoise ; on lit, au vingtième hexagramme du *Yi King*[1] que « La contemplation

1. *Yi King, Le Livre des Transformations,* trad. cit. (N.d.T.)

à travers la fente de la porte » est « avantageuse pour la persévérance d'une femme », tandis que « pour un homme... un tel mode de contemplation subjectif et limité est naturellement mauvais ». Autrement dit, le fait de regarder les choses de près, de façon intime, est louable pour une femme, car c'est là son mode naturel de perception. L'homme, par contre, sera davantage porté à nourrir des intérêts plus abstraits et à envisager les choses sous un angle plus collectif. La Chine connaissait la même répartition des centres d'intérêt entre les sexes que notre culture.

Telle est donc la disposition qui semble naturelle et que notre tradition a encouragée, du moins jusqu'à notre époque. C'est pourquoi, pour se réaliser de façon équilibrée dans sa totalité, une femme doit développer son animus, ses qualités intellectuelles et « viriles », tandis que l'homme a besoin de développer son anima, ses qualités « féminines » et son éros ; il devra apprendre à tenir compte des relations individuelles et concrètes et à ne pas se perdre dans son monde rationnel et abstrait.

Le principe masculin et le principe féminin sont destinés à se compléter et à se féconder réciproquement. Un monde purement féminin tel qu'il est décrit au début de notre conte manquerait de largeur d'horizon. Sans le contact avec le principe masculin, il serait trop étroit et trop subjectif. Que l'on pense à l'atmosphère qui résulte du rassemblement de nombreuses femmes, telles que les écoles de filles, où, pendant les récréations, elles se réunissent pour discuter passionnément de la cravate du professeur, etc., ou de certains clubs féminins. Mais les collèges de garçons, clubs sportifs, casernes ou « dîners d'anciens » présentent généralement des défauts analogues. Le conte décrit donc une situation féminine — innocente et charmante à sa façon — mais où l'autre côté fait défaut.

La femme qui a un complexe-mère positif tend à avoir confiance en elle-même, ce qui est un bien, mais aussi à s'identifier à sa mère : elle sera vis-à-vis de son mari et de ses enfants comme l'était sa mère avec les siens, fera la cuisine, arrangera sa maison, comme le faisait celle-ci. Elle aura souvent les mêmes intérêts qu'elle. Il est évident qu'une telle situation présente des dangers et des inconvénients, aussi le conte nous montre-t-il la façon dont les choses peuvent évoluer : un jour d'hiver l'ours, le quatrième élément, se présente, et avec lui s'amorce un développement normal. Examinons de plus près le symbolisme de l'ours, cette fois sous son aspect mâle, tel qu'il apparaît, dans ce conte, à la mère et aux deux fillettes.

Dans le passé, il n'était pas rare que les gens puissent voir une carcasse d'ours suspendue à l'étal du boucher. Or, cette dépouille présente l'aspect grossier d'une silhouette humaine. Cela, comme aussi le fait que l'ours se dresse et marche volontiers sur ses pattes de derrière, a pu suffire pour entraîner la projection, très répandue, suivant laquelle les ours sont des êtres humains. On rencontre partout dans le folklore des contes dans lesquels cet animal est un prince enchanté ou un homme ensorcelé et condamné à errer à travers le monde dans cette peau de bête.

On sait que parmi les adeptes de Wotan existaient les *Berserks* (*Ber* = *Bär* = ours ; *Serk* = peau ou chemise). « Devenir berserk » était considéré comme un don héréditaire et on racontait par exemple que lors d'une bataille le seigneur, assis dans son château, bâillait soudain effroyablement et tombait dans un sommeil profond comme la mort. Au même moment, un ours apparaissait sur le champ de bataille où il massacrait tous les ennemis. Dès que l'ours avait disparu, le seigneur se réveillait exténué car, devenue « berserk », son âme, incarnée dans l'ours, avait livré bataille. On prêtait à ces ours-fantômes de grands exploits guerriers et ce qui prouvait bien qu'il s'agissait du seigneur, c'était que si l'animal avait été blessé à la patte droite durant le combat, l'homme, à son réveil, portait une blessure à cette main !

Dans les anciens pays germaniques, ce phénomène

était tenu pour un authentique talent transmis de père en fils dans certaines familles. C'est seulement plus tard que l'opinion à ce sujet se modifia, de sorte que la faculté de devenir « berserk » prit un sens ambigu et désigna la capacité d'entrer dans de grandes fureurs confinant à une expérience religieuse extatique. C'est la raison pour laquelle, de nos jours, beaucoup de gens craignent de céder à leurs accès de colère. Quand on est en colère, on est possédé par la plénitude de la vie ; on a le sentiment d'être invincible et de faire un avec son propre but ; le doute ou l'incertitude sont balayés. On peut s'exalter jusqu'à éprouver le sentiment d'être entièrement et magnifiquement rempli d'énergie et de chaleur vitales, et l'on pourra dire par la suite : « Je leur ai dit leur fait ! » Se réveiller ensuite et devoir payer la facture est évidemment moins satisfaisant ; on ne se sent plus très divin, mais au contraire un peu stupide. Ce n'est que lorsqu'ils sont en colère que nous savons réellement ce que les autres pensent de nous, comme c'est seulement alors que nous donnons libre cours à nos opinions intimes, bien que leur expression puisse dépasser alors la vérité.

Ce sentiment de plénitude et de puissance qui remplit l'être saisi d'un affect violent correspond, en langage mythologique (qui est aussi celui de l'inconscient et de nos rêves), à la possession par un dieu. Or, être possédé par un dieu, c'est s'identifier à lui, se sentir surhumain, et rien n'est plus dangereux pour un être humain que de perdre le sens de ses limites et de sa personne individuelle. Les Grecs disaient que « Les dieux rendent fous ceux qu'ils cherchent à perdre ». La colère divine est redoutable ; que l'on pense au dieu biblique détruisant presque toute vie sous le déluge, ou au comportement d'Arès pendant la guerre de Troie. La folie destructrice des déesses ne leur cède en rien : en Inde, il arrivait à Kali de massacrer quelques milliers de personnes sur les champs de bataille et de boire leur sang ou encore, en Egypte, à Hathor de se précipiter dans le désert, tuant et dévorant tout ce qu'elle rencontrait de vivant jusqu'à ce qu'on l'apaise avec de la bière : une fois ivre, elle redevenait pacifique.

Dans notre langage psychologique, les dieux de la mythologie sont des archétypes, et les archétypes ont toujours à la fois un aspect psychique qui tend à se traduire en images, et un aspect instinctif. Ils ont pour base une structure instinctuelle : le fondement biologique de l'archétype de la mère est la maternité, celui de la conjonction est la sexualité, etc. C'est pourquoi l'on peut rattacher chaque dieu à un champ biologique instinctif, le premier étant l'aspect psychique du second. Inversement, l'on peut affirmer qu'à tout dynamisme instinctuel correspond une image, ou un ensemble d'images et un comportement spécifiques. Or, dans le monde animal, l'autodéfense, l'agression et la peur dominent toute une partie de la vie et, pour notre part, nous n'en sommes pas exempts. Les dieux sont donc des représentations de complexes généraux, et Arès-Mars est l'image, dans la culture classique, de l'instinct d'agressivité et d'autodéfense tels qu'ils existent dans la nature.

Chaque dieu archétypique représente une charge dynamique et explosive relativement autonome et, par suite, incontrôlée, et à ce stade, incontrôlable, aussi les dieux sont-ils toujours un peu en-dessous ou en deçà du but par rapport au niveau humain. Les Grecs eux-mêmes se montraient choqués du fait que leurs dieux se comportaient de façon aussi barbare, archaïque et animale et les Stoïciens tentèrent, à l'aide d'arguments philosophiques, d'expliquer ce fait. La déesse-mère et les autres dieux provoquent de formidables dégagements d'énergie là où le dynamisme de la vie se manifeste de la façon la plus intense et la plus impressionnante. Faisant irruption dans le conscient qui a toujours tendance à se figer, à devenir trop étroit et à se pétrifier, ils lui apportent le flot de la vie, mais à la façon de torrents indomptés.

Renoncer à un affect est aussi difficile que de renoncer à n'importe quel symptôme névrotique. Un affect violent nous soulève au-dessus de nous-mêmes et nous donne un sentiment de puissance, aussi bien des gens sont-ils comme amoureux de leurs accès de colère et ont-ils de la répugnance à s'en défaire pour devenir plus sobres et plus raisonnables. Une question d'ordre éthique se pose alors : y a-t-il des situations où il est juste de céder à la colère ? La réponse est intimement liée à la vision du monde la plus profondément ancrée en chacun de nous. Ainsi, du point de vue chrétien, ce n'est généralement pas considéré comme licite, puisque le disciple du Christ devrait être charitable en toute circonstance, rendre le bien pour le mal et, souffleté sur une joue, tendre l'autre. Cependant, le droit à la « légitime défense » y a été habituellement admis. Sur le plan collectif, l'idée de « sainte colère » fut également acceptée, comme on le vit par exemple aux Croisades ou lorsqu'il s'agissait de la « défense de la foi ». Lorsqu'un peuple se trouve injustement attaqué, on admet qu'il se soulève pour se défendre. A plus forte raison, quand il s'agit de combattre un mal collectif tel que le nazisme, le droit à l'indignation et la « sainte colère » est évident. Cependant la colère, même justifiée, porte à des excès, et peut servir de prétexte et d'excuse à tous les abus et aux injustices les plus inhumaines.

Sur le plan individuel, nous avons droit à une certaine autodéfense et il est des cas où parler haut et net et taper sur la table est la seule façon de faire cesser une situation émotive qui monte et se gonfle de soi-même. On en revient toujours à cette question : *qui* est celui qui se met en colère ? Si c'est un sujet généralement équilibré et bienveillant et qui cherche la vérité intérieure, sa colère sera généralement proportionnée à sa cause et se produira au bon moment. Le droit de se défendre et notre réponse au problème éthique que pose l'instinct d'agressivité sont en réalité le fruit de notre philosophie de la vie et de nos convictions intimes. Ce choix dépend, en dernière instance, de l'idée que nous nous faisons (consciemment ou non) de Dieu. Si Dieu, à nos yeux, n'est que bonté, le choix est clair ; si, au contraire, nous acceptons aussi bien sa face sombre que sa face lumineuse, l'agressivité, la « noirceur » revêtiront aussi un sens et on en déduira qu'il peut être permis d'user suivant l'instinct de nos griffes et de nos dents, en cas d'attaque injuste dirigée contre nous-mêmes ou contre autrui.

Pour illustrer notre propos par un exemple de conflit d'ordre psychologique, prenons le cas d'un jeune homme bien élevé et « comme il faut » qui s'évertue à se conduire de façon raisonnable. Le moment arrivera où il déclarera qu'il est adulte, qu'il désire sortir avec une jeune fille de son choix et prendre un studio. Mais voilà que sa mère n'accepte pas les faits, même si son fils finit par lui suggérer d'aller voir son analyste — ce que, naturellement, elle refuse. Elle tentera par tous les moyens de le retenir, préférant le détruire plutôt que de le laisser se libérer d'elle. N'est-il pas, dès lors, en droit de tenir bon, même si elle lui reproche sa cruauté ? Pour tout observateur extérieur et objectif, il est clair qu'il s'agit pour lui d'une question de vie ou de mort et que, s'il n'y a pas moyen d'agir autrement, il a le droit de se montrer rude dans la lutte qu'il aura à soutenir, même s'il n'est pas nécessaire qu'il en devienne *berserk* et agisse comme un ours enragé. Cependant, au cœur de sa personnalité la plus profonde, quelque chose se dressera, car l'affrontement ne pourra pas — et ne devra pas — être évité. Si des individus n'ont pas la conviction intime de leur droit à la vie et que l'on ne parvienne pas à l'éveiller en eux, il est très difficile de les aider par une analyse. Il existe donc quelque chose comme le droit à l'autodéfense et à la contre-offensive lorsqu'il s'agit d'éviter d'être terrassé par l'animus ou l'anima négatifs, ou tout autre mal qui rôde autour de soi ; celui qui en est tout à fait incapable est réellement malade.

Moïse n'eut pas d'autre moyen de libérer Israël de l'esclavage que d'appeler du ciel les sept plaies sur l'Egypte et, lorsqu'il chassa les marchands du temple, le Christ se prêta à un affect, et le sentiment que traduit le récit évangélique est que cet affect intervint de façon juste. Le Christ ne fut pas « doux comme un agneau » autant qu'on l'a prétendu, d'autres textes le confirment, comme lorsqu'il déclare avoir apporté « l'épée et non la paix », ou que le péché contre l'Esprit n'obtient pas de pardon.

Un monde où l'on n'admet rien de rude ne correspond pas à la réalité de la vie, et c'est ici que nous touchons à un problème typiquement féminin. Plus une femme est féminine, moins son animus est agressif et plus la vie a tendance à rouler par-dessus elle. Chacun connaît probablement de ces douces filles qui ont toujours fait ce que souhaitaient papa et maman et qui ne se sont jamais mariées. Elles ont soigné leurs parents jusqu'à leur mort pour s'occuper ensuite des enfants d'autrui. Si elles essaient de se marier, toute leur famille s'y oppose, ne pouvant se passer d'elles.

La femme de ce type, toute de bonté et de féminité, se laisse ni plus ni moins tuer, écraser, et se retrouve flouée par l'existence. Les conditions de vie modernes font que de tels cas sont de moins en moins fréquents, mais jadis ils étaient nombreux. Il existait à Berlin l'expression : La tante « juste-un-saut » *(Einsprung)* — la tante toujours prête à accourir. Elle constituait, dans presque toutes les familles, une sorte d'institution à qui il suffisait de téléphoner chaque fois que quelqu'un tombait malade, et dont le rôle était de se tenir prête au moindre appel. C'était la vieille fille que (tout en la regardant de haut), tout le monde mettait à contribution, usant et abusant de ses services.

S'il n'est pas juste pour une femme de copier l'homme, il est tout aussi mauvais qu'elle soit trop unilatéralement féminine, car elle risque de se retrouver en marge de la vie et d'être incapable de l'affronter. C'est pourquoi ce monde maternel, dans lequel tout est si aimable et si douillet et où les roses sont sans épines, a grand besoin d'un ours ! Il vient dans la rudesse de l'hiver. Il a un bon naturel et se montre doux avec les fillettes et pourtant, lorsqu'il capture le nain, il n'hésite pas à le tuer d'un seul coup de patte. Sans être inutilement agressif, il sait quand, ayant atteint la fin de son épreuve, le moment est arrivé de passer à l'action et d'en terminer une fois pour toutes avec une situation absurde. Le tournant de l'histoire se situe au moment où l'ours, saisi d'une juste colère, supprime le nain envers qui les fillettes se sont montrées trop sentimentales.

Il s'agit ni plus ni moins, dans ce conte, du problème de l'intégration du côté masculin, des qualités viriles, au monde féminin. Toute la difficulté consiste à le faire de la façon juste, sans aller trop loin, ce qui reviendrait à tomber dans l'extrême opposé et à prendre non les qualités, mais les défauts masculins. Ainsi, une femme qui s'éveille après avoir été trop passive, trop douce et « féminine », encourt le risque, lorsque son autre côté s'éveille, de se montrer subitement trop agressive par compensation. Cela vient de ce que personne ne parvient à frapper le centre d'une cible du premier coup, sans s'y être exercé : on manque d'abord largement le but. Cela explique les exagérations caractéristiques qui surviennent chaque fois qu'un défaut d'agressivité ou une adaptation insuffisante viennent à être remplacés par des éclats affectifs et autres attitudes désagréables. C'est comme lorsque l'on ouvre un barrage : ce qui a été longtemps retenu et refoulé commence à se précipiter avec violence avant de s'apaiser et de trouver son cours normal. L'attitude juste consiste à éviter de tomber d'un excès dans l'autre et, de femme trop douce et sans personnalité, de devenir une sorte d'homme caricatural, qui s'impose, tranche de tout, est super-intellectuelle et trop ambitieuse, etc. Rester femme tout en intégrant son animus, les qualités viriles qui sont en chaque être humain, est un art aussi difficile que, pour l'homme, d'intégrer son anima.

L'ours représente ici une réaction équilibrée : il n'est habituellement ni de mauvaise humeur, ni coléreux, alors que le nain, lui, s'excite sans cesse jusqu'à être dans un état d'irritation constante. L'ours tue simplement son ennemi mortel lorsqu'il en a l'occasion, ce qui est à l'opposé de la faiblesse vindicative et exaspérante manifestée par le nain.

Chez une femme, ces figures représentent deux différentes formes d'animus : l'un d'eux, réagissant continuellement à contre-temps, est irrité et irritant et provoque partout et à tout propos de perpétuelles querelles. Ces disputes jaillissent de la moindre étincelle, à la façon d'un incendie : la voix s'élève ou au contraire le ton baisse, et tout le monde en est affecté. Le nain se livre, en outre, à toute une série d'actes stupides : il se prend la barbe dans la fente d'un arbre, puis l'emmêle à sa ligne de pêche. Si un tel être, qui est réputé fort adroit, ne sait pas fendre un arbre sans y coincer sa longue barbe, ni attraper un poisson sans se prendre lui-même à son attirail de pêche, il n'a que ce qu'il mérite : pour ma part, j'aurais ri et je serais partie en le laissant se libérer tout seul !

Avec ce nain, nous disposons d'une excellente image du caractère contrariant et irritant que peut prendre l'animus. Son comportement reflète la façon dont une femme, adulte et intelligente par ailleurs, peut parfois s'empêtrer dans des querelles et des discussions niaises. L'animus irrité (comme d'ailleurs l'anima dans le même cas) perd tout sens de l'humour ; il se montre ingrat et déborde de soif de puissance. Aux yeux du nain, il va visiblement de soi que les deux adolescentes *doivent* le tirer de ses déboires, ce qui ne l'empêche pas de les insulter aussitôt après. C'est un des traits classiques de l'animus négatif que de tout exiger à partir de la conviction inavouée que tout lui est dû et qu'il est dans son droit en imposant à autrui son besoin d'aide. Cette attitude revendicatrice est, comme nous l'avons dit, compensatrice d'une attitude par trop consentante. Cet excès est inévitable en un premier temps, et l'on peut dire qu'il était nécessaire que surgisse ce nain, car une femme ne peut rencontrer le prince — l'animus positif et la bonne relation à l'homme — sans être passée par ce stade intermédiaire. Pour intégrer l'animus, il faut prendre conscience de son existence en le laissant d'abord se manifester à l'extérieur, même si, du fait qu'il s'est longtemps trouvé abaissé et refoulé, il commence par se montrer sous un jour peu sympathique. C'est ainsi que les premières suffragettes furent obligées d'adopter provisoirement un comportement excessif : elles étaient hypermasculines et fort égoïstes dans leurs revendications. On n'atteint pas, comme nous l'avons déjà remarqué, le bon équilibre instinctif du premier coup, mais seulement par des détours et en adoptant, au préalable, une attitude surcompensatrice.

Si l'on observe le rôle des nains dans les contes, on notera qu'ils sont, le plus souvent, positifs : ils travaillent dans les mines et amassent des trésors, et sont d'excellents artisans : orfèvres, ils fabriquent des gobelets d'or et autres objets précieux, ce sont d'habiles tisserands et ils connaissent quantité d'arts utiles. Dans un autre conte, les enfants, bénis du fait qu'ils sont nés un dimanche, se rendent à la colline des nains dont ils reçoivent des capuchons capables de rendre invisibles ceux qui s'en coiffent, ou encore des liens soyeux invisibles qui permettent de maîtriser jusqu'aux dragons. Un des nains célèbres de la mythologie germanique a pour nom *Allwis* : Sais-tout. Dans la mythologie grecque et crétoise les Cabires, compagnons de la Grande Mère, sont aussi forgerons et artisans. Les nains sont donc en général des personnages extrêmement positifs ; phalliques, ils ont trait aux pulsions créatrices issues de l'inconscient, aussi n'est-ce que très exceptionnellement que les contes les montrent comme destructeurs. Si dans le conte N° 55 rapporté par les Grimm, *Rumpelstilzchen* (de *rumpel* : bruyant et *Stilzchen* : échassier), le nain de ce nom tente par deux fois de ravir l'enfant de la fille du meunier, il l'aide cependant d'abord à filer des fils d'or à partir de fétus de paille : ce n'est que dans un second temps qu'il développe soudain son aspect négatif, ce qui oblige à le supprimer. Les nains sont en étroite relation avec le monde féminin, ce qui ressort du fait qu'ils figurent plus souvent dans les rêves des femmes que dans ceux des hommes. Ils représentent souvent la première intuition créatrice venant de l'inconscient et encore à demi-cachée dans le sein de la nature.

Si un nain qui, par définition, est habile, s'avère aussi maladroit que celui de ce conte, il est sa propre négation, il ne devrait pas exister. Il représente l'état de contradiction avec soi-même et d'irritation que provoque la création non vécue. Quand ce genre d'animus s'empare de l'esprit d'une femme, c'est généralement le signe qu'elle possède des dons créateurs qu'elle n'a pas encore réussi à mettre en œuvre. Le débordement de libido créatrice qui n'est pas utilisé à bon escient se transforme en sentiments de frustration et en mauvaise humeur, il crée des complications et risque de jouer de mauvais tours. Si une femme est habitée par un tel état d'esprit, n'en a pas conscience et ne comprend pas ce qui le motive, elle risque d'avoir un effet destructeur sur son entourage. Le remède réside dans quelque activité créatrice ; peut-être cette personne vous dira-t-elle que dans son adolescence elle désirait écrire, ou être peintre, ou faire de la céramique, des études ou je ne sais quoi d'autre, ou bien ses rêves suggèreront une direction à suivre, et elle pourra, dans une certaine mesure, se mettre à exercer ce talent demeuré enfoui jusque-là ; ainsi, le nain pourra entrer dans ses droits en accomplissant ce pour quoi il est doué. Il ne s'agit pas forcément de dons exceptionnels, mais de comprendre ce que l'inconscient veut réaliser. Si le conscient de la femme ne vient pas alors en aide à son animus en lui permettant de s'exprimer, celui-ci cherche son propre chemin, interfère dans sa vie et y crée des ennuis. Il exige sa part d'existence et accéder à sa demande équivaut à reconnaître les demandes de l'inconscient.

Dans une structure matriarcale comme celle du début de ce conte, l'ours mâle figure évidemment un aspect de l'animus qui s'oppose au nain. Si, dans un contexte masculin et patriarcal, il représente l'état *berserk* et la colère froide, dans le contexte féminin qui est celui de ce conte, il représente l'instinct viril agressif correctement vécu : il sait pour quelle raison il agit et le fait sans les hésitations ni la faiblesse dues à l'incertitude. Si l'on sent que, dans une situation donnée, l'attitude agressive est juste, il n'est nul besoin de hurler : la colère se transforme et le calme s'instaure, et l'on agit sans hâte superflue : la colère a été intégrée. Transposé sur le plan psychologique, cela signifie qu'une attitude plus adulte et plus adaptée a mûri chez ces jeunes filles, et qu'elles sauront désormais conduire leur vie avec suffisamment d'assurance et de confiance en elles pour trouver leur épanouissement ; une saine réaction instinctive ayant écrasé en elles leurs humeurs infantiles et négatives, elles seront capables de rencontrer le prince.

Le conte de *Neigeblanche et Roserouge* contient d'autres thèmes dignes d'intérêt. Le premier est celui de la pitié mal comprise : les adolescentes ont pitié du nain, mais elles ne font ainsi que se porter préjudice à elles-mêmes, ainsi qu'au futur époux de l'une d'elles. Ce thème se rencontre également dans d'autres contextes ; ainsi Apulée rapporte, dans son roman *L'Ane d'or*, qu'avant que Psyché descende dans le monde des morts, on lui annonce qu'elle verra un vieillard nageant dans les eaux du Styx qui implorera son secours, mais qu'elle devra rester ferme et passer son chemin. Les femmes tombent fréquemment dans un excès de compassion car l'un des aspects de l'archétype de l'instinct maternel est de provoquer l'émotion de la femme et de la porter à la pitié devant le spectacle de tout être abandonné, en difficulté, condamné ou désemparé. Mais on sait que toute vertu, poussée à l'excès, devient contraire à l'instinct et peut se transformer en son opposé, et l'on voit sans cesse des cas où la pitié mal comprise conduit des femmes à se détruire inconsciemment.

Dans mon travail d'analyste il m'est souvent arrivé, au moment où j'avais enfin réussi à mettre un patient au pied du mur, que quelqu'un me téléphone pour me dire : « Ayez un peu de pitié. » Et je devais répondre : « Non, pas de pitié ! », car la pitié peut avoir un effet complètement négatif en maintenant quelqu'un dans un état infantile. Les femmes doivent contrôler leurs instincts maternels naturels et cultiver en elles une certaine objectivité et un certain détachement qui leur permettent de voir où réside en réalité le bien de l'autre.

L'un des cas les plus fréquents, qui est la source de nombreuses projections, est celui où une femme a un mari ou un amant de type analogue au nain — c'est-à-dire un homme qui, souffrant d'un complexe maternel négatif, est névrosé, suicidaire ou sadique. Chaque fois que la femme, ne supportant plus la situation, veut dire à l'homme la vérité et rompre, la pitié l'envahit pour le pauvre être désemparé et elle ne peut se résoudre à le « laisser tomber », même si ses rêves confirment qu'il le faudrait, et que vous lui disiez : « Mettez-le à la porte ! » On s'aperçoit généralement que cette femme fait une projection d'animus négatif sur cet homme. Même s'il n'y a pas d'homme dans son entourage pour la torturer, elle le trouve à l'intérieur d'elle-même : lorsqu'elle est seule, son animus sadique la convainc qu'elle est définitivement solitaire, qu'elle ne vaut rien et n'arrivera jamais à rien. Aussi ce couple reprendra-t-il la relation, car il est moins angoissant d'avoir cet autre à l'extérieur de soi qu'en soi-même et, tant que le problème intérieur ne sera pas résolu, il n'y aura pas d'issue extérieure possible.

La pitié que l'on déverse sur l'autre signifie en réalité que l'on se complaît en son propre point faible ; on répugne à prendre conscience qu'un tel personnage nous habite et à mettre fin à cette situation intérieure, et le problème est faussé. Cette mauvaise pitié se rencontre beaucoup moins fréquemment chez les hommes, bien qu'elle puisse aussi exister chez eux.

L'héroïne, dans les contes de fées, tombe souvent dans cette erreur, laissant libre cours à des forces destructrices. Il y a des aspects de la société et des êtres qui sont complètement pourris et qu'il est nécessaire d'éliminer, mais une telle femme s'attache à ce qui est irrémédiablement perdu et, d'une certaine façon, y trouve son compte. Ainsi en est-il souvent dans des cas comme celui de la femme martyre dont le mari boit.

J'ai connu une famille où il y avait plusieurs fils. Le père et le grand-père étaient tous deux des buveurs invétérés, et les fils, à une exception près, le devinrent aussi. « L'exception » avait une femme exigeante, et la première fois qu'il rentra ivre à la maison, elle lui dit que si cela se reproduisait, elle divorcerait. Or, elle fut la seule à libérer son mari de la tendance familiale destructrice ; tous les autres avaient des femmes plus douces, ayant meilleur caractère, mais éprouvant cette mauvaise sorte de pitié qui les amena à contribuer à la déchéance de leurs propres maris. Certains types maternels couvent le faux œuf de porcelaine, et ne cessent d'espérer en faire éclore un phénix, mais il n'en sort qu'une énorme puanteur. Il y a un moment crucial dans le processus d'individuation d'une femme où elle doit se libérer de cette pitié sans discernement.

Le nain est un voleur qui s'empare des trésors de l'ours. Cette sorte d'animus destructeur dérobe les possibilités et les richesses de l'animus positif. Certaines femmes adorent materner les jeunes hommes — ces génies incompris — auxquels elles offrent l'amour maternel qu'ils n'ont pas reçu. Une femme de cinquante ans qui vivait seule entra en relation avec un jeune homme de vingt ans dont l'adolescence avait été difficile ; il avait escroqué de l'argent et falsifié des chèques. Remplie de pitié pour lui en raison de sa jeunesse misérable, elle l'hébergea gratuitement et lui donna un emploi dans sa propre affaire où, non content de l'escroquer, il accumula des dettes à son nom à elle. Mais cela ne suffit pas à ouvrir les yeux de cette femme ; elle n'eut pas recours à la justice, couvrit ses délits et lui pardonna quand il pleura dans son giron en l'assurant qu'il avait honte de ce qu'il avait fait. Par la suite, il amena chez elle une jeune fille avec qui il vécut et commença à mettre de l'arsenic dans la nourriture de sa bienfaitrice.

C'est là un exemple frappant de compassion mal placée, allant jusqu'à la stupidité la plus totale. C'était par ailleurs une personne très intelligente, mais de ce type de femme seule qui ne sait que faire des sentiments maternels qui l'habitent et les déverse sur ce genre de créature. Dans un tel cas, les richesses de l'animus positif et la capacité de compréhension que cette femme aurait pu utiliser à bon escient si elle avait été plus lucide furent gaspillées. Le conte nous montre qu'une telle pitié vient d'une connivence avec l'animus négatif qui habite le sujet lui-même. On peut supposer en effet que cette femme qui dilapidait sa fortune au bénéfice d'un escroc et d'un meurtrier avait un animus de même espèce que lui. Vues de l'extérieur, ces personnes paraissent si correctes qu'il faut faire un véritable travail de détective pour découvrir en elles le personnage en question. La seule façon de l'obliger à se révéler est d'attaquer directement le problème, en disant par exemple : « Jetez-le dehors ». Il est intéressant de voir alors comment, à ce moment crucial, la personne se met à biaiser et à mentir : l'escroc en elle apparaît. Il se révèle dans la façon très subtile qu'elle a de s'abuser elle-même. Il est en effet impossible qu'une femme normale vive à côté d'un tel homme sans que des soupçons l'envahissent, mais elle cherche à s'aveugler : son propre animus-escroc refuse d'entendre les avertissements et les indications que lui fournit l'inconscient. Il est hautement symbolique que ce soit un homme qui ait tenté d'empoisonner lentement cette femme : les idées fausses de l'animus sont expertes en l'art de fournir des petites doses quotidiennes de poison. Au cours de l'analyse d'un pareil cas, tôt ou tard, il se produit un moment où la personne est acculée à reconnaître qu'elle se ment à elle-même et n'écoute pas les avertissements intérieurs.

Les voleurs peuvent aussi avoir un sens différent. Ainsi, dans le roman d'Apulée, *L'Ane d'Or,* dont nous avons déjà parlé plus haut, les voleurs et les brigands qui s'emparent de l'âne Lucius représentent une ombre qui vient compenser l'attitude trop intellectuelle et esthète de Lucius. L'auteur avait une attitude extrêmement idéaliste due à un complexe maternel positif. De tels hommes manquent d'agressivité instinctive et primitive ; adolescents éternels, ils possèdent une virilité chthonienne, mais elle est inconsciente, refoulée et autonome et ils sont de ce fait cruels et destructeurs pour les femmes. Mais s'ils parviennent à transformer cela en fermeté, ces forces deviendront constructives. Prisonnier des bandits, Lucius est dominé par son ombre chthonienne.

La plupart des hommes qui ont un complexe maternel positif sont paresseux, car la mère est le sein et elle est aussi le symbole de la matière, et la matière, c'est l'inertie. La mère positive est comme un grand lit de plumes qui retient l'homme prisonnier de son confort. Enfant, il ne réussit pas à l'école et ne se construit pas par l'effort, le travail et l'étude, et adulte il se montre incapable de faire face à la lutte pour l'existence et de gagner sa vie. En conséquence, on verra naître en lui une tendance à devenir un escroc et à demander à sa compagne, ou à sa compagnie d'assurances, de payer pour lui.

Un voleur est un homme qui possède l'instinct positif consistant à chercher à obtenir ce qu'il désire, ce qui relève d'une attitude saine, car désirer quelque chose est naturel et normal ; cela permet de vivre et rend capable de jouir de l'existence. Mais ce qui est dévié dans l'acte de voler, c'est qu'il s'agit d'un raccourci infantile suggéré par la paresse ; cette attitude malhonnête provient de l'incapacité de travailler et d'économiser de l'argent pour obtenir ce que l'on désire. C'est pourquoi l'ombre-voleur est en partie positive et en partie négative ; positive par le désir de vivre et négative par le niveau trop bas de sa réalisation.

Dans cette catégorie se rangent tous les névrosés qui accèdent en trichant, sans fournir d'effort ni de travail effectifs, à des situations élevées. C'est ainsi qu'il y a des voleurs et des bandits jusque dans les gouvernements où de hauts postes ont été obtenus par intrigue ou népotisme. Dans le cas d'une femme peut exister, *mutatis mutandis*, un processus semblable : un animus peut désirer obtenir ce qu'il veut par un raccourci peut recommandable. Ainsi la femme qui faillit être empoisonnée désirait échapper à la solitude et trouver sur qui épancher ses sentiments maternels. Si elle avait chassé l'intrigant, elle se serait retrouvé confrontée avec son problème et aurait dû imaginer une voie qui lui permît d'obtenir légitimement ce qu'elle cherchait. Cela aurait exigé d'elle un effort de sentiment et de pensée auquel elle se refusait.

Toute situation obscure dans laquelle on tombe est l'invite à une initiation. Etre initié à une chose signifie y entrer. La première étape consiste généralement à accepter une situation pénible, ce qui a un aspect douteux ou négatif : on se fait prendre, ou l'on est « possédé » par quelque chose. Les chamans disent que leur vocation apparaît au cours d'une crise durant laquelle ils tombent au pouvoir des démons ; celui qui peut ressortir de ces ténèbres devient chaman, et celui qui en demeure prisonnier est un malade mental. On peut considérer que toute maladie psychique est une initiation en puissance et que les pires choses qui puissent nous advenir sont l'occasion d'une initiation, car elles nous plongent dans un lieu qui nous est propre, et dont nous devons apprendre à ressortir.

Pourquoi le méchant nain devient-il prisonnier de sa barbe ? La barbe apparaît dans de nombreux contes de fées. L'on connaît l'histoire, dont Perrault nous a donné une version, de *La Barbe bleue*, ce grand tueur de femmes, représentant de l'animus négatif meurtrier, ou celle de Grimm N° 52 : *Le Roi Barbe-de-Grive (König Drosselbart)*, qui montre la transformation d'un animus négatif en animus positif. Un troisième aspect est illustré par un autre conte de Grimm, le N° 196, intitulé : *Le vieux Cricrac (Oll Rinkrank)*. Pour empêcher sa fille de se marier, il construit une montagne de verre que tout prétendant devra franchir à pied. Tous ceux qui essaient de le faire disparaissent. Alors arrive un prince que la princesse décide d'aider ; ensemble, ils vont à la montagne de verre, mais c'est la princesse qui tombe et disparaît. Dans cette montagne vit un démon appelé Rinkrank, le vieux Chevalier Rouge. Il contraint la princesse à l'appeler son mari et lui l'appelle sa femme. Il reste près d'elle pendant la journée, sort la nuit pour voler et revient chargé de sacs de perles. Au bout de quelque temps, la princesse ne supporte plus cette situation : au moment où il passe la tête à l'intérieur de la fenêtre ouverte, elle lui attrape la barbe et lui dit qu'elle ne le laissera pas aller s'il ne lui promet pas de la libérer, ce qu'il est obligé de faire, et elle épouse son prince.

Que représente donc la barbe ? Les poils qui poussent sur les différentes parties de notre corps sont un rappel de notre nature animale ; ils sont les restes du pelage que nous avons perdu et que tous les autres mammifères possèdent. Dans bien des cultures, se raser ou s'épiler signifie s'éloigner de la condition animale. Le poil évoque donc l'idée de quelque chose de primitif et d'instinctif, mais la signification en est différente selon la partie du corps où il pousse. Ainsi, les cheveux sont l'expression de pensées et de phantasmes involontaires et inconscients, parce qu'ils sortent de notre tête.

Il existe une tribu africaine où l'initiation d'un jeune homme avant de pouvoir se marier consiste non seulement à être circoncis et instruit des affaires de la tribu, mais aussi à créer sa propre coiffure. Pour cela il doit s'en aller seul dans la brousse et se composer une coiffure faite d'innombrables petites nattes dans lesquelles il introduit des brindilles et des coquillages. La nuit, pour ne pas l'abîmer, sa nuque est soutenue. Tant que cet édifice, ce temple formé de ses cheveux n'est pas construit, on considère qu'il n'est pas parvenu à la maturité spirituelle, n'ayant pas su élaborer son propre point de vue. Sa tâche consiste à exprimer sous une forme symbolique la totalité de son être et, aussi longtemps qu'il n'y a pas réussi, il n'est pas jugé apte à prendre femme.

On peut dire que Dalila castra Samson en lui coupant les cheveux. C'est bien ce qu'elle fit, mais à quel niveau ?

En agissant ainsi, Dalila détruisit l'âme de Samson, c'est-à-dire sa créativité, ses pensées, ses idées : c'est psychologiquement qu'elle le castra. Une femme peut rendre un homme totalement stupide, au point de lui faire perdre tout pouvoir créateur. C'est pourquoi, au temps de la chevalerie médiévale, il n'était pas permis à un chevalier de « *verliegen* », de « se gâter en gardant le lit trop longtemps ». S'il renonçait complètement à ses hauts faits et à son combat d'homme pour rester au château avec sa dame, c'est qu'elle s'était emparée de lui. Devenu prisonnier de sa bien-aimée, il renonçait à son idéal, à sa tâche et à son progrès spirituel. C'est ce qui arriva à Samson et c'est de cette façon qu'il perdit sa virilité.

Mais que représente plus particulièrement la barbe ? C'est quelque chose d'involontaire qui pousse autour de la bouche. Il arrive que les pensées et les mots jaillissent de notre bouche sans que nous les ayons pensés — ils se forment pour ainsi dire d'eux-mêmes. Le verbalisme automatique et nerveux est un symptôme névrotique typique de notre civilisation hyperintellectuelle, que l'on rencontre particulièrement chez les femmes (bien que non exclusivement !). Ce débit incessant se prolonge interminablement sans que rien d'intéressant ne soit dit. Ce flot de paroles tout à fait autonome et inconscient crée d'énormes difficultés. Le langage se prête à cela et la structure grammaticale d'une langue y invite : si vous commencez une phrase d'une certaine façon, il est difficile de ne pas la terminer structuralement. Un enseignant français me fit une fois remarquer que la clarté de la langue française représentait un danger, car elle tendait à laisser les mots s'agencer eux-mêmes — les phrases débutant et se terminant selon un schéma classique.

Je me pris moi-même sur le fait. Pendant mes études, je vis un jour une femme d'un certain âge tendre la main de façon triste à un jeune étudiant qui paraissait embarrassé. Je me dis que j'assistais probablement à la fin d'une relation amoureuse. Je ne les connaissais ni l'un ni l'autre. Par la suite, cette femme et moi, nous nous retrouvâmes aux mêmes cours et entrâmes en conversation. Un jour, prenant une tasse de café avec elle, je parlai d'un projet de construction. Le nez dans sa tasse, elle me dit : « Vous construisez ? » et « Cela » répliqua en moi : « Et vous démolissez ! » Elle avait commencé une phrase et je n'avais fait que la terminer. Elle me demanda pourquoi je lui avais fait cette réponse et je lui expliquai que je n'avais pas eu d'intention particulière, que la phrase était restée en suspens et que je n'avais fait que la finir. Mais elle insista tant, en me disant que j'avais certainement quelque chose à l'esprit, que je finis par lui confier l'impression que j'avais eue lors de cette scène dont j'avais été le témoin involontaire, ce qui l'amena à me demander si j'étais diseuse de bonne aventure : cette rupture avait été le grand drame de sa vie. Je m'en voulus d'avoir parlé de façon si irréfléchie.

La barbe de l'animus, ce sont ces pensées qui s'expriment involontairement. L'on connaît l'histoire racontée par Jung de ce mari qui souffrait des scènes que lui faisait sa femme, sans qu'il pût jamais la convaincre qu'elle avait effectivement prononcé les paroles incriminées. Un jour, son mari l'enregistra sans qu'elle s'en aperçût, puis à un moment favorable, il lui fit entendre la scène. En dépit du fait qu'elle entendait sa propre voix, elle soutint qu'elle n'avait jamais prononcé ces mots. « Cela » avait parlé, les choses s'étaient dites d'elles-mêmes sans qu'elle en eût conscience.

La barbe du démon ou du nain représente, dans les contes de fées, cet aspect verbeux de l'animus. Il faut l'attraper fermement et lui dire : « Je ne te laisserai aller qu'à telle ou telle condition », et se demander *qui* parlait, si ce n'était pas moi. C'est dans ce genre de paroles irréfléchies que l'on peut le plus aisément prendre l'animus sur le fait. Le nain s'y empêtre : il se prend à son propre piège et de plus, il fait montre d'un attachement et d'une vanité narcissiques et tout à fait infantiles pour cet attribut encombrant. On ne peut s'empêcher de penser à ces paroles du grand poète persan Attar :

O toi qui, comme la chèvre, n'as pas honte de ta barbe, tu ne dois pas non plus avoir honte de l'enlever. Tant que tu auras une âme concupiscente et un démon à tes trousses, l'orgueil de Pharaon et d'Aman sera ton partage... Prends donc ce Pharaon par la barbe et tiens-le ferme; combattez bravement ensemble en vous tenant par la barbe. Mets le pied dans le chemin spirituel et renonce à ta barbe. Jusques à quand t'en occuperas-tu ?... Celui qui marche avec intelligence dans la voie de la religion néglige sa barbe. Fais plus attention à toi-même qu'à ta barbe...[2].

La barbe, en ce cas, est signe d'âge, d'expérience et de sagesse, mais malheur à celui qui tire orgueil de ces choses ! Quand l'animus part ainsi sur une mauvaise pente, il finit généralement par se contredire : il se fait prendre à son propre flot de pensées inconscientes, c'est pourquoi la seule chose à faire pour les petites filles eût été de le laisser s'arranger avec sa fameuse barbe. Les hommes pris par leur anima (on serait tenté de dire : par l'animus de leur anima), sont également capables de soutenir les raisonnements les plus ahurissants et de se contredire, sans même s'en apercevoir.

Lorsqu'on se surprend ainsi à se démentir, il est bon de s'arrêter pour prendre du recul et de se demander ce que l'on désire vraiment exprimer. Mais, au lieu de cela, les petites filles délivrent le nain, ce qui lui permet de continuer à nuire, jusqu'à ce que l'ours le tue, — c'est-à-dire jusqu'à ce que l'animus suscite chez la femme une réaction émotionnelle positive. Les femmes finissent habituellement par se lasser de leur propre animus négatif et cherchent à s'en délivrer.

A la fin de l'histoire, l'ours épouse Neigeblanche, et son frère, Roserouge. L'histoire se termine donc sur le

---

2. Farid Uddin Attar, *Mantic Uttair* ou *Le Langage des Oiseaux*, trad. fr. de M. Garcin de Tassy, nouvelle édition, Editions d'Aujourd'hui, 1976, p. 163. (N.d.T.)

thème du mariage quaternaire qui est, comme nous le savons, un symbole de la totalité. Je renvoie à l'étude de C.G. Jung sur le transfert[3] où il développe ce thème tout au long. Il se forme donc à présent une structure toute différente de celle du début de l'histoire. Nous avions deux personnages masculins : le nain et l'ours. Si le nain n'avait pas été une créature aussi malfaisante, l'une des jeunes filles aurait pu l'épouser, tandis que l'autre épousait l'ours. Au lieu de se métamorphoser, le premier est tué et remplacé subitement par le frère de l'ours. On peut se demander si ce frère ne serait pas en quelque sorte le nain qui, à travers la mort, aurait subi une transformation.

Lorsque quelqu'un meurt dans un rêve, cela indique que cette personne ne représente plus de façon valable le contenu inconscient qui s'incarnait en elle. L'énergie psychique qui se trouvait investie sous cette forme ne se perdra pas ; elle réapparaîtra à un autre niveau. Nombreux sont en effet les gens qui rêvent de la mort d'un aspect de leur ombre qui malheureusement est encore bien vivant et réapparaît par la suite sous d'autres formes. Si quelqu'un réussit à placer l'énergie transformée à un niveau plus évolué, le personnage ne remplit plus la même fonction, ou bien disparaît. Dans ce récit il semble que la transformation ait eu lieu, car le nain disparu est aussitôt remplacé par le frère de l'ours dont on ne nous avait pas parlé jusque-là, et les deux jeunes filles trouvent chacune leur époux.

La mère est le cinquième personnage, la matrice où se construit la totalité. Jusqu'à un certain point, la totalité est encore dans le vase, dans le sein de la nature. Une possibilité instinctive de progrès s'est formée dans l'inconscient. Lorsque quelqu'un rêve d'une solution positive en harmonie avec l'instinct, une telle possibilité de

3. Cf. C.G. Jung, *La psychologie du transfert*, trad. fr. d'Etienne Perrot, Albin Michel, Paris, 1980, chapitre 2, « Le roi et la reine », pp. 69-97. Cf. aussi M.-L. von Franz, *L'Ane d'Or. Interprétation d'un conte*, trad. cit., p. 108. (N.d.T.)

progrès est constellée. Comme dans le *Yi King*[4], il chassait sur un territoire où il n'y avait pas de gibier ; ou encore l'on peut dire qu'il pêchait dans une eau morte, à présent poissonneuse. Un rêve positif montre dans quelle direction le rêveur doit aller pêcher et indique que là le poisson est à sa disposition. Mais, évidemment, il reste toujours l'écart entre la coupe et les lèvres — entre le rêve positif et la solution intégrée, vécue. Il y a néanmoins un espoir de progrès lorsque l'on sait vers quoi se diriger et où se trouvent les énergies. La prise de conscience a eu lieu, mais la transformation doit encore être assimilée, intégrée et incarnée dans la vie. Les intuitifs, en particulier, qui vivent toujours en avant d'eux-mêmes, s'arrêtent à un rêve positif, tout heureux, s'imaginant que la bataille est gagnée.

D'après le conte de Grimm N° 187, *Le lièvre et le hérisson (Der Hase und der Igel)*, un hérisson disputait une course avec un lièvre. Il plaça sa femelle, qui était sa réplique exacte, sur la ligne d'arrivée, et chaque fois que le lièvre terminait un parcours, elle était là et lui disait : « J'ai gagné ! » Finalement le lièvre mourut d'épuisement. L'intuitif place un peu de son intuition à l'arrivée de la course. Il épouse généralement une personne de type sensation, plus lente, et si cette personne lui dit un jour : « J'ai pris conscience de quelque chose, j'ai remarqué ceci ou cela », l'intuitif lui répond : « Je te l'ai dit il y a cinq ans ! », ou « Je te l'ai toujours dit ! », ce qui est probablement vrai, faisant ainsi perdre à l'autre tous ses moyens. Mais l'intuitif devrait se méfier, car il se trouve toujours à la place de la femme du hérisson, et prend son intuition pour une réalisation.

Pourquoi le nain s'est-il laissé prendre la barbe dans le tronc d'arbre et la ligne de pêche ? Il semblerait que ce soit par pure stupidité, mais même de petits détails de ce genre sont pleins de sens. J'ai souvent observé que les femmes qui, pour la première fois, s'essaient au tra-

4. *Yi King*, hexagramme 32, *Hong* : La durée, trad. cit., p. 158. (N.d.T.)

vail de l'esprit, à l'université par exemple, avaient un animus enclin à confondre l'instrument du travail intellectuel et son but. Cela est typique d'un animus insuffisamment affermi. De telles femmes apprennent par cœur des bibliographies, des lexiques, des règles grammaticales ou techniques, établissent des fichiers, etc., et s'y engloutissent complètement. C'est comme si, dans un premier temps, elles ne pouvaient pas dépasser le niveau de la préparation. Je connais le cas d'une femme qui pendant quarante-cinq ans rassembla des indications concernant des briques trouvées dans des fouilles, indications qui devaient permettre de déterminer la couche ou l'âge de ces briques. On lui doit une très importante contribution archéologique, mais elle n'avait cependant pas pu dépasser l'aspect purement technique de la recherche et y avait absorbé la totalité de son activité intellectuelle.

Quel que soit le sujet étudié, des instruments de travail sont nécessaires. Mais pour que l'étude prenne un sens, il faut qu'elle ait sur l'esprit un effet vivifiant. Les hommes peuvent aussi tomber dans ce piège. L'érudit qui se contente de collationner les matériaux récoltés par d'autres, celui qui écrit sur l'ésotérisme ou l'alchimie sans jamais y aller voir par lui-même, ressortissent de ce type. A la fin du XIXe siècle, en particulier, les savants allemands s'en tinrent à ce genre de travaux, et l'on fit des études préliminaires aux études préliminaires. Le grand pianiste Paderewski racontait l'histoire suivante : on organisa un jour un concours ; chaque concurrent devait écrire un livre sur l'éléphant. Un français alla au zoo, puis écrivit un petit livre appelé *L'Eléphant Amoureux*. Après avoir absorbé quantité de vodka, un Russe écrivit un livre intitulé *L'Eléphant existe-t-il ?* Un Américain publia un ouvrage rempli de chiffres et de photographies appelé *Eléphants plus gros et meilleurs*. L'Allemand ne prit pas la peine de jeter les yeux sur un éléphant, mais fouilla toutes les bibliothèques et sortit un ouvrage en dix volumes intitulé

Remarques Préliminaires introductives à l'Etude de l'Eléphant.

Les esprits insuffisamment développés tombent dans ce piège, qu'il s'agisse de femmes dont l'animus n'est pas suffisamment formé ou d'hommes qui n'ont pas pris conscience de leur anima. Lorsque l'esprit commence à s'éveiller, il traverse généralement cette phase et a besoin de prendre conscience qu'un effort supplémentaire lui est demandé pour devenir réellement créateur. Ayant, traditionnellement, l'esprit généralement moins exercé et moins instruit que les hommes, les femmes tombent souvent dans cette erreur typique qui les prive de leur originalité et en fait d'utiles auxiliaires pour les hommes. Elles sont de bonnes secrétaires aux côtés d'hommes créateurs, rassemblent les documents que l'homme utilise mais, si elles demeurent réduites à ce rôle secondaire, elles ne deviennent jamais créatrices elles-mêmes.

CHAPITRE V

LA JEUNE FILLE SANS MAINS

La difficulté de la femme à assumer ses propres dons créateurs se reflète dans le grand nombre de versions qui existent en toutes langues de l'histoire du père qui vend sa propre fille à un esprit du mal. Ce thème est très répandu, et les raisons qui sont données dans les contes sont variées. Dans la version de Grimm N° 31, *Das Mädchen ohne Hände*, que nous allons étudier, la jeune fille est vendue au Diable par son père, qui lui coupe les mains. Il est à remarquer que, si l'on en croit les récits folkloriques, être privé de mains est un malheur qui ne concerne que des héroïnes. Voici ce conte :

LA JEUNE FILLE SANS MAINS

Un meunier, qui était peu à peu tombé dans la pauvreté, ne possédait plus rien que son moulin et un grand pommier qui se trouvait derrière. Un jour que le meunier était allé dans la forêt pour chercher du bois, il rencontra un vieil homme qu'il n'avait encore jamais vu et qui lui dit : « Pourquoi t'exténuer à bûcheronner ? Je peux te rendre riche si tu me promets ce qu'il y a derrière ton moulin. » Le meunier songea que cela ne pouvait rien être d'autre que son pommier et répondit : « C'est entendu », et il signa cela par écrit à l'étranger qui le reçut avec un sourire sardonique et lui dit :

« Dans trois ans, je viendrai et j'emporterai ce qui m'appartient. » Et il s'éloigna.

Comme le meunier revenait chez lui, sa femme vint à sa rencontre et dit : « Explique-moi, meunier, d'où nous vient cette soudaine richesse dans la maison ? D'un seul coup, coffres et armoires sont remplis, alors que personne n'est venu apporter quoi que ce soit ; je ne comprends pas du tout comment c'est arrivé. » Il répondit : « Cela vient d'un inconnu que j'ai rencontré dans la forêt et qui m'a promis de grandes richesses ; en échange, je me suis engagé par écrit à lui céder ce qui est derrière le moulin. Nous pouvons bien donner le grand pommier contre cela. » « Hélas, mon homme, s'écria la femme effrayée, c'était le diable, et ce n'était pas du pommier qu'il s'agissait, mais de notre fille qui était derrière le moulin en train de balayer la cour. »

La fille du meunier, une enfant belle et pieuse, vécut ces trois années dans la crainte de Dieu et sans commettre de péché. Le délai écoulé et le jour venu où le diable devait l'emmener, elle se lava et elle se purifia toute, puis elle traça autour d'elle un cercle à la craie. Le diable apparut de bonne heure, mais il ne put l'approcher. Furieux, il enjoignit au meunier : « Prive-la d'eau, afin qu'elle ne puisse pas se laver ; car sinon, je n'ai pas de pouvoir sur elle. » Ayant peur, le meunier obéit. Le lendemain matin, le diable revint, mais la jeune fille avait tant pleuré sur ses mains qu'elles étaient pures. Ne pouvant toujours pas l'approcher, il dit, plein de fureur, au meunier : « Coupe-lui les mains, sinon, je ne puis rien contre elle. » Le meunier, terrifié, répondit : « Comment pourrais-je couper les mains de ma propre fille ? » Le Malin le menaça et lui dit : « Si tu ne le fais pas, tu m'appartiendras et je t'emporterai. » Le père eut peur et promit d'obéir. Il alla vers sa fille et lui dit : « Mon enfant, si je ne te coupe pas les deux mains, le diable m'emportera ; comme j'avais peur, je le lui ai promis. Aide-moi dans ma détresse et pardonne-moi le mal que je te fais ! » « Cher père, lui répondit-elle, faites ce que vous voulez de moi ; je suis votre enfant.» Elle présenta alors ses deux mains et se les laissa couper. Quand le diable revint pour la troisième fois, elle avait tant pleuré et pendant si longtemps sur ses poignets tranchés qu'ils étaient parfaitement purs. Le diable dut renoncer, ayant perdu tout droit sur elle.

Le meunier dit alors à sa fille : « J'ai gagné grâce à toi de si grands biens que ta vie durant je te garderai dans le luxe le plus coûteux.» Elle lui répondit : « Je ne saurais rester ici. Je veux m'en aller ; des gens charitables me donneront le nécessaire.» Elle se fit attacher au dos ses bras mutilés et partit dès le lever du soleil ; elle marcha tout le jour sans s'arrêter jusqu'à la nuit. Elle arriva alors près d'un jardin royal où elle vit, sous le clair de lune, des arbres couverts de beaux fruits. Mais elle ne pouvait pas entrer, car il était entouré d'eau. Comme elle avait marché toute la journée sans avaler la moindre bouchée et que la faim la tenaillait, elle pensa : « Oh, si je pouvais entrer dans ce beau jardin et manger de ses fruits ! Sinon, je mourrai d'inanition.» Elle s'agenouilla, invoqua le Seigneur Dieu, et pria. Tout à coup un ange vint qui manœuvra une écluse dans l'eau, de sorte qu'elle s'écoula et que le fossé s'assécha, lui permettant de passer. Elle entra dans le jardin, et l'ange y alla avec elle. L'arbre qu'elle vit était couvert de fruits, des magnifiques poires, mais qui étaient toutes comptées. Elle s'avança sous l'arbre et prit une poire de l'arbre avec sa bouche et la mangea pour calmer sa faim, mais pas plus. Le jardinier la vit faire, mais comme l'ange se tenait à côté d'elle, il eut peur et crut que la jeune fille était un esprit, si bien qu'il se tut et n'osa ni appeler ni adresser la parole à l'esprit. Ayant mangé la poire, sa faim fut apaisée et elle alla se cacher sous les taillis. Le roi, à qui appartenait le jardin, y descendit le lendemain matin ; il compta et s'aperçut qu'il manquait une poire, et il demanda au jardinier ce qu'elle était devenue, car elle n'était pas tombée et pourtant elle avait disparu. Le jardinier lui répondit : « La nuit der-

nière, un esprit est venu ; il n'avait pas de mains et il a mangé de sa bouche la poire sur l'arbre.» «Comment l'esprit a-t-il pu passer l'eau, demanda le roi, et où est-il parti après avoir mangé la poire ?» Le jardinier répondit : «Il est venu quelqu'un du ciel, en robe blanche comme neige, qui a fermé une écluse et retenu l'eau pour que l'esprit puisse traverser le fossé. Et comme ce ne pouvait être qu'un ange, j'ai eu peur et n'ai rien demandé ni appelé. Quand l'esprit a eu mangé la poire, il est reparti.» Le roi dit alors : «Si cela s'est passé comme tu le dis, je viendrai avec toi veiller la nuit prochaine.»

L'obscurité venue, le roi descendit au jardin, accompagné d'un prêtre qui devait s'adresser à l'esprit. Tous trois s'installèrent sous l'arbre et guettèrent. Vers minuit, la jeune fille rampa hors du fourré, alla vers l'arbre, prit une nouvelle poire avec sa bouche et la mangea ; à ses côtés se tenait l'ange en robe blanche. Le prêtre s'avança et dit : «Es-tu de Dieu ou de ce monde ? Es-tu un esprit ou un être humain ?» Elle répondit : «Je ne suis pas un esprit, mais un pauvre être humain abandonné de tous, hormis de Dieu.» Le roi dit alors : «Si tu es abandonnée par le monde entier, moi je ne t'abandonnerai pas.» Il l'emmena avec lui dans son château royal et, comme elle était belle et pieuse, il l'aima de tout son cœur. Il lui fit faire des mains d'argent et la prit pour épouse.

Au bout d'un an, le roi dut partir en campagne ; il recommanda sa jeune femme à sa mère en lui disant : «Au moment de ses couches, veillez sur elle et soignez-la bien, et écrivez-moi aussitôt une lettre.» La jeune reine mit au monde un beau garçon, et la mère s'empressa d'écrire au roi la bonne nouvelle. Mais le messager s'arrêta en chemin sur le bord d'un ruisseau, et comme il était fatigué par sa longue étape, il s'endormit. Survint alors le diable, qui ne cessait de chercher à nuire à la pieuse reine ; il substitua au message une autre lettre où il était dit que la reine avait donné nais-

sance à un gnome. Lorsque le roi reçut cette lettre, il fut pris d'effroi et eut un grand chagrin, mais il écrivit en réponse, qu'on soignât bien la reine et qu'on veillât sur elle jusqu'à son retour. Le messager repartit avec la missive du roi, se reposa au même endroit et s'endormit à nouveau. Le diable revint et glissa dans sa poche une autre lettre disant de tuer la reine et l'enfant. La vieille mère fut épouvantée en lisant ce message ; elle y crut et écrivit une nouvelle lettre au roi. Mais elle n'eut pas d'autre réponse, car le diable substituait, chaque fois, une autre lettre à la vraie, et la dernière ajoutait même de conserver comme preuve la langue et les yeux de la jeune reine.

La vieille mère, pleurant sur le sang innocent qu'on lui demandait de verser, se fit amener une biche pendant la nuit et lui fit couper la langue et enlever les yeux, qu'elle conserva. Puis elle dit à la jeune reine : « Je ne puis te faire tuer comme l'a ordonné le roi ; mais tu ne peux demeurer ici plus longtemps : va-t-en par le vaste monde avec ton enfant et ne reviens jamais plus. » Elle lui attacha l'enfant sur le dos, et la malheureuse femme s'en alla en pleurant. Elle entra dans une grande forêt sauvage et se mit à genoux pour prier Dieu, et l'ange du Seigneur lui apparut et la mena vers une petite maison qui avait une enseigne disant : « Ici, chacun loge librement. » De la maisonnette sortit une jeune vierge blanche comme neige qui lui dit : « Soyez la bienvenue, Madame la reine », et la fit entrer. Elle délia l'enfant du dos de la reine, le coucha sur le sein de sa mère pour qu'il puisse boire, et alla ensuite coucher l'enfant dans un beau petit lit tout prêt. La malheureuse femme lui demanda alors : « Comment as-tu su que j'étais reine ? » La vierge blanche répondit : « Je suis un ange envoyé de Dieu pour prendre soin de toi et de ton enfant. » Elle demeura dans la maison pendant sept années et y fut bien soignée, et par la grâce de Dieu et à cause de sa grande piété, ses mains coupées lui repoussèrent.

Lorsque le roi rentra enfin de la guerre et retrouva sa maison, son premier souci fut de voir sa femme et son enfant. Sa vieille mère se mit à pleurer et lui dit : « Méchant homme, comment as-tu pu m'écrire d'ôter la vie à ces deux âmes innocentes ? » Elle lui montra les lettres que le Démon avait falsifiées, puis elle ajouta : « J'ai fait ce que tu m'avais commandé », et elle lui montra comme preuves la langue et les yeux. Le roi se mit alors à pleurer si amèrement sa pauvre femme et son jeune fils que sa vieille mère en fut émue de compassion et lui dit : « Console-toi, elle est encore en vie. J'ai fait égorger une biche en secret, pour prélever sur elle les preuves exigées ; quant à ta femme, je lui ai attaché l'enfant sur le dos, je l'ai envoyée de par le vaste monde, et je lui ai fait promettre de ne plus jamais revenir ici, à cause de ta colère contre elle. » Le roi dit alors : « Je veux partir et aller aussi loin que s'étend le bleu du ciel, sans boire ni manger, jusqu'à ce que j'aie retrouvé ma chère femme et mon enfant, s'ils ne sont pas morts par accident ou de faim depuis le temps. »

Le roi parcourut le monde pendant sept années, les cherchant dans toutes les fentes de rocher et les cavernes, mais il ne les trouva pas et pensa qu'ils étaient morts d'épuisement. Il ne mangea ni ne but durant tout ce temps, mais Dieu le soutint. Enfin, il entra dans une grande forêt où il trouva la petite maison avec l'enseigne qui disait : « Ici, chacun loge librement. » La vierge blanche sortit, le prit par la main, le fit entrer et lui dit : « Soyez le bienvenu, Sire roi. » Puis elle lui demanda d'où il venait. Il répondit : « Cela fait bientôt sept ans que j'erre à la recherche de ma femme et de son enfant, mais je ne les trouve nulle part. » L'ange lui offrit à boire et à manger, mais il refusa, désirant seulement se reposer un peu. Il s'allongea donc pour dormir et se couvrit le visage d'un mouchoir.

L'ange entra alors dans la chambre où se tenait la reine avec son fils qu'elle avait l'habitude d'appeler Riche-en-Douleurs, et il lui dit : « Viens avec ton enfant, ton mari est là. » Elle alla où il était couché et le mouchoir tomba par terre. Elle dit à son fils : « Riche-en-Douleurs, ramasse le mouchoir de ton père et couvres-en son visage.» L'enfant ramassa le mouchoir et le replaça sur le visage du roi. Celui-ci avait tout entendu dans son sommeil et il fit retomber le linge. Impatienté, le petit garçon dit à sa mère : « Ma mère chérie, comment puis-je couvrir le visage de mon père, puisque je n'ai pas de père en ce monde? J'ai appris la prière "Notre Père qui êtes aux cieux", et tu m'as dit alors que mon père était au ciel et que c'était le Bon Dieu — comment pourrais-je connaître un homme si sauvage ? Celui-ci n'est pas mon père.» En entendant cela le roi se redressa et demanda à la jeune femme qui elle était. Elle dit : « Je suis ta femme, et voici ton fils Riche-en-Douleurs.» Voyant ses mains vivantes, il dit : « Mon épouse avait des mains d'argent.» Elle répondit : « Mes mains naturelles ont repoussé par la grâce de Dieu », et l'ange passa dans la chambre voisine et en revint avec les deux mains d'argent pour les lui montrer. Le roi vit alors que c'étaient en vérité sa chère femme et son fils aimé, et il les embrassa avec joie, et leur dit : « Une lourde pierre a été ôtée de mon cœur.» L'ange de Dieu leur servit à manger une dernière fois ensemble, puis ils rentrèrent chez eux auprès de la vieille mère. Il y eut partout grande liesse : le roi et la reine célébrèrent leurs noces une nouvelle fois, et ils vécurent heureux jusqu'à leur fin bénie.

Le personnage folklorique du meunier est très ambivalent. D'un point de vue naïf, celui du paysan, moudre le blé n'est pas un vrai travail. Le meunier est le seul paysan qui ne travaille pas : il a l'astuce de faire travailler à sa place l'eau ou le vent. Le mot grec *mêchanê*, qui a donné « mécanique », signifie artifice. Jadis le grain était broyé par des animaux ou des esclaves qui tournaient sans fin une meule de pierre, ce qui représentait un travail terriblement pénible. L'utilisation de l'énergie hydraulique ou éolienne est l'une des premières inventions humaines.

Le folklore contient d'innombrables histoires où un riche meunier exploite les paysans laborieux du voisinage : il décide des prix d'achat du grain et de vente de la farine, il a la ruse qui lui permet d'exploiter le paysan à l'esprit primitif et se trouve donc en conflit avec lui. Il est l'objet tout trouvé d'une projection qui fait de lui un esprit mauvais et un associé du diable.

Mais le moulin est aussi une invention très ingénieuse, qui utilise les énergies naturelles et qui est à la fois créatrice et habile ; de plus, la roue a la forme d'un mandala. Le meunier, par son intelligence, sait rendre le blé comestible. C'est pourquoi il est aussi une sorte d'Hermès-Mercure et appartient à la même famille mythologique que ce dernier. Le meunier apparaît donc souvent aussi dans le folklore dans un rôle bienfaisant : il emmagasine la farine à l'époque de l'abondance et distribue les réserves en période de disette. Il est le protecteur du pays. On peut donc dire de lui qu'il possède la qualité mercurielle de la conscience humaine que l'on peut employer au bien comme au mal. Mais dans notre récit il se trouve au bout de ses ressources et c'est pourquoi il vend quelque chose au diable ; l'on peut dire qu'il est alors très proche de son ombre. Bien qu'il agisse à moitié innocemment, dans ce moment de difficulté quelque chose en lui tombe aux mains du démon. Cela traduit le mauvais usage que l'on peut faire de la conscience intellectuelle et l'abus éthique de capacités qui ne relèvent pas du domaine de l'éthique ; c'est la tentation à laquelle risque de succomber toute personne intelligente dans un moment de difficulté. Si vous vous trouvez en difficulté, et que vous soyez honnête, vous avouez avoir besoin d'aide ; mais si vous êtes malhonnête, vous faites appel à de mauvais moyens ; l'intelligence, cette qualité supérieure de la conscience, est alors employée à des fins illégitimes.

Je n'ai pas l'intention de parler ici de la déchéance morale qu'entraîne l'usage immodéré de la technologie dans notre civilisation. Le nœud du problème se trouve contenu dans l'abus qui consiste à se sortir d'une difficulté par un artifice conscient. Ce que nous perdons à ce marché, c'est notre âme ; nous imitons le meunier, qui, pensant ne sacrifier qu'un petit coin de nature,

« que » son grand pommier, perd sa fille. Ainsi, lorsque nous décidons la construction d'une nouvelle grande centrale hydraulique dans les Alpes, nous pensons ne sacrifier que quelques arbres et quelques prés. Nous n'avons pas assez conscience de notre légèreté vis-à-vis de la nature et nous vendons ainsi nos âmes au diable, perdant dans ce marché un certain nombre de ressources psychologiques. En ville, la vue est toujours la même : la lumière électrique, les voitures, les maisons ; il nous manque ces instants revivifiants de réalité — l'impression mystérieuse d'une sombre nuit pluvieuse, la beauté d'un paysage au clair de lune, un ruisseau d'eau claire qui court sous les saules où l'on se désaltère — le visage toujours changeant que revêt la nature dans un paysage préservé.

Nous ne pouvons plus partager les expériences émotives de nos ancêtres, qui ont été l'une des constituantes de l'homme depuis son origine ; la pleine lune, le sifflement du vent dans les arbres nous ramènent à l'instinct et à la vie inconsciente de toujours. Il y a là tout un niveau d'émotions qui enrichit nos vies et nous relie à nos forces ancestrales. La technologie industrielle nous ravit cela et nous ne percevons pas que nous sommes perdants si nous ne faisons pas marche arrière. C'est pourquoi il est nécessaire de nous retremper, au moins une fois l'an, dans la nature. Certaines personnes sont assez conscientes pour être émues et gênées par la « mort du pommier », mais le pire n'est pas là, le pire, qui est lié à la perte de l'arbre que nous abattons, est la destruction que cela entraîne de toute la vie de la psyché qui lui correspond — de ces expériences qui appartiennent à l'agencement même de la nature en nous.

Du point de vue du meunier, sa fille représente une partie de son anima — c'est-à-dire cette partie de sa vie affective et émotive — qu'il vend aux forces du mal en renonçant à l'arbre, et qui tombe dans les mains du diable. Envisagé du point de vue féminin, c'est le tableau d'une femme qui, en raison d'une constellation spécifique de son complexe paternel, est tombée dans la plus grande détresse. Elle est victime de l'attitude de son père. Que signifie le fait pour le père de vendre sa propre fille au diable parce qu'il est à bout de ressources ? Si un meunier se trouve dans de pareilles difficultés, cela peut signifier soit que dans une catastrophe collective générale, par une attitude tout à fait asociale, il cherche à sauver sa propre peau au dépens des autres, soit, si son problème est individuel, que quelque chose ne va pas à son moulin : ou bien il fait payer trop cher la farine, ou c'est un mauvais ouvrier, ou quelque chose de ce genre. Dans ce second cas, il devrait se demander la raison pour laquelle son moulin et ses affaires tournent mal, pourquoi il est le seul à souffrir, de quoi il s'est rendu coupable ou quelles lois de la vie il a transgressées. Dans le conte, il paraît s'agir de la seconde hypothèse et que son problème soit personnel. Symboliquement parlant, les positions intellectuelles de l'esprit humain ont tendance à s'épuiser ; si on a fait appel pendant trop longtemps à un certain aspect de la conscience, on tombe dans la routine. La conscience a besoin de durée, de régularité, mais non de monotonie qui peut dégénérer en habitude, et c'est la perte de l'âme.

C'est ainsi que le meunier qui finit par ne plus remplir sa fonction pourrait être un professeur, un homme d'affaires, un médecin, un architecte ou qui que ce soit faisant mauvais usage de ses capacités : la fonction supérieure est usée par la routine ; au lieu de moudre la farine, il ne fait plus que ruminer. Pour une femme, ce pourrait être une infirmière ou une mère devenue une automate au sourire figé, qui apporte la soupe et donne les soins et dont l'efficacité n'est plus qu'une habitude et une technique. Elle met un masque, mais, pardessous, elle s'ennuie à mourir, ce qui est une maladie due à l'abus de son sentiment extraverti. Ce n'est donc pas seulement la pensée qui a tendance à s'épuiser, mais toute fonction ou activité mentale qui n'est plus irriguée par la vie. Alors apparaît le moment diabolique où le meunier, au lieu de regarder en face sa pauvreté et de découvrir l'importance du pommier ou de quelque chose d'analogue, veut continuer dans la même voie ; ce faisant, il vend sa propre âme et celle de sa fille. Il fait le mauvais choix. Il faudrait être plus souple et plus courageux, capable de voir et d'assumer le fait que la situation est en train d'évoluer vers une crise, en se posant la question : quelles sont les autres possibilités offertes par la vie ? Si, au lieu de cela, on persiste à vouloir continuer dans la même voie, on vend au diable ses propres ressources psychologiques. Si un homme se comporte ainsi, son anima et son éros dégénèrent ; s'il a une fille, celle-ci va grandir face à un père qui réussit dans ses affaires, le domaine scientifique, ou quoi que ce soit d'autre, mais qui n'a pas de cœur. Du point de vue affectif, il néglige sa fille. Il ne prend pas la peine de lui parler, de jouer ou de flirter un peu avec elle, ce qu'il devrait faire jusqu'à un certain point, mais ses activités ne lui en laissent ni le loisir, ni l'envie.

La fille n'a pas été nourrie par la fonction d'éros, le sentiment de son père. Ce conte nous montre qu'une telle fille n'étant pas satisfaite au plan affectif, un animus démoniaque, un intellectualisme destructeur, sous une forme ou une autre, risque de prendre possession d'elle. Elle sera ou très ambitieuse ou très froide et prendra la relève de son père, reproduisant son comportement sous la conduite d'un animus efficace et calculateur. Notre héroïne réagit à un tel héritage d'une manière typique : prenant conscience du terrible danger, elle préfère une mutilation à la perte de sa liberté intérieure, et sait qu'elle doit quitter ses parents.

Je me souviens d'un exemple qui illustre bien ceci. Cette femme avait un père qui était un homme d'affaires très puissant, très entreprenant et très actif dans le domaine politique, mais de glace et n'ayant pas de vie conjugale ni d'amour pour ses enfants. Il se comportait à la maison comme un taureau ou un nuage menaçant et lourd d'orage, sans relation humaine ; son éros était complètement dégénéré. Après sa mort, sa fille se consacra à diverses activités intellectuelles ; elle s'essaya à l'art et à la philosophie. Mais chaque fois qu'elle abordait un domaine relevant d'une activité dite masculine, son comportement tenait de la frénésie. En philosophie elle dévorait les livres, comme l'aurait fait une machine : elle était littéralement possédée du diable. Quand elle essaya de faire de la musique, elle tomba amoureuse de son professeur de piano : elle étudiait jour et nuit et il la poussait à cela avec sadisme. Elle perdit tous ses amis, toutes ses relations, mais, étant plus ou moins normale par ailleurs, sensible et intelligente, elle prit conscience de ce qui se passait et comprit que tout ce qu'elle entreprenait était mené par elle de manière destructrice, si bien qu'abandonnant toute autre tentative, elle se cantonna dans ses occupations ménagères et devint peu à peu complètement passive. Elle avait le choix entre conserver ses mains et tomber dans celles du diable, ou renoncer à toute activité intellectuelle et perdre ses mains. Jusqu'à quarante ans, elle demeura dans cette passivité. Elle était comme quelqu'un qui resterait perché dans un arbre parce qu'un monstre l'attend au pied : si elle en descendait, elle était prise par le démon. Dans un cas de ce genre, avant de lui enjoindre d'en descendre, il est prudent de demander à la personne *pourquoi* elle est là-haut ! Il est probable que la solution qui l'attend en bas est par trop difficile. Dans le conte, la jeune fille choisit une voie de sacrifice héroïque : celle qui consiste à se tenir à l'écart du diable en renonçant à participer à la vie extérieure plutôt que de tomber entre ses mains.

Nous avons vu qu'il ressort clairement du texte même du conte que les difficultés de la jeune fille proviennent de son complexe paternel. Son père, à un moment de sa vie, a dû trahir son propre inconscient ; afin de réussir dans sa vie professionnelle et sociale, ou de sortir à bon marché de quelque difficulté, il a vendu son anima (l'aspect inconscient de son éros) au diable. En conséquence, sa fille est victime de l'ombre de son père ; elle souffre de ce que, au lieu de résoudre correctement son propre problème, il a esquivé le conflit. La fille est donc menacée par un animus redoutable : qu'elle s'essaie à quelque chose dans le domaine intellectuel ou qu'elle s'affirme en tant que personne autonome, elle risque d'être possédée par son propre animus négatif ou par un accès de volonté de puissance, et de devenir aussi froide, impitoyable et brutale que l'était son père. Tout ce qu'elle peut faire est de se tenir à l'écart de toute vie de l'esprit.

C'est ce que fait notre héroïne : elle pleure au point que le diable ne peut l'approcher. Elle se protège du danger par une simple attitude, par des larmes qui la lavent, mais le diable insiste et son propre père doit lui couper les mains. Elle est donc mutilée et incapable d'exercer une activité quelconque, tout comme la femme qui essaya de faire du piano ou d'écrire se trouva possédée au point de ne pouvoir continuer.

L'animus non intégré est une sorte d'homme primitif, tout comme l'anima non intégrée est une sorte de femme primitive qui en fait trop, puis s'effondre. Dans les civilisations archaïques, on ne se consacre pas aux activités de façon régulière. Il y a des périodes où l'on s'acharne à travailler, à chasser ou à se battre, déployant une énergie énorme, mais ensuite on semble s'assoupir pour un temps. Le rythme naturel de l'être humain, comme celui de l'animal, est irrégulier et l'animus tend de façon générale à avoir le même comportement. Cela est considérablement aggravé là où est constellé un puissant complexe paternel.

La jeune fille, ayant quitté la demeure de ses parents, arrive à un jardin royal. Elle a si faim qu'elle désire manger quelques-unes des poires qui s'y trouvent. Le jardinier voit bien qu'il ne s'agit pas d'une voleuse ordinaire puisqu'un ange l'accompagne pour la protéger. Il raconte au roi ce qu'il a vu. Celui-ci découvre la jeune fille, l'épouse et lui fait don de mains d'argent.

On se souvient que le père avait cru vendre un pommier au diable. Ici apparaît le symbole de l'arbre[1]. Cette

1. Sur le symbolisme de l'arbre, cf. C.G. Jung, *Les Racines de la conscience*, trad. cit., Livre VI. (N.d.T.)

image archétypique prend un sens particulier lorsqu'elle est mise en relation avec la psychologie masculine. Il existe des contes de fées dans lesquels un roi possède un jardin magnifique qui produit des pommes d'or ; il s'aperçoit qu'un oiseau d'or en dérobe une chaque jour et envoie ses fils à sa recherche[2]. Le thème du roi dont le jardin regorge de fruits rares que des puissances invisibles lui dérobent est très fréquent. En général, comme le dit Jung dans *Mysterium conjunctionis*, au chapitre consacré au roi et à la reine[3], le roi représente la dominante du conscient collectif ; il est par conséquent habituellement aussi un symbole du Soi, dans son aspect relativement accessible, puisque reconnu par la société où le conte s'est formé.

Or, de semblables représentations courent toujours le risque de ne plus exprimer la totalité du Soi, mais seulement l'un ou l'autre de ses aspects, exactement comme la conscience individuelle est constamment menacée de ne plus traduire de façon adéquate la situation psychologique de la personne dans sa totalité : la vie a une telle richesse et se transforme de façon si continuelle qu'il faudrait à la conscience une très grande souplesse pour être capable d'exprimer tout ce qui se passe en elle. Or la conscience est rarement capable de cette attitude idéale et a toujours tendance à être trop étroite ou à demeurer trop longtemps sur une même voie, c'est là une des raisons pour lesquelles nous avons besoin que des rêves viennent nous informer des nouvelles conditions de vie, tant intérieures qu'extérieures. L'individu, comme la conscience collective, a constamment besoin de s'adapter. On remarquera que les légendes et la mythologie ont tendance à nous présenter des rois impotents, malades, impuissants ou vieillissants

2. Cf. « Le prince Hassan Pacha », conte du Turkestan, commenté dans M.-L. von Franz, *La Voie de l'individuation dans les contes de fées*, trad. cit., pp. 213 et sv. (N.d.T.)
3. C.G. Jung, *Mysterium Conjunctionis*, trad. fr. d'Etienne Perrot, Paris, Albin Michel, 1980-1982. Tome 2, chap. I. (N.d.T.)

plutôt que resplendissants de santé ; ainsi en est-il du roi-pêcheur du Graal. Cela provient de ce qu'ils sont le symbole de l'inadéquation de l'attitude collective, à laquelle le mythe ou le conte tente de proposer une solution.

Du point de vue de la psychologie individuelle, le Diable voleur est la personnification d'un contenu inconscient qui soustrait de la libido à la conscience. Lorsque vous êtes déprimé, que vous vous levez le matin de mauvaise humeur et que tout se met à vous paraître ennuyeux et insipide, c'est que quelque chose vous dérobe votre énergie. L'homme primitif qui se réveille dans cet état dit que quelqu'un lui a volé le gras de ses reins ou une de ses âmes, il va voir le guérisseur pour les retrouver et se garde bien d'entreprendre quoi que ce soit tant que tout n'a pas été remis en ordre. Ces pertes de vitalité et d'intérêt indiquent que la vie s'est momentanément retirée du champ de la conscience, ce qui est généralement dû au fait qu'un complexe s'est constellé dans l'inconscient et y attire l'énergie. Sur le plan conscient on est envahi par l'ennui et un sentiment de lassitude, tandis que le contenu des rêves s'enrichit : un flot de vie s'accumule dans l'inconscient, qu'on ne peut saisir. Lorsque la face féminine du Soi ou l'anima refoulée se mettent à attirer l'énergie de la conscience collective ou à la troubler, cela se traduit dans l'inconscient collectif par une sorte de sourde opposition, une inertie qui cherchent à forcer indirectement l'homme à changer d'attitude. Quand, de son côté, une femme ne peut évoluer comme il serait nécessaire, elle a la réaction naturelle et typique de se montrer désagréable et renfrognée et de gâcher le plaisir de l'homme en lui disant toujours : « Non ». Elle lui rend l'atmosphère irrespirable, mais derrière sa passivité hargneuse se cache l'intention à demi inconsciente d'acculer l'homme à se transformer.

Jung citait souvent le mythe Hopi où il est dit qu'à l'origine ces Indiens vivaient dans les couches profondes de la terre. Chaque fois qu'un de ces niveaux se trouvait surpeuplé, les femmes rendaient la situation si intolérable que les hommes étaient forcés de trouver le moyen d'atteindre la couche supérieure, si bien que les femmes, qui elles-mêmes ne faisaient rien, forcèrent peu à peu par leur mauvaise humeur les hommes Hopis à accéder au monde de la conscience. Il se passe quelque chose d'analogue lorsqu'une femme se met à devenir exigeante sur le plan affectif. Surtout si elle n'a pas reçu suffisamment d'attention dans sa jeunesse, elle est habitée par une sorte de faim psychologique, de demande, à l'égard de l'homme. Cela peut aller jusqu'à une attitude infantile, mais si cela demeure dans les limites raisonnables, cela peut devenir bénéfique à la relation, car dans le domaine de l'éros, l'homme est guetté par la paresse. Si la femme s'abstient de toute revendication, il peut très bien se laisser aller, pensant qu'il doit s'occuper de choses plus importantes. Si la femme lui rappelle de temps à autre qu'elle a besoin d'une certaine dose d'attention, de sollicitude et d'échanges, il en résulte pour l'anima de l'homme un effet positif qu'il reconnaîtra s'il y prend suffisamment garde. C'est ainsi que la jeune fille, en volant des fruits dans le jardin, non seulement se nourrit, mais attire sur elle l'attention du roi.

On regarde généralement les pommes comme un symbole masculin et les poires comme un symbole féminin. L'on peut voir ici une étrange analogie avec le jardin d'Eden, où Eve fut poussée à prendre le fruit et à en manger avant de le tendre à Adam ; là, ce n'était pas l'ange mais le diable qui le lui avait offert. Cette inversion s'explique par un changement qui s'est opéré au cours du temps. En effet, dans la Genèse, la pomme représente la connaissance du bien et du mal qui rendrait les hommes semblables à Dieu ; c'est-à-dire que dérober et manger le fruit serait entrer dans le domaine de la totalité divine. C'est le péché de Prométhée que de vouloir dépasser l'inconscience naturelle du Paradis. Le péché est de vouloir devenir conscient et d'intervenir dans le cours naturel du monde, ce dont s'offense la nature, ou, dans le cas de la Genèse, le Créateur. Mais plus tard les Pères de l'Eglise, à la suite de l'apôtre Paul, commencèrent à envisager ce mythe de façon un peu différente : si Eve n'avait pas mangé le fruit et ne l'avait pas donné à Adam, l'homme ne serait pas tombé dans le péché, il n'aurait pas été chassé du Paradis et Dieu ne se serait pas incarné ; le Christ ne serait pas né, n'aurait pas vécu comme homme et il n'aurait pas été crucifié sur la terre. Et comme, du point de vue chrétien, ce fut là le don le plus précieux de la grâce divine, ce péché fut une *felix culpa* — un péché bienheureux — une faute aux conséquences positives.

Dans la légende médiévale du saint Graal, Perceval n'ose pas violer le tabou qui garde l'entrée dans la connaissance. Il omet de poser la question concernant le Graal ou la blessure du roi, parce qu'on lui a dit qu'interroger était enfantin. Dans la légende, il est comparé à Adam et on l'appelle souvent le troisième Adam, par opposition au premier et au second Adam, le Christ. Le péché de Perceval consiste à ne rien demander, tandis que celui du premier Adam fut de s'aventurer dans le domaine de la connaissance en en goûtant le fruit. Cela reflète une lente évolution de l'attitude envers la conscience : il semble qu'à présent, si l'on en croit, en particulier, les matériaux oniriques, ce soit un péché de ne pas devenir conscient, tandis qu'à l'origine on ressentait que c'en était un de le devenir. Cependant, sous une forme un peu différente, nous retrouvons de nos jours cette appréhension chez nombre de personnes qui, à propos de psychologie des profondeurs et d'analyse, prétendent que l'on ne devrait pas remuer de telles choses et qu'il ne faut pas troubler l'eau qui dort de crainte de réveiller les monstres. Il est suffisant, disent-elles, de suivre son bon sens et d'obéir à la règle générale et il est inutile d'en savoir davantage et d'avoir une attitude personnelle vis-à-vis de ces choses. Mais nous savons que c'est aussi pécher contre la nature que de refuser la conscience. Si une personne vit en-dessous de ses possibilités ou prétend en savoir moins qu'elle ne le devrait, on voit naître en elle des sentiments de culpabilité ou d'autres symptômes névrotiques. Nous sommes donc encore aujourd'hui face au paradoxe que c'est un péché de devenir conscient et que c'en est un de demeurer inconscient. Puisque nous ne pouvons plus vivre dans un état d'innocence édénique, il ne nous reste plus qu'à déterminer notre attitude en décidant quel péché nous préférons. Cependant, la vie nous montre que l'un est régressif et mène à la stagnation, tandis que l'autre va dans le sens de la vie. Ce sont les rêves et les circonstances vitales qui montrent à chacun dans quelle mesure il est de sa nature de devenir davantage conscient.

Dans notre conte, il est certain que le vol commis dans le jardin royal entraîne un résultat positif puisqu'il attire l'attention du monarque sur la jeune fille, que celui-ci l'épouse et qu'il lui fait don de mains d'argent. Celles-ci, sans avoir la valeur de celles qu'elle aura plus tard, lui permettent d'être à demi-valide. Par la suite elle donne naissance à un enfant, mais, suivant un schéma classique, pendant que le roi est parti à la guerre, la lettre lui annonçant l'événement tombe entre les mains du Mauvais, de même que la réponse du roi, si bien que la reine et son enfant sont chassés dans la forêt. Les récits varient : le plus souvent ce n'est pas le Diable qui subtilise la lettre, mais la cruelle belle-mère, poussée par la jalousie. Ici, la belle-mère de la jeune reine n'est pas méchante. Elle essaie de sauver la vie de la mère et de l'enfant et reproche au roi sa soi-disant cruauté. Cela est intéressant, car cela reflète une évolution : le principe du mal (le Diable), n'est pas identifié à la femme. Il est distinct des êtres humains qu'il se contente d'influencer.

Nous avons vu que l'héroïne représente le cas de la femme obligée de vivre de façon complètement passive et purement féminine, parce qu'elle est menacée de tomber dans un état pathologique dès qu'elle en sort. Mais la solution qui consiste à échapper au diable en se maintenant à l'écart de la vie ne peut être qu'une solution temporaire. Tôt ou tard la vie réclamera ses droits, le problème réapparaîtra, et très souvent, comme c'est le cas ici, après le mariage. Ainsi, bien des jeunes filles renoncent à faire des études et à se cultiver l'esprit, parce qu'elles sentent, parfois à juste titre, que de le faire serait tomber aux mains de leur animus, et les empêcherait de se marier. Mais si l'une d'elles fonde un foyer sans avoir apaisé sa soif de culture, le problème resurgira. Elle a fui la possession par l'animus en se mariant, mais le besoin secret demeure de développer l'autre aspect d'elle-même, et il est très fréquent qu'elle tombe alors sous le coup d'une sorte d'agitation insatisfaite, de révolte ou de dépression. Le diable réapparaît donc et, cette fois, vient troubler la vie conjugale et familiale.

C'est ainsi que le complexe paternel de l'héroïne se heurte au complexe maternel du roi, ce qui crée des difficultés. Elle est condamnée à la passivité et à la solitude, à l'inactivité sociale, si elle veut se sauver du diable. Si une telle femme épouse un homme doté d'un complexe maternel, sa mère ou sa belle-mère viendra prendre la situation en main. La jeune mère étant passive et plutôt négative, incapable de prendre un parti bien précis, la belle-mère interviendra et décidera, par exemple, ce qu'il faut faire pour Noël, et ce dont le bébé a besoin. La jeune femme ne peut s'opposer à cet état de fait, car la belle-mère comble un vide. Dans des conditions normales, une jeune femme est capable de se défendre contre la femme plus âgée, mais s'il lui faut en même temps protéger son domaine intérieur secret, elle n'aura pas l'énergie et la possibilité de se défendre à l'extérieur. Toutes les fois qu'une femme est contrainte à une grande passivité pour échapper au démon qui la poursuit, elle devient une sorte de martyre : le fait même qu'elle se laisse faire, qu'elle soit trop solitaire et n'exige rien, induit les autres à abuser d'elle. Le diable est alors attiré de l'extérieur. Mais la situation ainsi créée a un sens, car, à moins d'être persécutée, c'est-à-dire acculée à trouver des ressources en elle-même, cette femme ne retrouvera jamais ses mains vivantes ; elle gardera des mains artificielles jusqu'à la fin de ses jours. Tel est le thème traité tout au long du conte.

Interprété sur le plan du sujet et du point de vue de la femme, le roi, n'étant plus considéré comme le mari mais comme une figure intérieure d'animus, représente une dominante collective de valeur positive. La femme adopte les idées en cours sur la religion, le devoir, la conduite personnelle et règle sa vie sur les normes admises par tous. Cela revient à remplacer une attitude psychique spontanée par une attitude artificielle ; elle accomplit ce qui est juste par devoir et parce que c'est ce qui se fait. Elle a un comportement normal, mais dépourvu de sentiment. C'est ce que signifient les mains artificielles. Le fait qu'elles soient en argent, métal lunaire, tendrait à montrer que ces idées ambiantes sont tout de même adaptées à sa nature féminine, même si elles ne sont pas encore naturelles et individualisées. Chez elle l'éros positif vivant ne peut s'incarner totalement. Nous voyons cela, par exemple, chez des femmes blessées par un complexe maternel négatif ou une image paternelle néfaste. Elles ont beaucoup de mal à élever leurs enfants puisque leurs réactions spontanées vis-à-vis d'eux sont ou bien insuffisantes ou bien inexistantes. Les enfants les perturbent ou les lassent, car elles n'ont pas assez d'instinct maternel positif et d'énergie disponible pour pouvoir accepter les corvées et la routine quotidiennes qui consistent à changer les couches du bébé, à supporter le chahut des aînés, et à tenir en ordre la maison.

D'un certain point de vue les enfants sont terriblement éprouvants, mais une femme dotée d'un instinct maternel et de conditions de vie normales peut les supporter. S'il lui arrive d'être excédée elle élèvera la voix, mais les choses n'iront pas trop loin et ne nuiront pas à la chaleur de la relation maternelle. Mais si une femme souffre d'un complexe paternel ou maternel négatif non assumé, celui-ci aura sur elle un aspect destructeur qui l'entraînera à dépasser les bornes. Ou encore elle compensera son absence de spontanéité par l'attitude de la « mère parfaite » qui supporte toute l'irritation que lui causent les enfants. Mais l'opposition en elle, pour être inconsciente, n'en est pas moins forte et, en s'accumulant, peut l'amener à se détacher de l'enfant sans raison, ce qui est l'équivalent d'un meurtre inconscient et représente quelque chose d'encore plus terrifiant. Ces mères ne parviennent pas à s'avouer qu'en un certain sens elles haïssent leur enfant. Au lieu de cela elles surcompensent en lisant des livres de pédagogie et essaient d'être aussi parfaites que possible. Faute de spontanéité, elles ont recours aux recettes, aux normes collectives ou aux théories psychanalytiques.

Cette situation n'a pas de conséquences seulement dans le domaine de l'éducation des enfants. Toutes les fois qu'une femme a en elle un animus destructeur non intégré, toutes les activités qui font appel à l'éros, dans sa relation à son mari et aux autres, seront accomplies d'une manière artificielle. Ce qu'elle ne peut donner par sentiment, elle l'accomplit à force de volonté : la spontanéité étant insuffisante pour produire l'action instinctive, les mains artificielles doivent remplacer celles qui ont été coupées. La règle collective prend la place de l'instinct. Ces personnes ont souvent conscience d'avoir en elles une zone morte, maudite. Et la recherche inquiète se poursuit, comme si le diable s'agitait à l'arrière-plan sans vouloir les laisser en paix.

Dans notre conte, le diable intervient de nouveau et crée des malentendus entre le roi et la reine, si bien que cette dernière est accusée d'avoir mis au monde un enfant-gnome. Elle est chassée dans la forêt et trouve refuge dans une chaumière solitaire, sous la protection d'un ange. Rejetée dans la nature, elle est acculée à trouver une relation avec son animus positif au lieu de se conformer aux règles collectives. Elle doit plonger dans la profondeur d'elle-même. Au lieu de la forêt, ce pourrait très bien être le désert, ou une île dans la mer, ou le sommet d'une montagne. Elle se trouve isolée dans le silence d'un pays vierge, ce qui signifie qu'il lui faut se retirer au fond de sa propre solitude. C'est le moment où une femme comprendra que, bien qu'ayant un mari et des enfants, ou un métier, elle n'est pas vraiment vivante. Parce qu'elles sont si dépendantes d'une vie relationnelle et qu'elles la désirent tant, la plupart des femmes ont beaucoup de mal à s'avouer à quel point elles sont seules et à en accepter le fait. Se retirer dans la forêt serait accepter consciemment sa solitude et ne pas essayer de créer artificiellement des relations qui ne résolvent en rien le problème. L'expérience m'a montré qu'il est très douloureux mais très important pour les femmes de prendre conscience de leur solitude et d'y faire face. Le terrain vierge est cette part de la psyché qui est demeurée intouchée, sans contact avec les activités et les idées reçues ; y séjourner serait se retirer non seulement des vues et des opinions de l'animus, mais de toute impulsion à obéir aveuglément à ce que la vie sociale semble exiger. Vivre dans la forêt correspond, psychologiquement, à plonger au plus profond de son être intérieur individuel pour, libre de toute convention, en faire la découverte. La vie végétative est une vie spontanée qui apporte la guérison à une femme détruite par un animus ou un complexe maternel négatifs, car elle permet à sa véritable nature de monter en elle et de s'exprimer.

Dans de nombreuses histoires, des femmes sont persécutées, non par le diable, mais par leur belle-mère, si bien que toute la seconde partie de ces contes se rapporte au complexe maternel négatif en même temps qu'au complexe-père, associé au diable. Dans tous les cas, la jeune fille est condamnée à la passivité et doit retrouver la partie de son âme demeurée intouchée. En pratique, si l'on demande à une telle femme ce qu'elle ferait si elle pouvait se dégager de toutes les contraintes de la vie extérieure, elle répond avec désespoir qu'elle n'en sait rien : elle ne se sent capable que de s'asseoir sur le bord de son lit pour pleurer. Vous pouvez lui demander si elle n'aimerait pas parler à quelqu'un, écouter de la musique, prendre contact avec des amis, avoir une activité, mais rien ne l'attire. Si l'on considère les choses sous un autre angle, on peut dire que de retourner à cette couche primitive signifie que l'on ne peut pas vivre au niveau ordinaire qui est celui des autres êtres humains et que c'est une régression. D'un point de vue extraverti, cela apparaît ainsi, mais en réalité les énergies psychiques se sont retirées de la vie extérieure pour se réorganiser et se restaurer. Il ne s'agit ni d'une diminution de vie, ni d'infantilisme, mais d'une intériorisation. La forêt est le lieu où les choses commencent à changer pour l'héroïne et à revivre ; c'est donc une régression créatrice où elle fera l'expérience de la réalité divine et d'où elle sortira non seulement guérie, mais incomparablement enrichie.

La jeune fille rencontre l'ange dans la forêt. Si quelqu'un atteint le point zéro où la vie ne signifie plus rien, alors, dit le conte de fées, qu'il retourne complètement à la nature. Selon mon expérience, c'est en effet bien souvent ce qu'il convient de faire. Il est fréquent d'entendre en particulier des femmes dire que la seule façon pour elles de jouir un peu de la vie et de ne pas être accablées par leurs difficultés, est de faire de longues promenades solitaires dans les bois, ou de s'asseoir au soleil. C'est là une tendance saine, car, dans de tels cas, il semble que seule la nature dans sa beauté et son essence virginales ait le pouvoir de guérir. Les femmes ont souvent une relation positive très profonde avec la nature ; le contact avec les animaux peut aussi être très bénéfique. Un animal familier peut avoir dans de pareils moments plus de prix que n'importe quoi d'autre, parce que sa simplicité et son attachement fidèle sont doux aux blessures qu'elles portent en elles. L'animal a en lui cette totalité innocente et spontanée qui leur manque. La relation avec un être humain est difficile et exige des efforts de différenciation, mais la relation avec un animal est simple, et, si l'on y met du sentiment, elle peut aider à retrouver en soi-même la tendresse perdue. C'est ainsi que dans des récits on voit les animaux devenir des amis des ermites, les nourrir et les protéger.

J'ai d'abord pensé que l'ange avait été intégré à l'histoire ultérieurement, mais il semble qu'il y ait toujours dans ce type de contes un élément de cet ordre. Dans des pays où cette croyance n'existe pas, l'ange peut être remplacé, par exemple, par un oiseau, messager de Dieu [4]. Dans un conte, un vieil homme se révèle être Dieu lui-même, venu aider la malheureuse. L'intervention divine semble donc bien faire partie intégrante de l'histoire et, par conséquent, être significative. Dieu intervient en personne ou par l'intermédiaire d'un messager. En pratique cela signifie que seule une expérience religieuse directe peut tirer cette femme de difficulté : la solitude et l'introversion profonde dans lesquelles elle est plongée et qui, d'un point de vue extérieur et superficiel, pourraient s'interpréter en termes de régression et de maladie mentale, sont en fait la condition d'une rencontre avec la vérité intérieure, figurée par l'ange. L'on peut dire que c'est là l'expérience typique de l'ermite.

Au Moyen Age les ermites étaient nombreux ; en Suisse on les appelait les Frères et les Sœurs des bois. Les personnes qui ne désiraient pas vivre une vie monastique se retiraient seules dans la forêt pour y trouver à la fois la communion avec la nature et des conditions favorables à une profonde introversion. Ces Frères et ces Sœurs des bois étaient parfois des personnalités remarquables, poussées par leur destin spirituel à renoncer à la vie active pendant un certain temps et à s'isoler pour faire l'expérience d'une relation intérieure personnelle avec Dieu. Ceci n'est pas très différent de ce que fait le jeune homme des tribus polaires, d'Afrique ou d'ailleurs, lorsqu'il recherche dans la solitude l'expérience religieuse personnelle et immédiate qui fera de lui un chaman ou un homme-médecine. Le conte nous montre que la seule manière pour cette femme de guérir

---

4. Ainsi, dans certains textes de l'Islam, le perroquet ou le rossignol sont des symboles du Prophète. Cf. M.-L. von Franz, *La voie de l'individuation dans les contes de fées*, trad. cit., p. 112. Cet ouvrage réunit un certain nombre de contes où l'oiseau joue un rôle important. Voir en particulier la conclusion : « Le symbolisme de l'oiseau. » (N.d.T.)

la profonde dissociation et la blessure dont elle souffre est de les transcender. Les normes collectives ne lui servent à rien dans ce cas, car ce serait la ramener à une « normalité » moyenne qui, ne correspondant pas à sa nature, lui serait nuisible. Vivre suivant les conventions serait dissociant pour elle, car elle ne pourra trouver son équilibre qu'à un niveau plus profond et plus individué. Pour elle, la vraie régression serait de s'adapter à une soi-disant normalité. Vouloir, à tout prix, adapter quelqu'un à une normalité moyenne peut mener à la maladie mentale. C'est pourquoi l'héroïne doit nécessairement quitter la société jusqu'à ce qu'elle ait trouvé sa propre vérité. Ce n'est que lorsque celle-ci sera assurée qu'elle pourra retourner à la vie extérieure sans risquer de perdre son identité.

Tout se passe comme si la guérison naissait de l'inconscient lorsqu'au plus profond de la solitude et de la tristesse elle se tourne totalement vers lui ; c'est à ce suprême instant que ses mains lui sont rendues : « ses mains repoussèrent comme auparavant » dit le conte. Les autres versions sont quelquefois plus détaillées, mais parlent toujours d'une guérison naturelle sans intervention spéciale. Dans de nombreuses variantes, les mains guérissent lorsque la jeune femme enlace un arbre de ses bras, c'est-à-dire sous l'effet d'un processus de croissance intérieure naturelle. (Nous retrouvons l'arbre que le père était prêt à sacrifier.) On sait que l'arbre est un des symboles du processus d'individuation. Dans la quête du héros, l'acte héroïque ou la souffrance exceptionnelle sont des conditions du processus, mais parfois également le problème se résout sans que rien de particulier soit accompli.

Il existe dans la psyché un processus naturel de croissance, de maturation et de transformation. Pour quelqu'un qui s'efforce de se comporter selon les normes, attendre, laisser advenir, est parfois ce qu'il y a de plus difficile. Tout en étant un processus naturel de développement, le processus d'individuation s'accompagne toujours d'une suite d'actes conscients. L'arbre ne représente que l'aspect naturel et spontané du processus. Et il existe en effet des situations où la patience et la non-intervention sont la condition de la guérison.

Un parallèle russe fournit une version frappante de la façon dont les mains sont guéries. La jeune femme erre à travers le pays, son petit garçon dans les bras et arrive à une source ; elle désire boire, mais elle a peur que l'enfant ne tombe dans l'eau. Alors l'eau monte lentement et elle a si soif qu'elle se penche et l'enfant glisse et tombe effectivement à l'eau. Dans son désespoir, elle se met à pleurer et à marcher de long en large le long du ruisseau et elle rencontre un vieil homme qui lui dit : « Sors l'enfant ! » A quoi elle répond : « Je n'ai pas de mains ! » Le vieil homme répète : « Sors l'enfant ! » Alors elle plonge les bras dans l'eau et tout à coup il lui pousse des mains de chair pour saisir son fils. A l'instant où elle est sur le point de perdre son enfant, qui est tout ce qui lui reste et le seul être qu'elle aime, elle guérit en le sauvant.

J'ai souvent constaté que ce genre de femmes passives n'étaient pas même capables de se décider à entreprendre une analyse, car cela représentait pour elles un trop grand effort ; elles préféraient rester plongées dans leur désespoir et ne rien faire. Mais s'il s'agissait de sauver leur enfant, si un fils ou une fille devenait névrosé, cela poussait parfois la mère, qui sans cela aurait sombré pour de bon dans la dépression, à s'occuper de son propre problème. Parfois, une activité ou un intérêt peut avoir la même valeur qu'un enfant et la sauver. J'ai connu une femme seule qui n'avait pas le moindre désir de quoi que ce soit, excepté de jouer du piano. Mais elle se mit à souffrir de névrite du bras et n'ayant, en quelque sorte, « plus de mains » elle dut renoncer à cela aussi : ce qui était son enfant intérieur, sa seule joie dans la vie, lui était enlevé ; cela la décida à entreprendre une analyse et à résoudre son problème.

Ainsi, dans le conte russe, la femme n'est d'abord pas capable de sauver de la noyade l'enfant qu'elle chérit. Il faut qu'un messager de Dieu intervienne et lui dise :

« Essaie donc ! » Son état de mutilation et d'incapacité rend nécessaire l'intervention divine, et cela, selon mon expérience, est exact. Tout ce que l'on peut faire dans ces cas, c'est aider ces personnes à avoir la meilleure attitude possible, mais seul un miracle peut guérir la blessure et faire en sorte que la femme soit capable de tendre les bras quand les eaux de la vie lui apportent la guérison.

Jung disait que les femmes souffrant d'un complexe maternel négatif, de même que les êtres très introvertis, manquent souvent, du moins en apparence, la première partie de leur vie ; elles la traversent comme en rêve. L'existence est pour elles une source constante de souffrance et d'irritation. Mais si elles parviennnent à surmonter cette difficulté, elles découvrent dans la seconde moitié de leur existence toute la spontanéité et la jeunesse qui leur ont manqué jusque-là. Bien qu'une partie de la vie ait été extérieurement perdue, la vie intérieure et le sens ont été préservés. C'est là à la fois la tragédie et l'aventure de ces femmes. On n'échappe pas à son destin, il faut en accepter toute la peine, toute la souffrance, avant qu'un jour survienne la solution infiniment simple. *Mutatis mutandis,* le problème est analogue pour les hommes dont l'anima a été blessée par l'animus maternel. Il peut arriver qu'un homme soit dans l'impossibilité de faire jaillir en lui une authentique réaction masculine chthonienne et d'être spontanément viril. Il se comportera extérieurement selon ce qu'il pense être le modèle masculin, mais sans le sentir de l'intérieur. La virilité authentique est quelque chose de si simple que ceux qui ne la possèdent pas ne peuvent la comprendre.

Pour en revenir au point de vue de la femme, celle qui a vécu une expérience semblable à celle du conte a été privée de cette phase de vie extérieure dont la femme possédant un complexe-mère positif aura pu profiter. Mais cette dernière restera dans l'inconscience de certains processus psychiques profonds. La première, par contre, qui, dans bien des cas, a dû faire le tour du monde pour trouver la vie, en aura découvert les richesses et la signification totale, sacrée. Pour elle, le simple fait de vivre est une expérience d'illumination. Elle aura la pleine conscience de ce qu'elle fait, ce qui est le prix de ses souffrances. C'est ce que Jung entendait lorsqu'il disait : « Une partie de la vie a été perdue, mais le sens en est préservé. »

Le roi part à la recherche de sa femme, mais ne la reconnaît pas. Alors, se couvrant le visage d'un mouchoir, il s'étend pour dormir. Sa femme que l'ange a prévenue de la présence de son mari, demande à « *Riche-en-douleurs* » de ramasser le mouchoir qui est tombé et d'en couvrir à nouveau le visage de son père. Le roi reconnaît sa voix et ils se retrouvent. Si nous envisageons la situation de ce couple, cela signifie qu'après une crise dans la vie conjugale d'une violence telle que la femme a dû se retirer temporairement, la relation naturelle se rétablit, après sa guérison. Si le roi représente également, comme il est probable ici, le principe dominant de la mentalité collective, le sens est que cette femme peut désormais se consacrer à ses activités humaines et occuper dans la société une place normale et adaptée ; toute l'étrangeté qui la tenait à l'écart a disparu : elle peut désormais se comporter de façon spontanée et naturelle, et a retrouvé la joie de vivre.

L'enfant s'appelle « *Schmerzenreich* » — qui signifie « Riche-en-douleurs ». Il est le fruit d'une femme qui, ayant traversé l'expérience complète de la souffrance, y a acquis la sérénité et la sagesse. Ayant vécu de grandes épreuves, elle a une maturité qui lui permet tout naturellement d'aider autrui. Les autres iront spontanément vers elle, car ils se reconnaîtront en elle et sentiront qu'elle peut comprendre leur détresse. A partir de ce moment, ce processus peut se poursuivre à condition que l'on soit prêt à accepter de nouvelles épreuves. Un voyageur demanda un jour à un chaman sibérien si, après l'initiation, on pouvait continuer à progresser : il répondit que oui, pourvu qu'à chaque étape l'on soit prêt à en payer le prix de souffrances. Les souffrances obligent à progresser et activent les processus intérieurs. Une femme qui a traversé un sort analogue à celui du conte en sait plus que celles qui n'ont pas vécu une telle situation ; non seulement elle pourra aider les autres, mais elle aura davantage de capacités et de possibilités créatrices.

Les symboles du roi et du soleil sont très liés, comme par exemple dans le symbolisme solaire du pharaon en Egypte, ou dans le titre de « roi-soleil ». Le roi y est la représentation terrestre du principe solaire. En général le soleil a un sens positif, il apporte lumière et chaleur, mais, dans certains cas, il est considéré comme négatif, car il peut consumer comme le « démon de midi » de la Bible. Sous les climats chauds, il anéantit toute végétation en faisant s'évaporer toute humidité. Ainsi, chez les Grecs, les rayons du soleil sont regardés, à l'occasion, comme les flèches meurtrières d'Apollon dont le nom est interprété comme « destructeur » (du verbe *apollumi* : anéantir). De même, on peut dire que la clarté de la conscience raisonnante, si elle n'est pas tempérée par le sentiment, est trop intense et tue. Elle brûle tous ces processus archétypiques mystérieux qui n'ont pas accès au domaine de la conscience collective. Toute personne se trouvant sur le chemin de l'individuation découvrira la nécessité de garder pour elle-même certaines expériences, en particulier dans le domaine de l'amour et du sacré, qui ne peuvent être racontées à personne, pas même, parfois, à l'analyste. Il arrive que l'on apprenne sans le vouloir le secret de quelqu'un et que l'on sente à quel point il est impérieux de se conduire comme si on l'ignorait. Il y a des choses sur lesquelles l'on ne peut même pas se questionner soi-même et qu'il faut laisser dans le clair-obscur pour ne pas les violer, les flétrir et les tuer. Comme le papillon dans le cocon, certains aspects secrets de l'âme ne peuvent se développer que dans le sein de l'obscurité. Le soleil trop clair de la conscience tue la vie. C'est ainsi que, dans la mythologie, des fées ou des trolls, même bienfaisants, sont pétrifiés lorsqu'ils sont frappés par un rayon du soleil : ils ne peuvent vivre que dans la pénombre.

Si nous appliquons le conte au cas d'un homme, on nous dit que, pour retrouver le lien avec son anima, il doit se voiler le visage et se tenir à l'écart du principe de la conscience collective. C'est seulement en fermant les yeux au monde extérieur et, probablement, en refrénant ses tendances à en être le maître, qu'il peut enfin s'unir à son anima et retrouver son épouse. Si l'on applique le conte au cas de la femme et de son animus, le geste du roi de se cacher le visage signifie qu'elle doit écarter les idées religieuses et les principes moraux collectifs pour être libre de réagir selon sa propre vérité. En lui donnant des mains d'argent, le conscient collectif lui a permis d'accéder à un type de vie mi-spontané, mi-factice, et de trouver le minimum d'adaptation nécessaire. Cela revient à dire qu'ici les principes du comportement collectif ne sont pas vraiment négatifs, parce qu'ils n'entraînent pas trop loin. Ces lois, bénéfiques dans une certaine mesure, ne doivent être remises en cause qu'avec tact et discernement, car elles fournissent à cette femme une règle de conduite et une structure morale qui la protègent et l'empêchent de se sentir seule et désorientée. Ce voile est une belle image qui signifie que, dans ce cas, les valeurs collectives doivent être protégées du soleil de la conscience trop critique et asséchante.

C'est un trait caractéristique de l'animus, que d'avoir statistiquement raison, ce qui explique pourquoi nous succombons à son attrait ; mais, surtout s'il est négatif, le malheur veut qu'il n'ait pas raison dans la situation donnée. Si vous dites par exemple à une femme solitaire qu'elle devrait rentrer encore davantage en elle-même, s'enfoncer dans la solitude pour y puiser des forces, elle vous répondra qu'elle a besoin de relations, de distractions, et que l'introversion ne ferait qu'empirer les choses, car elle vit déjà trop isolée. Sur le plan abstrait et rationnel, c'est tout à fait exact, mais cela ne s'applique pas à la situation psychique présente. Ce qui est habituellement vrai se trouve être faux en l'occurrence, dans son cas individuel. Mais il ne faut pas dire à l'animus qu'il se trompe, car il sait que, d'une certaine façon, il a raison. Dites-lui : « Oui, c'est vrai, mais à ce moment précis la situation n'est pas telle que vous pensez. »

Dans le conte, le roi et la reine se reconnaissent, se retrouvent et l'histoire finit bien. La femme a découvert une relation juste avec son animus devenu une énergie mentale et une force spirituelle positive.

Le mouchoir dont le roi se voile le visage peut signifier aussi que, même lorsque ce qu'elle a à dire a une grande valeur, il peut arriver qu'une femme ait à garder ses opinions pour elle ou à les exprimer seulement avec tact et discrétion. Une personne qui donne sans cesse des conseils est exaspérante. Lorsque le roi laisse glisser le voile, la reine demande à Riche-en-Douleurs de le replacer. L'animus positif a le sentiment juste du moment où il est nécessaire d'avoir recours au silence et au voile. Lors de cette rencontre, le roi et la reine sont en harmonie de sentiment et d'attitude. C'est l'union des opposés. La douloureuse et mutilante passivité qui était figurée par la perte des mains s'est transformée en une discrétion consciente, aspect positif de la privation antérieure.

Le symbole du voile est présent dans presque toutes les religions et correspond au fait que les expériences les plus profondes non seulement doivent rester secrètes, mais le restent par le fait même que leur nature est inexprimable. Il convient d'ajouter que la personne qui en sait plus que les autres et n'est pas modeste et discrète se rend insupportable aux autres et se fait traiter en brebis galeuse — ce qui est tout à fait naturel, car personne n'apprécie qu'on lui fasse la leçon. Dans une querelle, par exemple, chacun pense avoir raison ; un témoin expérimenté ne peut prendre parti, car il voit bien qu'il s'agit d'un problème d'ombre et que chacun projette la sienne sur l'adversaire. On accusera alors le spectateur de lâcheté, et il peut arriver que ce soit le cas, mais une personne qui voit plus loin que les protagonistes se trouvera dans l'impossibilité d'intervenir et devra être prête à accepter d'être mal jugée. Dans la vie collective cette position peut en effet passer pour un manque de caractère et une incapacité de prendre fait et cause pour la justice, sans qu'aucune explication ne soit possible, car cela ne ferait qu'attirer davantage l'agressivité sur soi : il faut avoir recours au voile. Le processus d'individuation impose une certaine discrétion et, parfois, il faut avoir le courage d'être mal jugé plutôt que d'agir mal à propos.

L'ermite suisse St Nicolas de Flue eut les expériences intérieures les plus étonnantes. Il vécut isolé et les garda pour lui, mais de temps à autre des théologiens venaient l'interroger. Comme il n'était pas seulement un sage et un saint, mais aussi un paysan très fin, s'il voyait que ses visiteurs n'avaient aucune idée de ce qu'étaient les véritables expériences spirituelles, il leur disait qu'étant un pauvre homme illettré, il serait heureux si *eux* voulaient bien venir au secours de son ignorance : il s'en tirait en jetant un voile sur sa vie intérieure. Il possédait cette santé instinctive qui sait qu'il est inutile de parler aux gens de ce qu'ils ne peuvent saisir. On peut même blesser certains esprits en leur exposant des choses pour lesquelles ils ne sont pas mûrs et auxquelles ils ne sont pas destinés. C'est ainsi que l'analyste doit interpréter les rêves avec prudence, de sorte que l'interprétation qu'il en donne reste accessible à la compréhension et à la capacité d'intégration du patient et ne la dépasse pas. D'autre part, devant un rêve ou une expérience très numineux, le silence et le respect sont souvent la seule attitude juste.

J'ai eu à examiner le cas d'une personne qui entendait des voix. Elle était issue d'un milieu très primitif et travaillait comme cuisinière. Elle était croyante et pratiquante, or des voix lui interdisaient d'aller communier. On me demanda de la prendre en analyse ; du point de vue médical, elle était carrément folle. Je vis que même si j'utilisais le langage le plus simple, elle ne pouvait me comprendre, aussi je la recommandai à un exorciste d'Einsiedeln[5], et elle va très bien depuis ! Dans son cas, il était juste de traiter la voix comme une expérience extérieure, à la façon d'un chaman. Un débutant enthousiaste pourrait prendre une personne comme celle-là en analyse, mais cela serait se conduire de façon irresponsable et équivaudrait à l'arracher à son milieu naturel.

Il y a des gens qui appartiennent au Moyen Age et même à la préhistoire et qu'il serait dangereux d'en déraciner tant qu'il n'y a pas d'indices précis que quelque chose en eux demande à aller plus loin ; agir autrement serait destructeur. J'ai rencontré à Küsnacht un homme qui appartenait à l'âge de pierre. J'étais allée acheter des outils, haches, scies, etc., et je dis au commerçant qui me les vendit que je construisais une maison dans les bois qui n'aurait même pas l'électricité. Lorsque je revis cet homme, il me dit : « Vous quittez la civilisation, et vous avez raison. C'est ce que j'ai fait il y a longtemps. Je travaille trois ou quatre mois par an, puis je m'en vais sur une des plus hautes montagnes des Alpes, j'achète du jambon et du vin, je monte encore plus haut et je me construis une sorte de nid de pierre et de bois dans les rochers. Je me dévêts alors, et s'il n'y a personne alentour, je pars nu sur les glaciers à la recherche de cristaux. Tous ceux », ajouta-t-il, « qui vont à l'église tombent malades. Il faut écouter les plantes et les pierres parce que Dieu les habite, tout le reste n'est que sottise. J'ai soixante-cinq ans et n'ai pas même eu un rhume de ma vie. » C'était une sorte d'« abominable homme des neiges » qui avait su trouver son propre équilibre, et non pas quelqu'un relevant d'une analyse !

Nous avons vu que, dans le conte *La jeune fille sans mains*, l'héroïne ne guérit que parce qu'elle a accepté

5. Einsiedeln (canton de Schwyz) fut la patrie de Paracelse. Son célèbre monastère bénédictin, de style baroque autrichien, est un centre culturel. Il abrite une statue de la Vierge Noire, patronne de la Suisse catholique, et, de ce fait, est un lieu de pèlerinage important. (N.d.T.)

de s'écarter de la vie collective et de demeurer seule dans les bois. Ce thème est très fréquent et me semble correspondre de façon caractéristique à l'un des problèmes de la psychologie féminine. De l'extérieur, cette retraite peut sembler une période de complète stagnation, alors qu'en réalité, ainsi que nous le verrons plus loin, il s'agit d'un temps d'initiation et d'incubation qui permet qu'une profonde dissociation psychique se répare et que des problèmes se résolvent ; de plus, la personnalité s'enrichit grâce à des expériences intérieures profondes. Ce thème fait contraste avec la quête plus active du héros masculin qui doit souvent s'en aller dans l'Au-delà et abattre le dragon, trouver le trésor, ou conquérir la princesse. Il lui faut habituellement faire un long voyage et accomplir quelque haut fait, au lieu de tout simplement s'éloigner de la vie active. Il semble donc bien y avoir une différence caractéristique entre les voies des principes masculin et féminin, la seconde étant plus passive, plus contemplative. Ceci a évidemment affaire avec les divergences entre l'animus et l'anima. En psychologie masculine, on peut dire que l'anima amène l'individu à s'empêtrer dans la vie et ses problèmes, le met en relation avec les instincts et les pulsions, et le confronte ainsi à un problème éthique. Mais l'anima ne pose jamais directement à l'homme le problème de sa *Weltanschauung ;* elle le place plutôt, de façon indirecte, dans une situation extérieure telle qu'il se trouve obligé de reconsidérer toute son attitude envers la vie. La femme, elle, dès qu'elle entre en contact avec l'inconscient, est plus directement confrontée à la philosophie de la vie et au problème du mal, parce que l'animus est concerné par les idées générales et les concepts. Dès qu'elle entreprend le voyage à l'intérieur d'elle-même, elle se trouve en face du problème spirituel.

La jeune fille de notre conte se trouve confrontée à un problème religieux profond, puisqu'elle est mise en relation d'abord avec le Diable, puis avec l'Ange. Au début de l'histoire, le Mauvais essaie de s'emparer d'elle, mais c'est sous la protection de l'ange qu'elle parvient à se libérer. Elle rencontre donc la divinité sous ses deux aspects, l'obscur et le lumineux, l'ange étant le messager de Dieu ou Dieu lui-même, comme dans le conte russe auquel nous avons fait allusion.

CHAPITRE VI

LA FEMME QUI DEVINT ARAIGNÉE

Dans le conte esquimau que je me propose d'examiner à présent se reflète également la confrontation avec les puissances du bien et du mal, ce qui prouve que ce n'est pas seulement un problème caractéristique de notre civilisation. Cette confrontation se produit dès que l'on entre en relation avec l'inconscient. Ce conte, dont voici la version abrégée, a été recueilli par Knud Rasmussen.

LA FEMME QUI DEVINT ARAIGNEE

Il était une fois un homme et une femme qui n'avaient qu'une fille, et ils auraient vécu très heureux ensemble si leur fille n'avait pas tant dédaigné les hommes. Son père désirait qu'elle se marie. De nombreux prétendants se présentaient d'eux-mêmes, car elle était jolie, et il arrivait également au père de ramener des jeunes gens le soir à la maison pour qu'ils la rencontrent, mais rien n'y faisait ; une simple allusion à ce sujet mettait la jeune fille de mauvaise humeur et, lorsqu'un prétendant venait chez eux, elle s'en allait.

Son père lui dit un jour qu'il n'invitait pas des hommes à la maison pour l'attrister ou la contrarier, mais qu'elle devait se rappeler qu'elle était leur unique enfant et que sa mère et lui seraient bientôt vieux. Lorsque lui-même ne serait plus capable de les nourrir et de les vêtir, qui les aiderait dans leur vieillesse, s'ils n'avaient pas de gendre ?

Ces paroles attristèrent grandement la jeune fille qui s'en alla dans la vaste plaine ondulée. Soudain une tête jaillit de terre, une tête sans corps, mais dont le visage était celui d'un très beau jeune homme. Il sourit à la jeune fille et lui dit : " Vous ne voulez pas de mari, mais je viens vous chercher et il faut que vous sachiez que je suis issu d'une grande et puissante race. "

Pour la première fois de sa vie, la jeune fille se sentit heureuse en la compagnie d'un homme ; elle ramassa la tête et, la plaçant avec soin dans son manteau de fourrure, à la nuit tombée, elle la ramena à la maison. Elle se glissa sans bruit dans sa demeure et déposa la tête près de sa couche, s'étendit et parla gaiement avec l'étranger qu'elle aimait parce qu'il ne ressemblait pas aux autres hommes. Son père, s'étant éveillé, entendit des murmures et des rires provenant du lit de sa fille sans comprendre ce qui se passait. La même chose s'étant reproduite les nuits suivantes, le père se réjouit à l'idée d'avoir enfin un gendre et un chasseur dans la maison. A partir de ce moment, la jeune fille fut toujours gaie et heureuse et ne quitta presque plus sa couche.

Cependant le père et la mère étaient très surpris de ne jamais voir leur gendre. Un jour que la jeune fille était sortie, le père écarta la fourrure qui recouvrait le lit de sa fille, afin de voir qui tenait compagnie à celle-ci pendant la nuit. Découvrant une tête sans corps, il fut pris d'une grande colère. S'emparant d'une broche à viande, il l'enfonça dans l'œil du jeune homme, puis jeta la tête hors de la maison sur le tas d'ordures en s'écriant : " Je n'ai que faire d'un gendre sans corps, incapable de chasser pour nous dans notre vieillesse ! "

La tête roula de plus en plus loin et finalement disparut dans la mer, laissant une traînée de sang derrière elle.

La nuit suivante, le père et la mère entendirent leur fille pleurer et sangloter ; au matin, elle leur demanda où était son mari, et le père répondit qu'ils se souciaient peu d'un tel gendre. " Vos paroles sont stupides et vous vous êtes comportés de façon insensée, répondit la jeune fille, car c'était un homme capable et non un être humain ordinaire, et je ne resterai pas plus longtemps avec vous."

La jeune fille suivit la traînée de sang jusqu'à la mer. Elle voulut plonger dans les vagues, mais elles étaient dures comme du bois. Alors elle se dirigea vers la terre à la recherche d'un lemming blanc qu'on supposait tombé du ciel et doté de pouvoirs magiques. Elle finit par l'attraper, le jeta dans la mer et aussitôt les vagues s'écartèrent et un chemin lui fut ouvert.

Elle s'y engagea et descendit jusqu'au fond de la mer. Au loin elle aperçut une petite maison. Elle y courut et, par la fenêtre, elle vit un vieux couple et leur fils. Le fils, étendu sur sa couche, avait récemment perdu un œil. La jeune fille l'appela : " Me voici, viens ! " Mais le jeune homme répondit qu'il ne viendrait plus vers elle à cause de ce que ses parents lui avaient fait. La pauvre fille eut beau dire qu'elle ne retournerait jamais chez ses parents, il répondit qu'il ne voulait plus rien avoir à faire avec elle.

La jeune fille en fut accablée et, sans savoir ce qu'elle faisait, elle courut autour de la maison, dans le sens du soleil se déplaçant dans le ciel. Alors elle aperçut deux chemins : l'un menait droit devant elle jusqu'à la terre, l'autre montait vers le ciel. Elle choisit le second ; quand l'homme vit cela, il lui cria qu'elle prenait le mauvais chemin et devait faire demi-tour, car si elle montait au ciel, elle n'en reviendrait jamais. " Peu m'importe, " rétorqua la jeune fille, " si tu ne veux plus vivre avec moi ! "

Alors le jeune homme regretta ses paroles : il la supplia de revenir, mais elle ne fit que monter de plus en plus haut et disparut hors de sa vue.

La jeune fille poursuivit son chemin et finit par arriver, sans savoir comment, devant un objet qui ressem-

blait à un couvercle percé d'un trou. Elle ne savait comment grimper dessus pour atteindre le trou. Enfin elle prit son courage à deux mains, sauta, saisit le bord et se jeta dans l'ouverture ; alors elle trouva à nouveau de l'air, un ciel et une terre. D'un côté s'étendait un lac ; elle y alla et s'assit au bord, pensant mourir là et retourner en poussière. Elle ne voulait plus penser à rien, car la vie n'avait plus aucun sens pour elle. Tout à coup elle entendit sur le lac un bruit de rames ; elle leva les yeux et aperçut un homme dans un kayak. Tout ce qu'il possédait — son kayak, ses rames et son harpon — était fait de cuivre étincelant. La jeune fille resta assise, immobile, osant à peine respirer, ne pensant pas que l'on pût la voir dans l'herbe haute où elle s'était cachée.

L'homme se mit à chanter :

Un sein de femme tente
Un kayak
Qui traverse le lac étincelant
Pour caresser la douceur de ses joues.

Comme il terminait son chant, l'homme leva un bras très haut dans la direction du ciel, et abaissa l'autre en direction du lac ; la jeune fille vit alors que la partie supérieure de son corps était nue, et que son manteau de fourrure était maintenant posé sur le bras de cet homme étrange.

Une seconde fois l'homme chanta le même couplet et, comme il le terminait, levait un bras et abaissait l'autre, le reste des vêtements de la jeune fille s'envola et alla se poser sur le bras levé. La jeune fille resta là, nue et honteuse ; l'homme chanta le même chant, mais cette fois la jeune fille perdit connaissance, et, quand elle revint à elle, elle était assise à côté de l'homme dans le kayak. L'homme l'emmena très loin en ramant de ses rames de cuivre qui, humides, scintillaient dans l'air. Ils ne s'adressèrent pas la parole avant d'avoir atteint un village. A l'entrée de ce village était une grande maison et, derrière celle-ci, une autre plus petite, et l'homme lui dit d'une voix sévère : " Entre dans la grande maison, mais jamais dans la petite."

La jeune fille fit comme il le lui avait dit ; elle entra dans la grande maison et l'homme s'éloigna dans son kayak. L'atmosphère de cette demeure, où il n'y avait pas âme qui vive, était lugubre. La jeune fille y était depuis peu lorsqu'une petite femme habillée de vêtements extraordinaires, faits de boyaux de morse, arriva en courant. Elle cria à la jeune fille de venir se cacher dans l'autre maison, sinon l'homme qui l'avait amenée la tuerait. La jeune fille obéit. Dans l'autre maison, elle vit, assise sur la couche, une petite fille qui vivait avec cette femme.

Depuis qu'elle s'était enfuie loin de l'homme qu'elle aimait, la jeune fille ne savait plus que penser et il lui arrivait de croire qu'elle était déjà morte ; cependant elle entendait ce que disaient les autres et elle les voyait circuler dans la maison. La femme lui chuchota à l'oreille qu'elle était sauvée pour cette fois, mais que l'homme qui l'avait amenée n'était pas un homme ordinaire et que personne n'était capable de lui résister ; lorsqu'il rentrerait, il serait très fâché de voir qu'elle avait quitté sa maison, mais elle l'aiderait. Elle lui donna un petit bol rempli d'eau contenant quatre petits morceaux de peau de baleine et lui dit que, lorsque l'homme étrange viendrait, il lui faudrait se cacher à l'entrée de la maison et lui jeter au visage le contenu du récipient, car elle avait chanté une incantation sur ces objets afin de les rendre puissants.

L'homme revint bientôt dans son kayak. S'étant assis au bord de la mer, il cria à la jeune fille de rester tranquille, qu'il ne lui ferait pas de mal, et que d'ailleurs elle ne pourrait pas se dérober à sa vue. Il arriva en volant dans l'air comme un oiseau, et fit ainsi quatre fois le tour de sa maison ; puis il vint à la petite maison. Là, il prit sa flèche à oiseau, en lui criant qu'il ne voulait pas la tuer.

La jeune fille, qui se tenait cachée dans un coin de

l'entrée, lui jeta les morceaux de peau de baleine au visage. A l'instant même l'homme s'affaissa et perdit toute force, et les deux autres femmes entrèrent dans la maison. Cet homme, que la petite femme vêtue de peaux avait rendu inoffensif pour quelque temps, grâce à sa magie, était l'Esprit de la Lune en personne. Celui-ci est en effet imprévisible et peut devenir dangereux ; il prend, mais il donne aussi, et l'on doit lui offrir des sacrifices pour pouvoir bénéficier des richesses qu'il détient.

Les trois femmes montèrent sous les combles où s'ébattaient de nombreux rennes, et dans un coin elles virent un grand baril d'eau, aussi grand qu'un lac intérieur, dans lequel des baleines, des morses et des phoques nageaient en tous sens.

Au centre de la pièce gisait sur le sol une omoplate de baleine. Les femmes l'écartèrent et découvrirent une ouverture qui donnait accès à la terre, et par laquelle on pouvait voir jusque dans les demeures des humains. On voyait nettement ceux-ci et on les entendait demander tout ce dont ils avaient besoin : certains réclamaient de la viande de baleine, d'autres une longue vie, car l'Esprit de la Lune est si puissant qu'il est en son pouvoir d'accorder tout cela.

La jeune fille regarda les différents pays de la terre et aperçut, loin, très loin en bas, Tikéra, le village le plus vaste qu'elle connaissait. Elle y vit de nombreux bateaux de femmes, et des foules de gens qui mettaient de l'eau dans de petits récipients et lançaient cette eau en direction de la nouvelle lune afin d'obtenir une bonne pêche. Tout cela ressemblait à un rêve. Elle ne pouvait comprendre comment elle était arrivée là, dans cet univers qu'elle ne connaissait que par les histoires que racontaient les anciens. Peut-être cela était-il dû à ce que la petite femme revêtue de peaux avait plongé l'Esprit de la Lune dans l'inconscience. Car c'est à la nouvelle lune, lorsque l'Esprit de la Lune est affaibli, que les hommes lui offrent des sacrifices et expriment leurs vœux ; ensuite la lune redevient pleine et brille avec l'éclat du cuivre.

La jeune fille savait maintenant comment s'y prendre pour implorer de la lune une bonne pêche. Certains employaient des formules magiques si fortes que leur eau montait tout près de la maison de l'Esprit de la Lune. Sur terre, leurs récipients étaient tout petits, mais ici, grâce aux paroles magiques, ils devenaient énormes et contenaient une eau fraîche et pure. Ces sacrifices étaient offerts aux animaux marins qui souffrent de la soif. Tantôt une baleine, tantôt un morse, tantôt un phoque étaient mis dans leurs récipients lorsque ceux-ci atteignaient la maison de la lune. Cela signifiait que la prière de l'homme avait été entendue, son sacrifice accepté, et qu'il ferait une bonne pêche. Par contre les récipients qui restaient à faible distance de la terre, près des maisons des hommes, appartenaient à ceux qui n'avaient pas de chance et ne trouvaient pas de gibier.

Se rappelant le plaisir qu'apportait une bonne pêche, la jeune fille eut le mal du pays, elle qui peu de temps auparavant ne pensait plus qu'à mourir.

La vieille femme revêtue de peaux et sa petite compagne étaient tristes pour elle et voulurent l'aider à redescendre sur terre. Elles tressèrent une corde de nerfs qu'elles enroulèrent au fur et à mesure. Elle fut bientôt terminée et la vieille femme dit : " Ferme les yeux et laisse-toi descendre. Mais à la minute précise où tu toucheras terre, ouvre rapidement les yeux, sinon tu ne redeviendras jamais humaine ".

La jeune fille attacha fermement le bout de la corde dans le ciel et commença à se laisser glisser. Elle pensait que ce serait très long, mais elle sentit le contact du sol sous ses pieds plus tôt qu'elle ne s'y attendait ; elle n'ouvrit pas les yeux assez vite et fut transformée en araignée. C'est d'elle que proviennent toutes les araignées du monde ; toutes viennent de la jeune fille qui se laissa descendre du ciel jusqu'à terre au moyen d'une corde de nerfs tressés.

L'héroïne de cette histoire, que j'ai commentée brièvement dans un autre contexte[1], sort de l'ordinaire, puisqu'elle refuse le destin commun des femmes qui est de se marier à un certain âge et de perpétuer la vie de la tribu. Le conte finit mal, ce qui est fréquent dans les récits archaïques, mais cependant guère plus que dans ceux de notre civilisation. Enfreindre un tabou, ou désirer quelque chose hors du commun, y est ressenti comme négatif, et il est habituel que de tels récits aient un dénouement fâcheux. Une histoire africaine raconte qu'une jeune fille tomba amoureuse d'un homme d'une autre tribu, ce qui était contraire aux lois de son propre clan ; l'ayant épousé, elle eut un destin terrible : l'homme, qui possédait un taureau magique, fut tué, et elle finit par être tuée elle-même. Ceci est caractéristique des récits où quelqu'un souhaite une chose contraire aux règles habituelles de la collectivité.

On trouve néanmoins l'idée contraire dans certains contes de fées, par exemple dans *Amour et Psyché*[2] et dans le conte de Grimm N° 88 : *L'alouette qui saute et qui chante (Das singende springende Lövenecker-chen)*, dont le thème général peut se résumer comme suit : *un père annonce à ses trois filles qu'il part en voyage et leur demande ce qu'elles aimeraient qu'il leur rapporte. Deux d'entre elles désirent des bijoux, mais la troisième veut une « alouette-lion », qui se révèle être un époux animal, une sorte d'esprit-époux, auprès duquel, après maintes tribulations, elle trouve un grand bonheur.*

Dans ce conte, le souhait extraordinaire de la jeune fille, après une longue aventure et des complications

1. M.-L. von Franz, *L'interprétation des contes de fées*, trad. cit., pp. 216-220. Le conte y est mis en rapport avec des variantes du même thème. (N.d.T.)

2. Apulée, *L'Ane d'Or*, Livre IV, § XXVIII à Livre VI, § XXV ; trad. fr. de Pierre Grimal, éd. Gallimard, Paris, 1975 ; et *Les Métamorphoses*, éd. critique de D. S. Robertson, trad. fr. de Paul Vallette, éd. Les Belles Lettres, Paris, 1972. Nous avons vu que M.-L. von Franz a consacré un ouvrage au roman d'Apulée ; cf. Introduction du présent vol., note 2. (N.d.T.)

diverses, mène à une union réussie avec l'époux merveilleux et tout se termine heureusement, tandis que, dans le conte esquimau, le vœu extraordinaire mène à la catastrophe : la jeune fille n'ouvre pas assez vite les yeux et cette simple erreur est déterminante. L'histoire aurait pu se terminer autrement. On peut penser que, si elle avait ouvert les yeux à temps, grâce à son expérience personnelle et à sa connaissance des mystères de l'Au-delà, elle aurait pu éclairer sa tribu. Elle serait devenue pour celle-ci celle qui « sait », l'initiée qui a découvert ce qui se passe dans l'inconscient. La faute qui consiste à ne pas ouvrir les yeux assez vite au retour sur terre suffit à donner à l'histoire son issue négative. Psychologiquement, cela signifie que si la conscience est trop faible, l'expérience de l'inconscient, au lieu d'être enrichissante, devient négative.

Le grand problème que nous devons garder en mémoire dans tout travail analytique est de savoir si le conscient du patient, la substance de sa personnalité (qui est un facteur que l'on sent mais qui est impossible à définir) sont assez forts pour supporter le choc de l'inconscient. Certaines personnes font d'étonnantes expériences dans le domaine de l'inconscient collectif, mais, en raison d'une certaine faiblesse de réaction, n'en retirent aucun bénéfice. Ainsi, dans le cas des schizophrènes, les images les plus étonnantes n'aboutissent à aucun résultat. Au moment crucial où le matériau devrait être consciemment intégré, tout échoue. Je me souviens d'une paysanne mexico-polonaise qui se trouvait au Nappa Valley State Hospital. C'était une personne d'âge moyen et d'aspect agréable. L'inconscient lui fournissait les éléments archétypiques les plus étonnants, et, contrairement à la plupart des schizophrènes, elle était contente d'avoir l'occasion d'en parler. Chaque fois que je la rencontrais, elle se mettait immédiatement à me décrire Dieu et le Christ tels qu'ils lui étaient apparus lorsqu'elle s'était trouvée sur la lune et avait vu le firmament. Elle vous racontait ces choses avec beaucoup de détails, mais comme absente ; elle dévidait son fil, telle une araignée, le parcourant de haut en bas et de bas en haut sans se sentir concernée. Dans de pareils cas, on a le sentiment d'être en face du vide, ou en l'air : les éléments sont surprenants et intéressants, mais c'est comme s'il n'y avait pas de sujet derrière.

La femme-araignée dit à l'héroïne de garder les yeux fermés jusqu'à ce qu'elle touche terre. Ce voyage n'est pas très long et il ne semble pas que ce soit la peur qui lui ait fait tenir les yeux fermés. Plutôt, ce genre de personne ne désire pas regarder en face la nécessité du retour à la réalité, car ce peut être une bien grande chute que de se retrouver brusquement dans le réel quotidien après avoir été l'épouse du dieu de la lune. L'on peut préférer rester « dans la lune » !

J'ai connu le cas d'un pauvre homme dont la mère était une prostituée et le père un ivrogne ; il dut être hospitalisé pour troubles mentaux et on le mit d'abord avec les malades les plus atteints. Le médecin s'occupa de lui et parvint à le ramener à un état où il put travailler aux champs et être placé dans le service des patients les moins touchés. Puis le médecin se mit à faire très discrètement allusion devant lui à la possibilité d'un retour à la vie sociale, et l'homme lui dit : « Oh, non, Docteur, vous ne m'aurez pas ! » Et il s'arrangea pour retourner dans le service des cas les plus graves, aussi fou que jamais. Il ne voulait pas ouvrir les yeux et retourner sur cette terre où il avait vécu une vie si misérable. Après sa grande expérience de l'Au-delà, il ne souhaitait pas redevenir « normal ».

C'est là très souvent la raison pour laquelle les gens ne veulent pas guérir ; ce refus comprend une certaine part de choix conscient. Le retour à la misère quotidienne est un bien pauvre substitut aux épousailles avec un esprit, ou, comme ici, avec le dieu de la lune. Dans ce conte, il y a, de plus, une sorte d'incapacité ou de paresse. De même, dans le cas de cette femme hospitalisée, j'avais le sentiment qu'elle n'était pas retenue par la peur : elle aimait nettoyer les planchers de l'hôpital où elle était très libre et travaillait fort bien. Je ne pense pas non plus qu'elle n'était pas assez humble pour refuser de retourner à sa vie modeste ; elle était plutôt endormie. Elle avait le regard d'un lapin qui dort les yeux ouverts, et cela correspondait tout à fait au sentiment qu'elle donnait. A l'hôpital, on l'aimait bien. On pouvait, à n'importe quel moment, lui demander de raconter une histoire ; elle dévidait un long fil archétypique, puis s'en allait : c'était une fileuse de phantasmes, une araignée qui n'ouvrait pas les yeux sur le monde.

Les « esprits-têtes » sont, pour les tribus circumpolaires, des personnages qui vivent dans les profondeurs de la mer. Les Arabes et certaines tribus africaines croient aussi en l'existence de ces esprits que l'on rencontre dans le désert où ils se déplacent en roulant. On les considère comme des êtres plutôt dangereux, des magiciens. Ils constituent une race puissante qui vit sous la terre ou dans la mer et sont parfois supposés incarner les esprits des morts, la pure essence des morts étant contenue dans la tête. Ils sont appelés tantôt « crânes », tantôt « têtes ».

Une jeune fille s'attache donc à un tel esprit au lieu de s'attacher à un être humain, et se trouve très heureuse avec lui. C'est là une illustration merveilleuse de ce que nous appelons si sèchement et si techniquement « la possession par l'animus », formule abstraite qui signifie que la femme qui a épousé une « tête » est inaccessible, inapprochable sur le plan humain, car elle poursuit un dialogue incessant avec cet élément spirituel autonome. Ce dialogue peut, à certains moments, être tout à fait positif et constituer un véritable et irremplaçable enseignement intérieur. Il n'est négatif que s'il « tourne en rond » et ne débouche pas sur la vie. Si l'on pouvait s'observer dans cet état de possession par l'animus, on constaterait, comme on le ferait pour quelqu'un d'autre, que l'on poursuit inlassablement une conversation intérieure, une réflexion, débattant de choses qu'on est dans l'impossibilité de confier à d'autres. On ne peut reprocher à une femme d'être dans cet état, car il est totalement involontaire et il n'existe pour elle aucun « point d'Archimède » d'où elle pourrait observer le phénomène. Seul un témoin extérieur remarque qu'elle a l'esprit absent. Elle-même est tellement absorbée qu'elle ne peut s'en apercevoir. L'animus et le courant incessant d'opinions et de raisonnements qu'il entraîne sont merveilleusement bien représentés par cette image de la tête autonome.

Dans ce conte, c'est le père qui entend le « mari ». Une possession par l'animus est naturellement particulièrement irritante pour l'homme ; il ne peut supporter la présence de ce processus intérieur chez une femme. On peut observer cela dans la vie courante, par exemple quand une fillette commence à penser par elle-même. Le père sent l'animus de sa fille grandir et, ayant abhorré le même processus chez sa mère, sa femme ou chez d'autres, il cherche à l'écraser. C'est une tragédie vieille comme le monde, que les activités intellectuelles naissantes chez les filles sont blessées ou vouées à l'échec par la réaction paternelle. De nombreuses femmes se trouvent sérieusement estropiées spirituellement et intellectuellement parce que leur père, à un moment crucial, a décrété qu'elles ne pouvaient réussir. Une femme de cinquante ans me disait qu'elle avait désiré, à dix ans, apprendre le grec, mais que son père lui avait dit qu'elle n'en était pas capable. Elle en était demeurée intellectuellement mutilée toute sa vie, ayant renoncé à des études qu'elle désirait entreprendre et manquant totalement de confiance en elle. Un père ne devrait jamais décourager sa fille de cette façon, car cela a un effet désastreux sur son développement intellectuel et affectif ; ce n'est pas de cette façon que l'on peut délivrer quelqu'un de la possession par l'animus.

L'animus et l'anima, lorsqu'ils font leur apparition, *in statu nascendi*, ne sont ni évolués, ni séduisants. Les garçons qui atteignent l'âge de la puberté, au moment où l'éros commence à se manifester et fait problème, se mettent à ne plus travailler, s'opposent à tout ce que l'on dit, se montrent désagréables et restent à traîner çà et là, sales, dépenaillés et le visage couvert d'acné. Ils ont une imagination morbide, sont submergés par de la sentimentalité, des réactions physiques, des fantasmes sexuels et autres, et se montrent totalement vagues et stupides. Voilà à quoi ressemblent les débuts de l'hétérosexualité et le premier éveil de l'anima ! En les connaissant mieux, on découvre que ces garçons écrivent aux filles des poèmes terriblement sentimentaux : c'est une période où leurs mères et leurs sœurs, par des réflexions moqueuses, peuvent blesser ou détruire quelque chose en eux, tout comme le père avec ses filles. Il faut ignorer avec discrétion ces phénomènes et fermer les yeux sur ce processus de formation ; l'évolution de l'anima chez le garçon et de l'animus chez la fille passe nécessairement par certaines étapes. Lorsqu'il fait son apparition, il est intransigeant et extravagant ; apparemment, les pères de chez nous ne sont pas seuls à s'en irriter, et les pères esquimaux en font tout autant.

Notre héroïne veut entrer dans la mer ; elle veut pénétrer dans les eaux de l'inconscient collectif, mais elle en est rejetée. Ceci est une conséquence de sa propre blessure, car, comme dans le cas de la femme à qui son père avait dit qu'elle était incapable d'apprendre le grec, « cela » en elle refuse d'en connaître davantage. L'animus créateur est si sensible à ce stade naissant qu'il n'est plus possible par la suite de retrouver l'enthousiasme de l'adolescence. La jeune fille doit choisir entre deux voies ; elle renonce à celle qui la ramènerait vers la terre et monte, par dépit, vers le ciel, malgré l'avertissement donné par l'esprit. Sachant le danger, elle est vraiment responsable de son choix. « Peu m'importe où je vais, puisque tu ne veux plus vivre avec moi ! » dit-elle. Cela rappelle le dicton allemand : « C'est bien fait pour mon père si j'ai les pieds gelés et si je tombe malade ! »

D'autres contes, ainsi que divers matériaux archétypiques, montrent que la tendance, chez une fille, à épouser une tête est généralement due à son complexe paternel. Ici l'histoire ne le précise pas, mais la réaction brutale du père vis-à-vis de l'esprit-tête aimé de sa fille confirme cette hypothèse. L'animus de la mère peut aussi être responsable, mais cela prend alors une forme légèrement différente, comme dans *Blanche-Neige,* où c'est la marâtre (la mère négative et son animus) qui oblige la fille à partir vivre dans la forêt, qui devient pour elle un lieu d'incubation. Comme *La Belle au Bois dormant,* elle y est endormie, et enfermée dans un cercueil de verre. Si une femme se trouve chassée de la vie active, cela peut donc être le fait soit de l'anima de son père, soit de l'animus de sa mère. Mais pourquoi toujours faire retomber la faute sur les parents ? En effet, depuis les débuts de l'humanité, l'homme apporte dans le monde une certaine proportion d'inconscient négatif : cet héritage se transmet d'une génération à l'autre, et peut-être en sera-t-il toujours ainsi. Peut-être cela fait-il partie de la condition humaine. Par ailleurs, nous subissons non seulement l'influence de nos parents visibles, mais aussi de leur inconscient, normalement et sous toutes les latitudes. C'est une façon très rationnelle et causale de penser qui conduit à toujours prétendre que le responsable d'un problème est l'Œdipe, l'anima du père ou l'animus de la mère ou toute autre chose. Tout le monde naît de parents imparfaits ayant une attitude consciente et inconsciente ambivalente. En fait, nous savons que, lorsque des parents vivent reliés à leur inconscient, la pression qu'ils infligent à leurs enfants est moindre et plus saine, mais aucun être humain ne peut échapper complètement au fait d'être influencé par l'inconscient de ses parents. La raison pour laquelle une fille est davantage affectée par l'anima du père et une autre par l'animus de la mère est en partie liée, à mon avis, aux dispositions fondamentales de l'enfant. Chez l'une se développera un fort complexe paternel et chez l'autre il sera moindre. Le problème est compliqué, mais, de façon générale, on constate qu'une fille qui, dans sa jeunesse, est plus fascinée par l'image de son père que par celle de sa mère est plus sujette à être coupée de la vie.

Dans la pratique, il est utile de souligner que quiconque désire entreprendre une analyse doit abandonner le point de vue causal systématique trop courant et fataliste selon lequel on ne peut remédier à un problème hérité des parents ; c'est là une attitude absolument infantile. La seule solution vraie est de prendre la responsabilité de ce que l'on est et de faire l'effort nécessaire pour casser la chaîne de la malédiction qui se prolonge de génération en génération. Cela se trouve exprimé par les rêves : une personne appelée à « racheter » (à réparer) les erreurs de son père ou de sa mère rêvera par exemple que, si elle réussit là où son père ou sa mère a échoué, elle brisera le sort néfaste ; cela traduit mythologiquement le fait qu'elle pourra ainsi se libérer de ses propres complexes parentaux.

J'ai connu un homme qui, ne s'étant jamais opposé aux humeurs de sa mère, était passé sous la domination de sa femme à qui il permettait tout afin de vivre en paix dans une atmosphère agréable. Son fils eut beaucoup de difficultés à affirmer sa virilité, mais se trouva contraint de le faire. Il épousa une jeune fille à l'animus assez puissant, et la situation parentale se répéta car, dès le premier mois de mariage, elle ne voulut en faire qu'à sa tête. Il rêva plusieurs fois qu'il lui fallait racheter son père mort, en agissant vis-à-vis de sa femme comme son père n'avait pas su le faire. On lui montrait que la responsabilité lui incombait de ne pas perpétuer ce complexe, pour éviter que son propre fils n'en hérite à son tour. Il lui fallait interrompre la transmission de la malédiction ancestrale, ce que l'inconscient exprimait comme à rebours, en lui enjoignant de racheter ses ancêtres. Celui qui est appelé à devenir conscient doit travailler à rompre ce que le bouddhisme nomme « la chaîne des causes ».

Je n'ai pas pour habitude d'envoyer à mes patients des notes ne correspondant pas au montant réel de leurs séances ; cependant je reçus un jour une femme à qui sa mère avait toujours escroqué de l'argent, et, croyez-le ou non, j'envoyai par erreur à cette femme une note dépassant nettement ce qu'elle me devait ! Si l'on n'est pas suffisamment conscient et de sa propre ombre et des complexes parentaux d'un patient, on se trouve acculé au rôle du père ou de la mère et l'on risque de tomber dans des pièges ; ce genre de personne vous forcera à un comportement relevant du modèle qu'elle porte en elle et qui est si collectif qu'il est parfois difficile à déceler. Toute personne en analyse tente inconsciemment de faire entrer l'analyste dans son modèle ancestral. Il est donc possible aussi que les dispositions de l'enfant provoquent les réactions des parents. La conception moderne d'une simple relation causale et linéaire ne correspond pas à une juste évaluation des faits, mais relève d'une superstition caractéristique de notre civilisation.

L'héroïne monte au ciel en passant par un trou, un vide. L'image du vide central qui permet le passage d'un monde à l'autre se retrouve dans toutes les voies mystiques. C'est une description typique chez les Esquimaux qui pensent que le ciel, où règne l'Esprit de la Lune, est le reflet de la terre. Ce dieu est une figure d'animus ; il diffère de l'Esprit-tête vivant dans la mer en ce qu'il n'est pas l'esprit individuel d'un mort, mais le dieu de la tribu, reconnu par tous, un dieu à qui l'on ne voue pas un grand amour, mais que l'on prie pour avoir de la chance à la chasse ou à la pêche. Dans ces régions, où la survie dépend d'une bonne prise, il est le dieu de la fécondité, le dispensateur de nourriture. Ceci est intéressant, car, si l'on n'est pas entré en détail dans l'étude des mythes, on a tendance à penser que le principe divin masculin a toujours affaire avec le domaine de l'esprit, et la déesse-mère avec l'abondance des récoltes, la fécondité des animaux, etc. Pour beaucoup de tribus esquimau, c'est en effet une divinité féminine qui dispense la nourriture, telle Sedna qui vit au fond de la mer et veille à la reproduction des animaux marins et à qui les chamans doivent rendre visite pour débarrasser sa chevelure des poux ou pour la guérir de quelque blessure, après quoi l'abondance du gibier et la chance reviennent. Ici, par contre, c'est un dieu masculin qui exerce cette fonction. Il faut donc éviter toute interprétation systématique. A l'époque romaine, la lune était une divinité hermaphrodite. En Afrique du Nord existait un dieu lunaire ithyphallique ; ainsi, en Egypte, le dieu lunaire Min était représenté avec un énorme sexe en érection ; c'était un dieu de la fécondité, dont l'animal était le taureau.

Si la lune n'est pas toujours féminine, elle est, par contre, toujours une divinité de la nature et de la fécondité. L'idée de fécondité peut donc être attribuée aussi bien à un principe masculin qu'à un principe féminin. Dans beaucoup de mythologies, comme par exemple en Chine, en Polynésie et dans la plupart des mythes indiens qui parlent de « Notre mère la terre » et de « Notre père le ciel », la terre est féminine et le principe céleste masculin. Mais en Egypte, c'était l'inverse : Geb, le principe terrestre, est une divinité masculine, et Nout, la déesse du ciel, est féminine. La question qui se pose est alors celle-ci : en quoi la civilisation égyptienne différait-elle de la plupart des autres ? Ce qui est très frappant, c'est le concrétisme des idées. Comme presque tous les peuples, les Egyptiens croyaient en l'immortalité de l'homme, mais peu ont traduit cette idée par une conservation aussi complète du corps que l'était la momification. On assurait l'immortalité en immortalisant le corps : ce qui, dans beaucoup d'autres civilisations, est une réalité spirituelle, est chez eux quelque chose de concret, à un point qui frappa même les anciens Grecs. Leurs dieux devaient aussi passer par des phases de renouveau : les statues étaient transportées jusqu'au Nil pour y être lavées et ointes. Tout ce qui appartient habituellement au monde de l'âme ou de l'esprit était considéré chez eux comme du domaine de la terre. Ce renversement psychologique signifie que les états d'âme, les émotions et les sentiments ont une connotation spirituelle, tandis que ce qui normalement relève du mental est ressenti comme concret.

A quelle sorte d'attitude envers la vie correspond un principe de fécondité qui serait masculin au lieu de féminin ? Pour un chasseur actif, la forêt ou la mer sont des images de l'épouse ; il y pénètre et y prend ce dont il a besoin. Il y faut aussi, bien sûr, de la magie et de la chance, mais son attitude est d'abord celle du héros entreprenant et aventureux. Le « tu » qu'il adresse à la nature, il l'adresse comme à une femme. En conséquence, la nature est ressentie comme irrationnelle, rusée, cruelle et inconstante, elle est aimée ou haïe comme une femme, et la fécondité ou la dispensatrice de nourriture est, en ce cas, une déesse. Mais des hommes dont l'attitude affective est introvertie et qui ne sont pas portés à agir, ou pour qui ce n'est pas l'essentiel, vivront la nature comme un principe de vie actif masculin et se sentiront les bénéficiaires de ses dons. Peut-être, pour les Esquimaux, cela est-il en rapport avec l'extrême dureté des conditions de survie, laquelle dépend, pourrait-on dire, de la bienveillance des éléments auxquels l'homme est livré presque totalement : le blizzard, la tempête de neige, la nuit polaire, le froid, la présence ou l'absence de gibier ne sont pas des choses qu'il peut contrôler. Dans cette tribu, les hommes prient la Lune en élevant dans sa direction des récipients à eau qui sont un symbole féminin et dans lesquels le dieu placera ou non les animaux, suivant son bon plaisir ; ils implorent ainsi sa clémence et sa générosité. Le fait de partir pêcher dans leurs kayaks munis de harpons n'est pas ressenti comme actif : c'est la mystérieuse nature qui leur *envoie* les animaux, les poissons, les phoques et les rennes. Leur chasse ou leur pêche dépend de la présence ou non du gibier, le rôle du chasseur est donc ressenti comme passif. Le chasseur se sent dans le rôle de l'épouse en face d'une nature mâle. De même, si une femme rêve du dieu de la Lune, cela traduit une attitude passive vis-à-vis de l'inconscient. L'inconscient est ressenti par elle comme un phénomène actif qui l'affecte et dont elle attend tout.

Le conte précise que le dieu de la Lune ne peut être vaincu que par la magie de la femme-araignée, et on nous laisse entendre que ceci se produit régulièrement et que cette femme est la grande force qui fait décroître la lune. L'héroïne entre donc dans le jeu des opposés que sont le dieu lunaire et l'araignée, le masculin et le féminin. L'araignée est bienveillante dans ce récit, tandis que l'Esprit de la Lune est une sorte de dieu créateur à l'humeur changeante. La femme-araignée est, dans ce contexte, un symbole du Soi, car elle est positive et a plus de pouvoir que la lune. Mais, en dépit de l'aide de celle-ci contre cet animus destructeur, sorte de Barbe-bleue, l'héroïne ne parvient pas à retrouver la terre. Le thème de l'éveil, des yeux qui doivent s'ouvrir, se rencontre dans de nombreux contes ; il est particulièrement fréquent dans les civilisations primitives où une partie de la vie se déroule dans une sorte de léthargie. Mais il ne faut jamais oublier que ceci n'est une question ni de race ni de culture et que nous rencontrons dans nos populations des individus qui se trouvent en ce cas. Il faut écarter de l'analyse les personnes incapables de dialoguer avec l'inconscient et pour qui tout contact avec ce dernier ne serait que destructeur. Des analystes débutants font parfois la grave erreur de se charger de tels cas, comme nous l'avons déjà relevé ; ces personnes (de même que les schizophrènes), peuvent apporter des éléments archétypiques étonnants. Il faut observer le sujet pour voir *qui* apporte ces rêves et ces visions et s'il a la moindre possibilité d'une intégration, même partielle, des éléments considérés. L'impossibilité d'engager une personne sur la voie du processus d'individuation se révèle, entre autres, dans de petits détails des rêves, c'est pourquoi il faut interpréter ceux-ci avec le plus grand soin. Dans notre conte, il y a deux détails de cette sorte : le premier est le fait que la jeune fille choisisse le mauvais chemin en s'entêtant dans son dépit vis-à-vis de la tête, et le second, qu'elle ouvre les yeux trop tard.

Dans son livre *Le chamanisme*[3], Mircea Eliade rapporte que les chamans des tribus circumpolaires traversent des expériences initiatiques très semblables à celles qui sont rapportées ici. Le chaman grimpe « au

3. Mircea Eliade, *Le chamanisme et les techniques archaïques de l'extase*, éd. Payot, Paris, 1951, 2e éd., 1968. (N.d.T.)

ciel » à l'aide d'une corde ; il observe de là les êtres et les rites et il est initié au monde des esprits, après quoi il redescend par le même moyen sur la terre. Il porte ensuite sur lui la corde comme signe de son lien avec l'au-delà. Ce schéma classique d'initiation chamanique échoue dans notre conte. Les Esquimaux assurent que les fous, les possédés et les chamans sont des êtres de même espèce, mais que seuls ces derniers ont su se libérer. La possession, la maladie mentale et l'état de chaman sont très proches. Cependant on peut commettre une erreur encore plus grave en s'effrayant des matériaux archétypiques que vit le sujet dans ses rêves et ses visions et en y voyant de la schizophrénie que si l'on prend en traitement une personne incapable d'évoluer. On peut rencontrer dans les rêves et visions d'une personne tout à fait normale des éléments oniriques tels que la montée au ciel, la rencontre de l'esprit-araignée ou du dieu Lune, les quatre morceaux de peau, etc. J'ai vu des rêves initiaux où la mer inondait tout le pays, où les tombes s'ouvraient et les corps, roulant çà et là, reprenaient vie — ce qui aurait pu être un signe de psychose, alors que ces personnes n'étaient que momentanément submergées par l'inconscient collectif. La guérison et la transformation profonde d'un être exigent souvent de passer par de telles crises, par de telles initiations. S'il s'agit d'une psychose, cela apparaît dans la pauvreté de la réaction du sujet devant les images de l'inconscient, dans son manque de vitalité et dans son extrême passivité. De tels signes sont les indices d'un état grave de possession et de faiblesse du complexe du moi et, lorsqu'on en constate la présence de façon habituelle, on ne peut travailler utilement au plan de l'inconscient. La santé mentale de base se reconnaît également dans le fait que le sujet, très écrasé par ses difficultés, désire progresser, ne se complaît pas dans les images et cherche humblement à appliquer dans sa vie ce qu'il comprend lui être demandé.

Au début d'une analyse, une femme fit ce rêve : *Elle*

assistait au mariage ou au couronnement de la reine Elisabeth. Cela se passait dans une ville médiévale inconnue où étaient dressées de grandes tribunes, et une foule enthousiaste emplissait les rues. Un long cortège s'avança, ayant à sa tête quatre chevaux noirs et quatre alezans dont les poitrails et les queues ressemblaient à ceux de coqs. Puis venaient le Dieu-Soleil et la Reine qui semblait une déesse. Suivaient des troupeaux d'éléphants, de lions et autres animaux. Cherchant une place d'où elle pût voir le cortège, la rêveuse s'aperçut que ses chaussures étaient sales et qu'elle devait les nettoyer. Mais à ce moment une petite fille très puérile et quelque peu arriérée intervint et détourna son attention. Ce fut la fin du rêve. Ces images montrent qu'il y avait une activité énorme dans l'inconscient de cette personne, ce qui aurait pu être un signe de santé : un mariage (une union des opposés), est amorcé au niveau mythologique entre le dieu solaire mâle et la reine déesse. Chercher sa place personnelle dans la foule, vis-à-vis de cet événement intérieur, est une réaction juste, car, si elle trouve sa place, elle est sauvée. Qu'elle ne la trouve pas immédiatement dénote en elle une certaine faiblesse, mais cela même pourrait n'être pas fatal. Elle prend ensuite conscience qu'elle doit nettoyer ses chaussures, s'occuper de mettre de l'ordre dans sa vie personnelle, ce qui est également juste. Ce qui importerait vraiment serait qu'elle nettoie sa propre attitude dans la vie, qu'elle ne triche pas, prenne son analyse au sérieux et accueille ce que la vie lui envoie, or il se révéla que c'était une grande menteuse. Le personnage infantile, la petite fille arriérée, détourne son attention du fait qu'elle doit nettoyer ses chaussures et le rêve s'évanouit sans apporter de solution. Tout tournera court, dit le rêve, en raison d'une puérilité que la rêveuse semble dans l'incapacité de surmonter.

Etant donné que l'élément malsain ou dangereux n'apparaissait qu'en un seul endroit du rêve, je décidai de tenter une analyse qui, pendant quelques semaines, progressa, bien que se heurtant toujours à cet infantilisme. Cette femme récriminait sans cesse, se laissait porter par les événements et était toujours dépendante des autres. Ayant loué une chambre, elle se plaignait sans arrêt de la propriétaire tout en continuant de subir son influence. C'étaient là des symptômes caractéristiques de manque de maturité. C'est alors que la thérapeute précédente arriva d'un autre pays pour la reprendre en main. La patiente lui avait écrit qu'elle était contente de moi, ce qui avait piqué la vanité de l'autre et l'avait conduite à dire à son ancienne patiente que j'étais une personne dangereuse qui la mènerait au désastre : cela mit fin à son analyse. Plus tard, cette personne étudia l'anthroposophie, puis fut victime de la phobie du cancer et, dans son effort pour se soustraire à cette menace imaginaire, elle finit par devenir hypocondriaque. Elle m'écrivit alors qu'elle s'était rendu compte qu'elle avait agi stupidement, rejetant la faute sur l'autre thérapeute — comme si elle n'avait pas pu s'opposer à son intervention — et me disant qu'elle désirait reprendre le travail avec moi. Mais je ne l'ai pas revue. Ce n'était pas vraiment de sa faute, elle n'avait tout simplement pas la force de réagir. Devant l'intervention de sa première thérapeute, elle s'était trouvée comme une enfant à qui la mère interdit quelque chose, et elle avait cédé.

L'élément dangereux apparaît souvent dans l'ultime détail d'un rêve, mais il peut aussi se montrer dans le cours du rêve ou dans une allusion infime, et la beauté de l'ensemble des images ne garantit pas contre lui. Le rêve que nous venons de citer est un rêve classique d'initiation, mais il finit mal, de même que dans le conte, à cause de la faiblesse de la personnalité consciente du sujet. Cette femme était une paysanne primitive et rusée qui n'avait pas la substance nécessaire, ce qui, bien entendu, ne signifie pas qu'une personne de souche primitive ne puisse pas avoir cette envergure. La nature est « aristocratique », mais son aristocratie n'a rien à voir avec nos distinctions sociales et s'étend à travers toutes les couches de la société. Il est très important de ne pas engager des gens dans un processus qui les dépasse. Le cas de cette femme rencontrée il y a longtemps m'apprit que j'avais fait preuve d'un peu de légèreté. A présent je n'accepterais peut-être pas de recevoir ce genre de personne, bien que je n'en sois pas sûre, car c'était un cas-limite, où il est difficile de savoir de quel côté penchera la balance.

Jung a cité dans son séminaire sur les rêves d'enfants, celui d'une petite fille qui voyait le « Bonhomme Hiver » venir lui toucher le ventre. Jung fait remarquer que l'élément pathologique tenait à ce que le rêve n'avait suscité aucune réaction chez l'enfant. Et pourtant, le Bonhomme Hiver est un démon du froid et de la mort qui devrait inspirer la terreur. Si elle s'était éveillée sous l'effet de la peur, ou si elle avait simplement dit : « Alors, je m'éveillai », cela eût été une réaction. Les gens ont parfois une réaction émotive qui est une sorte de dénouement : le rêve produit un effet de choc. Mais dans le cas de cette enfant, il n'y avait même pas cela. Il est caractéristique des schizophrènes de rapporter des rêves horribles sans la moindre émotion ; ils en parlent comme s'il s'agissait des croissants et du café servis au petit déjeuner. C'est là un symptôme sérieux. Dans le cas de psychose latente, on rencontre aussi très souvent un rationalisme particulièrement étroit qui repousse absolument toute interprétation symbolique. J'ai observé qu'une extrême étroitesse d'esprit, qui peut se rencontrer chez de brillants intellectuels, si elle persiste, peut être un symptôme grave. Elle est souvent due à la peur et à l'angoisse devant un nœud psychotique profondément enfoui. En ce cas, le concrétisme est un mécanisme de défense : devant une chose irrationnelle ou symbolique, le sujet a l'impression que n'importe quoi peut arriver et se barricade dans la prison rigide de ses idées et de ses obsessions.

J'ai connu le cas d'une femme psychotique qui avait une obsession : elle agrafait tous ses papiers. Je lui demandai pourquoi, et elle me répondit « qu'un jour » la fenêtre pourrait s'ouvrir et le vent mettre tout en désordre. Cette hantise était hautement symbolique : le vent représente, traditionnellement, l'esprit de l'inconscient, le souffle divin. Cet esprit risquait de faire un jour irruption dans sa vie et elle craignait de ne plus jamais pouvoir sortir de l'état de confusion mentale qui en résulterait. Elle était prisonnière d'une minutie et d'une étroitesse d'esprit extrêmes dans tous les domaines, ce qui était un pur mécanisme de défense. De telles personnes manquent totalement d'esprit d'aventure, elles ont peur et sont prisonnières d'un rationalisme très significatif. La mesquinerie exprime la même chose. On ne peut se laisser aller ni prendre de risques ; il faut que tout soit en ordre, parce que la structure mentale trop rigide peut sauter à tout moment. Il est donc aussi important pour l'analyste d'observer les réactions du sujet que le symbolisme même des contenus de l'inconscient. Cette absence de réaction est le signe d'une disposition morbide ou, comme dans notre conte, d'une nature trop fruste et trop faible pour pouvoir entrer dans un processus de prise de conscience. Dans ce dernier cas, de simples conseils de bon sens ont plus d'effet qu'une exploration de l'inconscient, dangereuse pour ces personnes. Si le conscient est trop peu structuré, le mettre en présence de l'inconscient de façon imprudente risque d'achever de le défaire et l'on doit, au contraire, tenter de consolider la conscience du moi.

CHAPITRE VII

LES SIX CYGNES

Nous venons de commenter des récits dans lesquels le périple où la quête de la femme ne consistait pas, comme celle du héros, à combattre un dragon ou à accomplir quelque haut fait, mais prenait la forme plus passive et plus intérieure de la retraite hors de la vie active et de la recherche de l'attitude juste à travers une période d'incubation.

Je me propose d'étudier à présent le conte de Grimm N° 49 intitulé : *Les six cygnes (Die sechs Schwäne)*, ainsi que le N° 25 qui a pour titre : *Les sept corbeaux (Die sieben Raben)*, car ils traitent également de cet aspect de l'animus qui met une femme à l'écart, pour un temps, de la vie active. Laissant de côté les détails de ces contes, je les aborderai simultanément parce que leur thème principal est le même : c'est celui de la sœur qui décide de racheter ses frères changés en oiseaux.

Je rappellerai brièvement ces deux contes :

LES SIX CYGNES

Un roi s'étant perdu dans la forêt au cours d'une chasse, rencontra une vieille femme à la tête branlante qui lui promit de lui indiquer le chemin à condition qu'il épouse sa fille. Malgré sa défiance à l'égard de la

jeune femme, le roi accepta. Mais, pour cette raison, il lui cacha ses enfants — six garçons et une fille d'un premier mariage — dans un château solitaire situé dans une forêt. Afin de ne pas se perdre quand il allait les voir, il se servait d'une pelote de fil de coton dont une femme sage lui avait fait cadeau. Cette pelote, en roulant devant lui, lui montrait le chemin. La reine, intriguée par ses fréquentes absences, en conçut des soupçons et finit par découvrir où il allait. Ayant appris de sa mère la magie, elle confectionna six fines chemises de soie, dans lesquelles elle cousut un charme. Ensuite, s'étant emparée de la pelote de coton pour la suivre, comme le faisait le roi, elle parvint au château. La petite fille demeura à l'intérieur, mais les garçons qui, de loin, avaient vu quelqu'un venir, coururent joyeusement à sa rencontre, l'ayant prise pour le roi, leur père. Dès qu'ils arrivèrent à sa portée, la reine jeta sur eux les six chemises et ils furent aussitôt transformés en cygnes qui s'élevèrent parmi les arbres et s'envolèrent au-dessus de la forêt.

Le lendemain, le roi vint visiter ses enfants, mais il ne trouva plus que la fillette auprès de qui il s'inquiéta de ce qu'étaient devenus ses frères. Elle lui raconta qu'elle avait regardé par la fenêtre et avait vu comment ils avaient été transformés en cygnes. Redoutant que l'enfant ne subisse un sort semblable, le roi voulut la ramener chez lui. Mais la fillette, craignant la marâtre, le supplia de la laisser passer là encore une nuit. A l'aube, elle partit à la recherche de ses frères. Après avoir longtemps cheminé à travers la forêt, elle arriva à une misérable petite hutte dans laquelle se trouvaient six petits lits. Elle se glissa sous l'un d'eux et, au moment où le soleil se coucha, six cygnes blancs entrèrent en vol par la fenêtre et se mirent à souffler les uns sur les autres jusqu'à ce que leurs plumes et duvets tombent d'eux comme des chemises. La fillette et ses frères se retrouvèrent, pleins de joie. Toutefois, les frères l'avertirent aussitôt que la maisonnette était un repaire de brigands et que si ces derniers la trouvaient là à leur retour, ils la tueraient. De plus, ils lui expliquèrent qu'ils pouvaient se défaire de leurs plumes de cygne seulement pendant un quart d'heure chaque soir. La sœur leur ayant demandé comment elle pourrait les délivrer, ses frères répondirent qu'elle ne devait ni parler ni rire pendant les six années à venir et qu'en plus elle devrait confectionner six chemises faites de fleurs d'étoiles que, les six ans révolus, elle jetterait sur eux.

La fillette quitta la hutte et s'enfonça dans la forêt pour cueillir des fleurs d'étoiles, puis elle s'installa dans la couronne d'un arbre et commença à coudre les chemises. Après qu'elle eut passé quelque temps dans l'arbre à travailler, sans pouvoir parler à qui que ce soit et sans avoir envie de rire, vint un jour où un roi chassa dans la forêt. Ses chasseurs venant à passer sous l'arbre la découvrirent et lui demandèrent qui elle était. Sans répondre, elle leur jeta la chaîne d'or qu'elle portait au cou, espérant ainsi apaiser leur curiosité. Comme ils insistaient, elle jeta sa ceinture, puis ses jarretelles, et peu à peu tous ses habits, jusqu'à ce qu'elle ne gardât plus sur elle que sa chemisette. Mais rien n'y fit, et les chasseurs l'obligèrent à descendre de son arbre et la conduisirent devant le roi. Lorsqu'il lui demanda qui elle était et ce qu'elle faisait, perchée dans l'arbre, elle resta muette comme un poisson. Mais sa grande beauté toucha le cœur du roi qui éprouva de l'amour pour elle, l'enveloppa de son manteau et l'emmena dans son château. Il lui fit revêtir les plus riches vêtements, vécut pendant quelques jours en sa compagnie et, charmé par sa modestie et ses douces mœurs, l'épousa.

Lorsque la jeune reine mit au monde son premier enfant, la belle-mère s'en empara et le cacha, et elle accusa la reine de l'avoir tué. Il en alla de même lors de la naissance du deuxième, puis du troisième enfant. Cette fois le roi fut obligé d'accepter que son épouse fût jugée, et elle fut condamnée au supplice du feu comme sorcière. Mais au moment même où on allait mettre le feu au bûcher, les six années touchèrent à leur terme et les six cygnes arrivèrent à tire-d'aile. Ayant apporté sur le bûcher les six chemises de fleurs d'étoiles, la jeune reine les jeta aussitôt sur les six oiseaux. Dès que les chemisettes touchèrent leurs corps, les plumes tombèrent et les six frères se tinrent devant elle en jeunes hommes vigoureux et beaux. Seul le cadet garda une aile de cygne en guise de bras gauche parce que sa sœur n'avait pu terminer la manche gauche de sa chemise. Dès cet instant, la reine fut enfin autorisée à parler et à se défendre des accusations portées contre elle. Ses trois enfants, preuves de son innocence, furent amenés et la maléfique belle-mère fut condamnée à être brûlée vive sur le bûcher.

LES SEPT CORBEAUX

Un homme qui avait déjà sept fils souhaitait de tout cœur une fille. Quand son vœu fut enfin exaucé, l'enfant était si petite et si fragile que le père décida de la faire baptiser d'urgence afin qu'elle pût monter au ciel au cas où elle mourrait. Vite, le père envoya un de ses fils à la source chercher de l'eau pour le baptême. Mais les garçons s'y précipitèrent tous ensemble et, chacun voulant remplir la cruche le premier, ils se bousculèrent et la cassèrent. Le père, qui attendait avec impatience, pensa que ses fils étaient des bons-à-rien qui avaient dû s'amuser en chemin et oublier de quérir l'eau. Craignant que son enfant ne mourût avant d'avoir été baptisée, il s'écria dans son emportement : « Je voudrais qu'ils se transforment tous en corbeaux ! » A peine eut-il prononcé le dernier mot qu'il entendit un bruissement d'ailes au-dessus de sa tête et, levant ses yeux, il vit voler au-dessus de la maison sept corbeaux noirs comme le charbon.

Les parents, ne pouvant reprendre la malédiction, pleurèrent la perte de leurs fils, mais ils se consolèrent quelque peu à la pensée de leur enfant chérie qui prenait peu à peu des forces et devenait plus belle de jour en jour. Cependant la fillette entendit un jour des gens parler d'elle en disant qu'elle était certes très belle, mais qu'elle n'en avait pas moins été la cause du triste sort de ses sept frères. Elle en eut un grand chagrin et s'en alla demander à ses parents ce qu'il était advenu de ses frères. Ayant appris la vérité, elle décida de partir jusqu'au bout du monde s'il le fallait, afin de les délivrer. Elle n'emporta avec elle qu'un anneau en souvenir de ses parents, une miche de pain pour apaiser sa faim, une petite cruche d'eau pour assouvir sa soif et un petit tabouret pour se reposer de la fatigue. Elle arriva d'abord près du soleil, mais il était brûlant, terrifiant et il dévorait les petits enfants. Elle se sauva en courant pour aller auprès de la lune. Mais celle-ci était glacée, horrible, méchante d'aspect, et dit : « Je sens, je sens de la chair humaine ! » Elle s'enfuit à nouveau et vint auprès des étoiles qui furent aimables et gentilles avec elle. Elles lui permirent de rester et de se reposer auprès d'elles. Chaque étoile était assise sur un petit tabouret, à l'exception de l'étoile du matin (Vénus) qui, elle, se tenant debout, lui donna un osselet tordu et lui dit : « Sans ce petit os, tu ne pourras pas ouvrir la montagne de verre ; or, dans la montagne de verre se trouvent tes sept frères. » La fillette enveloppa soigneusement le petit os dans son mouchoir et reprit son chemin. Mais lorsqu'elle arriva devant la montagne de verre et qu'elle voulut prendre le petit os, elle s'aperçut avec effroi qu'elle l'avait perdu. Après quelques hésitations, elle décida de se couper un petit doigt pour ouvrir la porte de la montagne de verre.

Dans la montagne, un petit nain vint à sa rencontre, à qui elle expliqua qu'elle cherchait ses sept frères. Il lui répondit qu'ils étaient sortis, mais l'invita à entrer pour se reposer en attendant leur retour. Puis il prépara le repas qu'il servit dans sept assiettes et la boisson qu'il versa dans sept gobelets. La fillette mangea une bouchée de chaque assiettée et but une gorgée dans chaque gobelet et, dans le dernier, elle laissa tomber l'anneau qu'elle avait emporté.

Les corbeaux rentrèrent et se mirent à table ; ils comprirent qu'un être humain était passé par là, puisqu'on avait mangé dans chaque assiette et bu dans chaque gobelet. Quand le septième frère vida son gobelet jusqu'au fond, le petit anneau en sortit en roulant. Il reconnut aussitôt l'anneau ayant appartenu à ses parents et dit : « Dieu fasse que notre sœur soit ici pour nous délivrer ! » Lorsque la fillette qui se tenait dissimulée derrière la porte entendit ces mots, elle sortit de sa cachette et les sept corbeaux reprirent immédiatement leur forme humaine. Ils embrassèrent leur sœur, et tout joyeux, ils se mirent tous ensemble en chemin pour rentrer chez eux.

Remarquons tout d'abord une intéressante variation en ce qui concerne les nombres : il y a six cygnes et sept corbeaux, mais, à la fin des deux contes, il reste huit personnes en présence. Dans l'un ce sont le roi, la reine et les six frères cygnes sauvés, et dans l'autre, la sœur ne se mariant pas, ils sont également huit. Nous nous trouvons donc en présence du problème bien connu de la relation entre le sept et le huit, qui est une variante de celle du trois et du quatre qui joue un rôle si important dans le symbolisme des nombres[1]. Dans les commentaires de rêves qui forment la première partie de *Psychologie et Alchimie*[2], Jung compare le passage du trois au quatre à la structure de la psyché et à l'intégration de la quatrième fonction qui est une étape très délicate de l'évolution psychique[3]. Le passage du sept au huit est une variante du même problème, mais le pas dangereux étant divisé, le passage est plus facile. Les nombres sept et huit symbolisent par conséquent

1. Cf. M.-L. von Franz, *Nombre et Temps. Psychologie des profondeurs et physique moderne.* Préface et trad. fr. d'Etienne Perrot, La Fontaine de Pierre, 2e édition, 1983, pp. 136 et sv. (N.d.T.)
2. Cf. C.G. Jung, *Psychologie et Alchimie,* trad. fr. d'Henry Pernet et Roland Cahen, éd. Buchet-Chastel, Paris, 1970. (N.d.T.)
3. Cf. C.G. Jung, *Types psychologiques,* préface et trad. fr. d'Yves Le Lay, éd. Buchet-Chastel, Paris, 1950. (N.d.T.)

une approche plus différenciée de la fonction inférieure et du problème du mal ou de ce qui est refoulé. Dans le symbolisme des nombres, sept est habituellement considéré comme le nombre du processus d'évolution. C'est aussi celui des sept planètes de l'astrologie classique ; celles-ci sont les éléments de base de l'horoscope et représentent les éléments archétypiques fondamentaux qui constituent toute personnalité humaine. L'idée est qu'en chaque personne, Saturne, Mars, la Lune, etc., se combinent en une configuration spécifique. Chaque personne doit, à un moment ou à l'autre, vivre et réaliser ces éléments fondamentaux, bien que, selon la structure de l'horoscope, la façon dont cela se produit soit toujours différente. Il y a les sept jours de la semaine, les sept notes de l'octave, etc. Parfois sept est le nombre de la totalité, et parfois c'est le huit, en tant que retour au un, à l'unité prise au niveau supérieur, comme c'est le cas dans l'octave musicale. Le nombre sept comprend une certaine part de tension interne, car il se subdivise en trois et quatre. Ainsi Jacob Böhme, ce mystique qui a beaucoup étudié le symbolisme des nombres[4], dit que le sept est la tension entre le haut et le bas, la trinité spirituelle et les quatre éléments terrestres, tandis que le huit est l'éclair qui relie les deux, le sept appelant le huit. Pour sa part, St Augustin rappelle que, d'après la Genèse, les six jours de la semaine correspondent au travail de la création, tandis qu'au septième jour, Dieu se reposa. Mais il ne s'arrête pas là et ajoute que si les sept premiers nombres concernent ce qui se déroule dans le temps, le huit, lui, correspond à l'éternité. Nous devons donc prendre en compte le huitième élément qui serait « hors du temps ». Le huit, comme le quatre, représente la totalité, le Soi ; avec le huit nous sortons du processus d'évolution pour entrer dans la condition éternelle stable. Ces deux contes posent donc ce problème du passage du trois au quatre, ou du sept au huit,

4. Voir le volume consacré à *Jacob Böhme*, dans les Cahiers de l'Hermétisme, éd. Albin Michel, Paris.

ce qui revient au même. Dans le premier, le problème est plus différencié, aussi ne nous servirons-nous guère du second que pour appuyer et enrichir notre développement.

Dans l'histoire des *Six cygnes,* le roi, qui s'est perdu, doit promettre d'épouser la fille de la méchante vieille en échange de sa délivrance. Nous avons vu que le roi, qui représente le principe dominant de la conscience collective, est très souvent, dans les contes de fées, malade ou dans une situation difficile. Ainsi en est-il du roi du Graal. Le conte nous présente donc une conjoncture classique, celle où le principe de la conscience collective, parvenu à une impasse, n'est plus capable de diriger ni de fonctionner correctement ; il est perdu dans la forêt, c'est-à-dire dans les profondeurs de l'inconscient. Le roi, le moi conscient, ne peut sortir de là seul. La présence de la vieille femme à la tête branlante peut faire supposer qu'il a été victime d'un ensorcellement qui l'a amené à se perdre. Cette vieille se révèle être un aspect maléfique de la Grande Mère, car elle est l'instigatrice du sort infligé aux cygnes. Le branlement mécanique de la tête est souvent un attribut des personnages diaboliques. Il existe des contes de fées où l'héroïne pénètre dans la chambre interdite où elle découvre un squelette branlant du chef. Dans *Etudes sur la psychologie analytique de C.G. Jung*[5], j'ai commenté une version de ce thème où l'héroïne, pénétrant dans la chambre interdite, y rencontre une figure de la Grande Mère appelée Maria la Maudite, assise sur une balançoire de feu. L'idée archétypique selon laquelle les démons sont animés d'un mouvement de balancement mécanique, expression de leur condition de non-racheté, se trouve exprimée dans de nombreuses descriptions des enfers : Sisyphe doit éternellement rouler le même rocher vers le haut de la montagne, et les Danaïdes sont condamnées à remplir un tonneau percé, tandis que Tantale s'efforce sans cesse d'atteindre les fruits et l'eau qui

5. *Studien zur analytischen Psychologie C.G. Jungs,* op. cit.

apaiseraient sa faim et sa soif. Il existe un rythme éternel de l'absurde, un carrousel incessant du non-sens, qui mène à proximité du but sans jamais permettre de l'atteindre, et qui est l'essence même de la torture morale. Aussi la mythologie l'attribue-t-elle aux démons et aux êtres maudits.

En psychologie, ce thème apparaît dans des cas d'obsession et aussi de psychose, ainsi que dans les matériaux oniriques. La torture qu'il comporte est une épreuve même pour le témoin extérieur : c'est la répétition de phases positives où des éléments constructifs apparaissent, où le sujet semble aller mieux, où on a l'impression que le mouvement va vers la vie — un débutant naïf pourrait même croire que son patient est guéri. Mais, au moment décisif, tout s'effondre, car le moi est trop faible pour assimiler ce mouvement ; flux et reflux, phase constructive et décomposition se succèdent. Il arrive que cette alternance elle-même cesse et que le patient devienne muet et comme stupide et se pétrifie ; aucun processus intérieur ne semble plus se poursuivre ni être capable d'émerger. Dans la mythologie, cet état est imputé au côté obscur de la divinité : c'est le châtiment, le séjour en enfer que les dieux infligent aux âmes égarées. La déesse-mère elle-même est parfois représentée ainsi. Ce mouvement absurde confère à la vieille femme du conte son caractère diabolique. Il est fréquent que les sorcières aient des filles très belles, qui, par ailleurs, sont, sur le plan moral, exactement semblables à leurs mères.

Dans ce conte, le roi épouse la jeune fille de la forêt. Mais comme il craint qu'elle ne maltraite les enfants qu'il a d'un premier mariage, il essaie de les protéger, ce qui est exceptionnel dans les contes car, en général, lorsque le roi est prisonnier d'un mariage maléfique, ses enfants sont directement persécutés par leur belle-mère. Ici, il réussit à mettre ses enfants à l'écart et leur rend visite, guidé par la pelote magique qui joue le rôle de fil d'Ariane ; mais cela ne les met pas à l'abri du danger. Le principe dominant de la conscience collective étant usé, les enfants représentent les promesses de renouveau. Le principe de conscience nouvelle qu'ils incarnent est momentanément écarté par le roi en personne. Au plan individuel, lorsque le principe de la conscience n'est plus valable, une transformation s'avère nécessaire. C'est un moment critique : la personne craint la dépression qui est absolument indispensable au renouveau, elle a peur de lâcher prise et de se trouver pour un temps face à une impression de vide. De plus, la lâcheté ou l'intérêt conscients la poussent souvent à s'agripper au passé et à entraver le processus d'évolution, et c'est là que le mal entre en jeu.

Que signifierait le fait que les enfants soient psychologiquement mis à l'écart ? Cela reflète un comportement qui est fréquent chez les individus qui atteignent ce tournant crucial ; ils se construisent une double vie ; ne réprimant pas totalement le changement qui s'annonce, ils lui permettent de s'exprimer dans une sorte d'existence parallèle. Il pourrait s'agir d'un homme d'affaires d'un certain âge, surmené, atteint des maux du P.D.G., qui, pour éviter une dépression, devient de plus en plus névrosé ; il tentera peut-être de donner place dans sa vie à son côté irrationnel en se ménageant une petite zone tranquille et limitée où il puisse laisser s'exprimer les sentiments insensés et la fonction inférieure qui est la sienne. Il veut la chèvre et le chou : il veut « organiser » les choses afin d'éviter le conflit qui consisterait, par exemple, à devoir renoncer à une importante affaire susceptible de lui apporter de gros bénéfices en peu de temps. Le samedi matin, il va se promener dans les bois, ou à la pêche, ou va le dimanche à l'église, espérant échapper ainsi à la tension qu'il ressent. Ces hommes deviennent sentimentaux à la fin de la semaine, tout en demeurant les mêmes requins aventureux les cinq autres jours. Ils font une concession à l'autre part d'eux-mêmes, mais si cela n'est pas suffisant ni intégré de façon juste, cela n'a aucun effet. Si leur destin est de devoir passer par la dépression pour parvenir à un changement d'attitude complet, une générosité totale est nécessaire et un compromis mesquin ne servira de rien. Dans le conte, la belle-mère s'empare finalement des enfants, tout comme si leur père n'avait pas essayé de les sauver.

Appliqué à l'attitude collective, le tournant dangereux est le moment où le principe féminin refoulé et devenu, de ce fait, maléfique, réapparaît à la conscience. Toute notre tradition historique présente le féminin comme négatif, car le principe de la nature n'est pas reconnu ; la conscience est trop masculine et trop rationnelle, ce qui provoque la réaction négative du monde inférieur. C'est pourquoi la seule femme du conte, l'héroïne mise à part, est une sorte de déesse-mère cruelle.

Dans *Les sept corbeaux*, c'est le père lui-même qui, dans un moment de colère, prononce la malédiction. Ce n'est pas le conscient du père qui s'exprime par là, mais un mouvement affectif incontrôlé, c'est-à-dire son anima négative : ses paroles dépassent sa pensée ; la situation est donc analogue à celle des six cygnes. Le père, tout comme le roi, représente l'attitude consciente habituelle, la norme collective, la loi, mais celle-ci est sous-tendue par un arrière-plan obscur qui s'exprime dans ces mouvements affectifs incontrôlés qui apportent la destruction.

Dans la seconde histoire est posé le problème chrétien de l'urgence de baptiser la petite fille dès que possible. Mais ses frères cassent la cruche qu'ils devaient remplir de l'eau baptismale. Le père, pris d'une « sainte colère », maudit ses garçons pour avoir fait échouer ses bonnes intentions. D'après l'enseignement chrétien, le baptême efface le péché originel, assure à l'enfant le salut de l'âme et, après la mort, le bonheur éternel, la *visio beatifica.* Si l'enfant est malade, la coutume est de procéder à un baptême d'urgence. Si l'on prend cet événement comme symbolique du destin de la petite fille, on peut dire que, vraisemblablement, l'enfant aura du mal à s'insérer dans la tradition chrétienne. Le père essaie de forcer le destin, et, ce faisant, provoque l'accident. Le parallèle psychologique à cela serait la situation provoquée par un conscient qui s'agrippe aux anciens principes et aux anciennes traditions. Le conte nous montre qu'apparaît alors le côté obscur du père dont la malédiction involontaire retombe sur les garçons.

Dans l'un des contes, les garçons sont transformés en cygnes et dans l'autre, en corbeaux. Ces oiseaux ont un symbolisme analogue sous bien des aspects : ainsi tous deux étaient des oiseaux d'Apollon. Le cygne a une histoire mythique passionnante. Chacun connaît celle de Léda. Le *Lexique de la superstition allemande (Handwörterbuch des deutschen Aberglaubens)* nous apprend que le mot *Schwan* a la même racine que le mot latin *sonare,* qui signifie résonner ou sonner, ce qui fait allusion au fameux « chant du cygne ». Bien que le fait ait été démenti par la plupart des naturalistes, on attribuait à cet oiseau le fait d'émettre un très beau chant au moment de sa mort. Le zoologue Brehm fait remarquer que, vieillissants, les cygnes ne peuvent plus plonger avec assez de vivacité pour se nourrir ; affaiblis par le jeûne, et n'ayant plus la force de rejoindre des régions plus tempérées pour y passer l'hiver, ils finissent prisonniers de la glace, dévorés par les autres animaux, ou bien ils meurent lentement de faim. A leurs derniers instants, ils poussent une plainte amère. Ce cri étrange lancé par les vieux cygnes mourant sur la glace est probablement ce qui a donné lieu à la légende sur le chant du cygne. La beauté de l'oiseau, l'attrait de son plumage immaculé, ont suggéré l'idée que c'est un être surnaturel. On dit qu'il connaît à l'avance le moment de sa mort et on le suppose capable — comme de nombreux autres oiseaux — de prédire l'avenir et le temps qu'il fera. L'expression allemande : *mir schwant* signifie avoir un vague pressentiment, ou une intuition, une idée concernant l'avenir.

Parce qu'il connaît l'avenir, le cygne est l'oiseau sacré d'Apollon dans la mythologie grecque et de Njödr dans la mythologie nordique. Il joue un grand rôle dans le thème mythologique célèbre de la jeune fille-cygne dont il existe de nombreuses variantes. *Un chasseur rencontre,* par exemple, *trois belles jeunes filles qui, s'étant dépouillées de leurs vêtements de plumes, se baignent. Il emporte l'un de ces vêtements, si bien que l'une d'elles est dans l'impossibilité de retrouver sa forme d'oiseau. Il enlève la jeune fille et l'épouse, mais il fait plus tard une erreur ou se comporte mal avec elle. Reprenant son plumage, elle s'envole et disparaît à jamais, à moins qu'il ne la retrouve après un long et pénible voyage et de multiples aventures.* Si, vous promenant seul dans les bois, vous rencontrez un être étrange dont vous ne savez s'il est une hallucination ou un être réel, regardez ses pieds, vous disent la mythologie et le folklore, car les êtres démoniques ont des pieds de cygnes, preuve qu'ils ne sont pas des êtres humains, mais des esprits. Dans l'ancienne Angleterre, on jurait par le cygne, ce qui montre que ce palmipède y était revêtu d'une valeur sacrée. Comme à tous les volatiles, on lui a, de tout temps, associé certaines qualités démoniques, qui correspondent psychologiquement aux intuitions, pressentiments, idées et sentiments qui surviennent brusquement, comme de nulle part, et qui disparaissent de même[6].

Lorsqu'il s'agit du thème de la jeune fille-cygne, racheter l'anima de sa condition de volatile signifierait pour l'homme qu'il accepte de se concentrer sur ses états d'âme et ses pensées semi-conscientes en se demandant pourquoi elles lui viennent. Symboliquement, il capture la femelle cygne, l'empêchant de devenir un simple état d'âme et de s'envoler par la fenêtre avant qu'il ait pu retenir la valeur humaine que cet oiseau représente. Il lui faut d'abord s'emparer du vêtement de plumes pour rendre à l'oiseau sa qualité humaine. Mais il ne suffit pas de le faire une fois. Même celui qui a compris ce qu'est l'anima peut très bien la laisser un jour reprendre son vêtement de plumes et s'envoler par la fenêtre ! De

---

6. Cf. M.-L. von Franz, *La Voie de l'individuation dans les contes de fées*, trad. cit., en particulier la conclusion : « Le symbolisme de l'oiseau. » (N.d.T.)

même, si une femme ne surveille pas quotidiennement son animus, il reprend vite son ancienne forme volatile. Un constant effort conscient est nécessaire pour que ces entités intérieures s'humanisent en restant reliées à la conscience, car les épouses-cygnes et les frères-oiseaux-amants tendront toujours à reprendre leurs vêtements de plumes et à s'envoler. C'est pourquoi, pris négativement, le cygne représente la qualité inconstante et inhumaine de l'anima. Sous son aspect positif, il représente la possibilité de la connaissance et de hautes réalisations intérieures. On comprend dès lors l'importance que les anciens alchimistes donnaient à la « fixation du volatil ».

Par rapport à la conscience chrétienne, le cygne représente un contenu préchrétien. Dans son livre, *Wotan und germanischer Schicksalsglaube*, Martin Ninck dit que le cygne est le compagnon naturel de Wotan. Si un aspect déjà relié à la conscience humaine est contraint de reprendre son aspect d'oiseau, il subit une régression. Autrement dit, des contenus de l'inconscient déjà partiellement intégrés peuvent, en raison d'une détérioration de l'attitude humaine consciente, être à nouveau refoulés dans l'inconscient.

Historiquement, toute une série d'événements appartenant à notre culture relèvent de ce type. Au douzième et treizième siècles, les pays de culture germanique virent les chevaliers chrétiens se mettre au service de leurs dames, tandis que dans les régions occitanes, troubadours et *fedeli d'amore* développaient le culte de la femme et de l'éros. Le symbolisme de l'inconscient était accepté et trouvait sa place dans la vie. A cela s'ajoutait une certaine reconnaissance de la nature, du corps et de la matière. Ce n'est pas un hasard si, à cette époque, l'alchimie et son symbolisme furent si florissants. Mais sous l'influence de la Réforme et de l'extraversion néfaste de la Renaissance, ces mouvements disparurent. Si l'alchimie survécut encore quelque temps, par contre on oublia jusqu'à l'enseignement d'un Maître Eckhart ou d'un poète tel que Walther von der Vogelweide, et le

Minnedienst, le service d'amour, redisparut. C'est ainsi qu'une attitude psychologique extrêmement prometteuse, comportant la reconnaissance du principe féminin, se trouva tout à coup réprimée par le raidissement de l'attitude chrétienne consciente, raidissement dû en partie à la cassure provoquée par la Réforme et la Contre-réforme, mais aussi au développement du progrès technique rationnel qui apparut alors[7]. Certains aspects du service d'amour ne semblaient plus admissibles à la conscience chrétienne. A l'époque médiévale, on avait eu l'esprit plus large et une morale moins étroite. Le développement historique rationnel a évidemment eu de nombreux aspects positifs, mais, en ce qui concerne l'anima, ce fut une régression. Les contes des princesses-oiseaux montrent qu'elle fut contrainte de fuir après s'être à nouveau glissée dans son plumage de cygne.

Comme nous nous intéressons spécialement ici à la psychologie féminine, revenons au conte des six frères cygnes, à notre héroïne et à son destin pour examiner ce qu'il lui fallait accomplir pour rendre à leur condition humaine ses frères ensorcelés.

De façon curieuse, en mythologie, on a de tout temps considéré que le corbeau était blanc à l'origine. Ainsi, dans la mythologie du nord de l'Amérique et la mythologie circumpolaire, il est une figure prométhéenne, devenue noire d'avoir été brûlée en apportant le feu et la lumière à l'humanité. Des légendes germaniques affirment aussi que les corbeaux étaient blancs à l'origine et la mythologie grecque dit qu'ils devinrent noirs sous l'effet de la malédiction d'Apollon, pour avoir commis un péché. Dans le folklore, la corneille est considérée comme la femme du corbeau, tout comme le

7. Cf. Etienne Perrot, *Coran Teint. Le livre rouge*, La Fontaine de Pierre, 1979. Souriate VII : « Roma-Amor » ; souriate VIII : « Zoroastre » ; souriate XV : « Thélème ». Cf. aussi du même auteur, *La consolation d'Isaïe*, La Fontaine de Pierre, 1982, *passim*. (N.d.T.)

cheval est le mari de la vache. Le corbeau est un oiseau ambigu : lorsque Noé l'envoya en mission, il quitta l'arche, découvrit la terre asséchée, mais resta à se repaître des cadavres et ne revint pas. Noé l'attendit en vain, puis envoya à son tour la colombe qui lui rapporta la branche d'olivier ; depuis lors, le corbeau fut mal coté dans la Bible. Dans son article sur l'esprit céleste et l'esprit terrestre, le Père Hugo Rahner fait de la colombe l'esprit céleste et du corbeau l'esprit du diable et des sorcières. Mais, puisque les opposés contiennent toujours la semence de leur propre contraire, les corbeaux ont aussi été considérés comme des oiseaux très sacrés : car ils apportent la nourriture à St Jean dans l'île de Patmos et à Elie au désert. Dans la tradition chrétienne, le corbeau est aussi un messager de Dieu qui apporte l'aide divine aux saints et particulièrement aux ermites. Il est étrange de constater qu'il y a toujours eu deux façons simultanées et apparemment contradictoires d'envisager le symbolisme du blanc et du noir. Le qualificatif français *blanc* et l'allemand *blank* ont la même racine qui signifie « brillant » et peut s'appliquer à toute surface polie, qu'elle soit blanche ou noire. Psychologiquement ceci est aisé à comprendre et correspond à l'identité secrète des contraires. Dès qu'un opposé atteint son point extrême il contient déjà son inverse. De ce point de vue l'on peut dire que le corbeau représente les pensées sombres en même temps que la lumière qui tout à coup peut en surgir et les transpercer. En Suisse alémanique on dit : « Il y a là un oiseau. » L'oiseau figure les concepts et les intuitions involontaires qui apparaissent en nous tout à coup. Nous croyons que ces pensées sont de notre fait, alors qu'elles se posent dans nos têtes, tels des oiseaux. Ce sont des contenus autonomes. L'idée qui me vient à cet instant n'est pas la mienne, je ne l'ai pas encore « pensée », sinon je l'aurais déjà saisie et mise en cage ; elle m'est tout simplement venue. A ce stade où je n'ai pas encore vraiment décidé si oui ou non je la fais mienne, elle a forme d'oiseau. Elle représente un éveil préconscient. Attraper l'oiseau serait en prendre possession à l'aide de la réflexion critique.

Dans les rêves, les corbeaux sont généralement l'expression de pensées tristes, mélancoliques. Vous avez probablement eu l'occasion de voir des tableaux peints par des personnes déprimées, où au-dessus d'un bois sombre, d'un désert, ou d'une mer déchaînée, des multitudes d'oiseaux noirs traduisent les pensées désolées, déprimantes que l'on a en un pareil moment, telles que : « Je suis une (ou un) moins que rien, je n'irai jamais mieux, je n'arriverai à rien... » Le corbeau est alors un oiseau de malheur. Mais il est aussi un messager de Dieu parce qu'une dépression peut être féconde, créatrice, si l'on accueille de façon juste les pensées noires qu'elle sécrète, si l'on se dit : « En effet, je suis peut-être une moins que rien, mais en quel sens ? » Le meilleur moyen de venir à bout d'une dépression n'est pas de la combattre — la radio et le *Reader's Digest* ne font qu'aggraver les choses —, c'est d'y pénétrer. Il vaut beaucoup mieux laisser monter ces pensées sombres, les accueillir, non pour les ressasser, mais en se demandant ce qui nous fait penser ainsi. Alors, très souvent ces pensées noires qui étaient prisonnières des profondeurs de l'âme apportent le pain dont on a besoin. Le but réel d'une dépression est de nous remettre en contact avec l'inconscient, avec le principe divin. Les ascètes et les ermites entraient volontairement en dépression et s'y abandonnaient jusqu'à ne plus rien savoir et jusqu'à épuisement de leurs forces. La conscience rationnelle a périodiquement besoin d'être obscurcie pour que la lumière nouvelle puisse jaillir, et avec elle de nouvelles possibilités créatrices, c'est pourquoi le cygne et le corbeau traduisent des réalités très proches. La même chose est exprimée en alchimie où le corbeau figure la *nigredo*, ce noir qui est le premier arcane, la matière première du grand œuvre : il est nécessaire d'accepter de se confronter avec l'ombre et avec l'obscurité de l'inconscient dans la mort du moi, pour que se produise la « transmutation ».

Chez un homme, l'héroïne de ce conte représenterait l'aspect de son anima qui est lié à ses pensées inconscientes non agréées par la mentalité traditionnelle. Chez une femme, cela signifierait que la femme pense selon des voies réprouvées officiellement. Tout particulièrement dans notre civilisation, l'esprit féminin est habituellement proche de la nature aussi bien sous ses formes positives que négatives. Dans le monde ordinaire de la presse et de la science, les femmes aiment à traiter les sujets originaux rejetés par l'ensemble de la pensée officielle scientifique et religieuse. Comme elles prennent de façon moins absolue le travail de l'esprit, elles ont le grand avantage de pouvoir se montrer plus libres et plus souples à son sujet car, si quelque chose n'a pas une importance vitale, pourquoi ne pas en traiter avec audace ?

Ce qui suit m'a toujours frappée comme un exemple classique des façons différentes dont fonctionnent un esprit d'homme et un esprit de femme. J'eus l'occasion de faire part à un professeur d'électronique d'un phénomène parapsychologique : trois fois de suite un verre s'était brisé juste avant la mort de quelqu'un. Le professeur bondit et me dit que ce n'était qu'un hasard. Comme j'insistais, il me regarda et me dit tout à coup que si ce que j'avançais était vrai, il ne lui resterait qu'à se faire sauter la cervelle ! Je m'étonnai qu'il fît preuve d'une si surprenante étroitesse d'esprit, et lui demandai pourquoi nous n'examinerions pas la question objectivement, tout en l'assurant que je comprendrais qu'il ne se range pas à mon avis. Il m'avoua alors qu'il avait enseigné à tant de générations comment se passaient les choses, tout le reste n'étant pas scientifique mais absurde, qu'il ne pourrait survivre à un démenti. C'était une réaction honorable bien que non créatrice : cet homme prenait la responsabilité de ce qu'il enseignait et ce genre de personne se range parmi les meilleurs professeurs. Il avait du sérieux, mais manquait d'idées personnelles et pour lui la vérité et l'erreur étaient clairement définies. Chez une femme, pareille attitude aurait correspondu à un raidissement stupide de l'animus. Les convictions ultimes de la femme se situent dans le domaine de l'amour et des problèmes concernant celui-ci. Dans la sphère intellectuelle, elle est plus libre. Une transformation de ses idées scientifiques n'est pas pour elle une question de vie ou de mort, elle accepte d'examiner le problème, de vérifier, et si l'examen est concluant, d'adopter la nouvelle conclusion. Cela explique pourquoi les femmes sont les premières à se rallier aux mouvements naissants. Il faut plus de temps aux hommes pour adopter de nouveaux éléments et de nouvelles idées. La façon plus détendue de penser des femmes leur permet d'avoir sur l'homme une influence très positive en l'amenant à une attitude plus souple. La femme dans ce cas est créatrice en ce qu'elle produit sur l'homme un effet fécondant, grâce à son attitude fantaisiste, libre et vivifiante. Le danger lié à cette tendance féminine positive serait de se laisser asservir par un mouvement qu'elle adopte ou l'homme dont elle est l'inspiratrice. Hitler était suivi par une horde de furies qui avaient perdu tout sens critique. Il est mythologiquement juste de dire que les femmes sont davantage en harmonie que les hommes avec les idées dans leur état naissant. Elles y trouvent plus de liberté et peuvent y communiquer avec les contenus réprimés de l'inconscient qui commencent à émerger. De nombreuses civilisations connaissent ce type de prêtresse, voyante, médium qui sait « sentir le vent » et prédire le temps qu'il fera ou les événements futurs.

Dans le conte, la tâche de la femme est de ramener dans le champ de la relation humaine un contenu qui s'y trouvait auparavant, les cygnes ou les corbeaux. Pour cela, elle ne doit ni parler ni rire pendant six ans et confectionner des chemises de stellaires. C'est en opposant les chemises de stellaires aux chemises de la sorcière qu'elle pourra racheter ses frères. L'envoûtement et le désenvoûtement se pratiquent souvent dans les contes de fées au moyen d'un vêtement ou d'une peau d'animal, une peau de loup ou d'ours par exemple, dont on recouvre la personne concernée. Dans de nombreux contes, il faut s'emparer rapidement du vêtement magique ou de la peau d'animal. La peau ou le vêtement représentent la façon dont une personne se conduit, ou bien ils sont le masque, la *persona*, sous lesquels quelqu'un se cache. Je veux avoir une apparence différente de ce que je suis ; en ce cas, le vêtement devient un déguisement, le personnage que je veux montrer aux autres. Les nombreuses cérémonies mystiques où les participants apparaissent complètement dévêtus sont celles où se révèle la vérité nue. Par contre, le vêtement peut être l'expression fidèle de ce que l'on est, la manifestation authentique de la personne. Il semble que la plupart des gens aient l'impression de n'être qu'une masse informe et vague de pensées et d'actions et qu'il leur est très difficile de s'exprimer et de permettre aux autres de les situer. Si l'on est la proie d'une émotion, il faut l'exprimer, mais les gens très fortement introvertis pensent que l'autre devrait être assez fin pour deviner leur état d'âme : ils demeurent enfouis sous la peau animale, n'ayant aucun moyen de montrer à l'autre ce qu'ils redoutent, ce qui leur déplaît ou ce qu'ils pensent de lui. Quand, envahi par l'émotion, vous êtes dans l'incapacité de vous exprimer et de dire ce qui la provoque, vous devenez comme un animal. Il faut que l'affect soit différencié et intégré pour pouvoir être exprimé.

Il existe de nombreuses façons de se dépouiller de la peau d'animal et de redevenir humain. Il peut être d'une importance vitale pour quelqu'un de communiquer une émotion ou une résistance. Les enfants doivent pouvoir exprimer les résistances qu'ils éprouvent à l'égard de leurs parents, et les patients à l'égard de l'analyste. Toute la question est de savoir s'il leur est possible de parvenir à une expression telle qu'elle soit humainement recevable. L'émotion est alors partiellement déchargée de son agressivité, de son mordant et de son venin. Si la formulation a trouvé une forme humaine, seule une personne inhumaine la repoussera. Mais il arrive qu'on se laisse prendre par l'émotion agressive et qu'on l'exprime trop brutalement. Parfois certains patients se méfient tellement de leur agressivité qu'ils expriment par écrit leur résistance, mais cela est inefficace, car tandis qu'ils lisent leur texte très gentiment, leur voix tombe ou quelque chose d'autre se passe qui trahit leur agressivité. Au niveau du sentiment, le problème n'a pas été résolu et l'analyste se sent attaqué de façon injuste et inhumaine. Il convient alors de regarder en face les résistances du patient et de chercher à établir avec lui, ce qui, en nous-même, a éventuellement pu la provoquer, ou ce qui fait partie de ses propres problèmes et d'une phase négative du transfert. Malgré l'apparence, l'émotion n'a pas été maîtrisée. Dans une relation, la difficulté vient de ce qu'il faut s'humaniser jusqu'au niveau le plus enfoui de la vibration physique ; il ne suffit pas de se dissimuler derrière une apparence courtoise. On a beau se dire qu'on s'est montré très poli et dépourvu d'agressivité, la charge affective a gâté l'atmosphère ; les deux personnes en présence étant aussi animales, l'une et l'autre reçoivent les décharges psychiques. L'humanisation de semblables dynamismes archétypiques est l'un des aspects de l'individuation, car elle suppose une prise de conscience et une intégration difficiles. Mythologiquement, cette humanisation des contenus inconscients a pour correspondant la grande tâche qui consiste à rendre à la vie humaine une personne ensorcelée. C'est le thème de la rédemption qui figure dans toutes les mythologies. Ce qui caractérise une rédemption religieuse est qu'elle rend un être humain à la plénitude de sa condition. Nous touchons là au profond mystère de l'évolution intérieure.

La confection des chemises de stellaires figure un travail assidu étiré sur de nombreuses années et effectué au niveau intérieur le plus profond et avec le maximum de concentration. Psychologiquement, cette tâche consiste à découvrir le moyen de permettre aux contenus inconscients irrationnels représentés par les cygnes de se réinsérer dans la vie de façon humaine et d'une manière qui ne bouleverse pas et ne désintègre pas l'univers conscient. Dans le processus d'intégration, c'est faire œuvre artistique et créatrice que de donner un mode d'expression adéquat aux contenus inconscients. L'art du poète ou du peintre consiste à représenter un contenu de l'inconscient de façon à pouvoir le manifester aux regards de la société. Les artistes, assaillis par des charges affectives démoniques, les traduisent en formes humainement recevables : l'œuvre qui en résulte est l'affirmation raisonnable d'une différence. Si ce peut n'être parfois que le résultat d'une possession par l'animus ou l'anima, ce qui fonde la critique ou la résistance peut être, tout aussi bien, une affirmation vraie de soi-même. Se garder de la *participation mystique* et de l'instinct grégaire est un aspect de l'individuation.

On peut cependant se faire illusion lorsque l'on essaie de vaincre une résistance. J'ai vu nombre de patients tomber dans ce piège : ils luttent avec leur animus ou leur anima, réagissent contre leur émotion et pensent qu'il est inutile d'en parler en séance. Mais c'est une illusion ! Même si l'on croit en être venu à bout, il serait bon de dire : « La semaine dernière, j'ai ressenti une résistance épouvantable, j'étais furieux contre vous, je ne voulais pas revenir, et finalement j'ai compris que ce n'était pas objectif. » Si vous êtes en contact avec quelqu'un et éprouvez pour cette personne de la haine pendant des semaines avant de pouvoir surmonter ce sentiment, pourquoi ne pas le dire ? Ne pas le faire est inhumain. Une résistance comporte généralement une grande part de projection, mais l'analyste y a sa propre part de responsabilité et il est important qu'il connaisse l'origine du drame. Si le patient exprime son émotion passée, l'analyste peut comprendre en quoi il doit peut-être modifier son attitude et, par ailleurs, cela permet de travailler le problème du patient et de chercher la cause de ses projections négatives. En prétendant qu'une résistance une fois vaincue, il est inutile d'y revenir, on se retranche partiellement de la relation.

Je pense qu'une attitude chrétienne de bonté risque de

masquer les difficultés et efface la possibilité d'une relation vraie. L'amour de St Paul qui « supporte tout » devient pessimisme aveugle si on le comprend comme le fait d'endurer passivement et en silence la souffrance de ses propres résistances quand le destin nous a offert la chance de pouvoir la partager.

Je voudrais ajouter quelques mots au sujet des exploits que la jeune fille doit accomplir, dans les contes des *Six cygnes* et les *Sept corbeaux*, pour libérer ses frères. Nous avons évoqué le thème des chemises faites de fleurs étoilées qui permettent aux oiseaux de recouvrer leur forme humaine. La fabrication de ces vêtements revient à donner un mode d'expression humain aux contenus de l'inconscient, permettant de les intégrer à ce niveau. Ceux-ci sont de nature soit émotionnelle, soit plutôt spirituelle : idées montant de l'inconscient. Ils tiennent généralement de l'un et de l'autre, car l'émotion s'accompagne souvent de pensée et, réciproquement, une idée venue de l'inconscient renferme en général une dose importante d'émotion. Le tissu des chemises est composé de fleurs étoilées. Il pousse dans les bois, au pied des arbres, dans la mousse, là où tombe un rayon de soleil, de petites fleurs très simples sur des tiges presque sans feuilles ; ces anémones portent en allemand le nom de « *Sternblume* », fleur d'étoile. Elles sont d'un blanc verdâtre et semblent des étoiles tombées dans la mousse sylvestre ; des étoiles qui croissent sur terre au lieu de briller dans le ciel.

Le thème de l'étoile venue d'en-bas est archétypique et revêt une grande importance dans la pensée alchimique. Paracelse, le médecin et grand alchimiste suisse et l'un de ses élèves, Gérard Dorn, cités fréquemment par Jung dans ses ouvrages sur l'alchimie, émirent l'hypothèse d'une correspondance entre les étoiles et les plantes. Cette idée a son origine dans les conceptions aristotéliciennes et arabes médiévales selon lesquelles toute herbe ou fleur, étant l'image terrestre d'une constellation, a une correspondance astrologique. On retrouve à l'arrière-plan de cette conception la théorie des *signaturae rerum*[8]. Dorn élabora un ouvrage alchimique dans lequel on peut voir une imagination active. L'auteur n'y utilise pas la peinture ou l'écriture, mais les mélanges de substances, dans lesquels il projette le symbolisme du processus d'individuation. Selon lui, il est essentiel, à un certain stade du travail, de « façonner les cieux inférieurs ». A cette fin, il recommande d'extraire la lie du vin vieux et le tartre (dépôt de croûte dure qui se forme sur les flancs du tonneau) et de les distiller jusqu'à ce qu'ils produisent un liquide de couleur bleue : les cieux inférieurs auront ainsi été engendrés. Il faut ensuite y introduire des étoiles, ce que l'on fait en y mettant, entre autres choses, des fleurs jaunes, les *Cheyri*. On cuit le tout, et le résultat correspond au dernier stade de la confection de la pierre philosophale, à savoir l'union ultime avec la totalité de la nature cosmique. Une fois les cieux inférieurs établis, on est en effet uni à l'*unus mundus*[9], la nature cosmique divine.

Dans la mesure où nous pouvons pénétrer la pensée de Dorn, son idée aurait été la suivante : avant de créer le monde, Dieu le conçut en Son esprit ; telle était la doctrine universelle. En bon architecte qui élabore un plan avant d'entreprendre une construction, Dieu conçut une image mentale du monde et de son contenu avant d'en développer les multiples réalisations dans la matière. Cette somme de concepts est identifiée dans la théorie scolastique à la figure féminine archétypique de la Sagesse de Dieu. On a appelé celle-ci la somme des *typi* ou des *idées archétypiques*. Dorn qualifie ce monde conceptuel divin d'*unus mundus* ; l'harmonie du cosmos est due à ce que la multiplicité des objets ne vient à l'existence que par la seule réalisation de ce plan unique. Avant que ce modèle du monde ne se matérialise, il n'y

8. Cf. C.G. Jung, *Psychologie et Alchimie* trad. cit., *passim*, et aussi *Paracelsica*, dans *Synchronicité et Paracelsica*, (N.d.T.)
9. Cf. C.G. Jung, *Mysterium conjunctionis*, trad. cit., vol. 2, VIe prtie, et M.-L. von Franz, *Nombre et Temps*, trad. cit., *passim*. (N.d.T.)

avait pas d'objets distincts comme dans le monde que nous connaissons, mais comme des sortes de germes rassemblés dans un liquide, ou quelque chose de semblable. C'est ainsi que l'unité de la divinité se reflétait dans la matière. Ce monde un qui se dissimule derrière les apparences de notre monde concret est le cosmos auquel l'alchimiste s'unit et avec lequel il ne fait plus qu'un. Ceci ne se fait pas toutefois à la façon des panthéistes : l'idée de ces derniers était de devenir un avec le monde physique présent, tandis que, pour Dorn, il s'agit de s'unir avec le germe de l'unité qui se cache derrière la multiplicité de l'existence présente[10].

Le taoïsme chinois renferme une notion similaire. Lorsque l'homme illuminé, le maître taoïste, est en Tao, il vit non pas au niveau de la réalité elle-même, mais de ses germes. Dans le *Yi King*, à l'hexagramme 16, il est dit : « Ferme comme une pierre ». La pierre philosophale, le sage, « reconnaît les germes et agit sur-le-champ ». Il arrive qu'une forme de mal n'existe encore qu'au niveau archétypique, qu'elle soit « dans l'air » et ne trouve qu'ultérieurement son expression dans un crime individuel ou dans une agression collective. Lorsque l'événement se produit, il est trop tard, on ne peut plus revenir en arrière, comme on aurait pu le faire lorsque le mal n'était encore qu'à l'état de germe. S'il est inconsciemment constellé sans avoir encore commencé à se réaliser, il est possible d'agir sur lui. A ce stade, on peut influencer le destin si on le comprend et que l'on se rende compte de ce qui se prépare. L'homme sage est celui qui reconnaît les germes ; il est en mesure de saisir ce qui se déroule derrière l'écran des apparences, dans l'inconscient ; il peut donc avoir une action sur les événements et leur donner un tour meilleur ou une expression créatrice. Etant en relation avec le monde invisible qui sous-tend la manifestation, il peut agir à temps. On

10. Voir M.-L. von Franz, *Nombre et Temps*, trad. cit., chap. XIII et XIV et *Aurora consurgens*, trad. fr., La Fontaine de Pierre, 1982, IIIe partie, chap. I. (N.d.T.)

retrouve la même idée chez l'alchimiste qui s'unit à l'*unus mundus*, à la totalité des constellations archétypiques cachées derrière la réalité. Il les connaît, il est en relation immédiate avec elles : là est la source de l'énergie qui lui confère une influence créatrice sur le déroulement du devenir.

Le terme de « constellation » est issu de *stella*, l'étoile. De même qu'une constellation est un ensemble d'étoiles disposées dans un certain ordre, une constellation psychologique est un ensemble de contenus psychiques. Si un élément X, totalement inconnu, se présente à nous sous une forme complexe, nous disons : « Tel problème, telle situation, est constellé ». Nous entendons par là que cet ensemble de contenus inconscients, étant activé, atteint le seuil de la conscience ; il surgit intérieurement sous forme de rêves, de visions, de phantasmes, mais souvent aussi, extérieurement, sous la forme d'événements synchronistiques. Imaginons une patiente qui rêve de façon exceptionnelle et inattendue qu'elle est menacée par les vagues de la mer, par un lion, ou tout autre danger, alors que, consciemment, elle ne souffre que de la monotonie de la vie et de maux de tête. L'inconscient annonce une constellation émotionnelle archétypique, un X, qui ne s'est pas encore manifestée à l'extérieur. On l'enregistre mentalement, l'analyse se poursuit et les mois passent, avec toutefois le sentiment que cette terrible attaque de libido correspondant aux vagues ou au lion demeure encore latente. Et voilà qu'un jour un homme charmant fait son apparition et invite cette femme à un apéritif. Les maux de tête de la femme s'estompent, mais son mari rêve d'un accident de circulation et la femme, de voleurs : on peut dire que le problème, caché jusque-là, est à présent constellé.

Précédemment, elle passait son temps à regarder par la fenêtre, quelque chose en elle étouffait, cherchait à susciter de la chaleur, un conflit, une aventure et de la vie. Comprendre ses rêves de raz-de-marée ou de lion six mois auparavant eût été connaître les germes. Au moment de sa rencontre avec cet homme, la situation se constelle et fait son apparition dans le monde extérieur. Un certain ordre préexiste dans une constellation de ce genre. Un archétype implique de l'ordre et de l'arrangement : on y distingue une direction, une racine, et on soupçonne plus ou moins où cela va conduire. La montée de la mer est l'image de la montée des contenus inconscients profonds chez la rêveuse et l'on se rappelle que le symbolisme du lion peut avoir divers sens. Suivant la façon dont le conscient du sujet pourra accueillir ces contenus psychiques, cela aboutira peut-être à une banale histoire d'amour, un divorce, ou encore à un trouble psychotique, à une tentative de suicide ou à un débordement d'émotion avec la souffrance et l'élargissement de conscience qui l'accompagnent — il est impossible de le prédire. La seule chose dont on puisse être certain est que la vie ne s'écoulera pas sans secousses dans les quelques années à venir : on voit que, derrière le terme de « constellation » se cache tout un mystère.

Nous avons vu qu'étymologiquement « constellation » eut son origine dans l'astrologie. Comme le fait remarquer Jung, l'astrologie est une tentative médiévale pour décrire de façon scientifique la synchronicité à l'aide d'observation d'événements synchronistiques célestes. Les étoiles présentent une merveilleuse combinaison d'ordre et de désordre ; il existe à la fois des événements réguliers et d'autres irréguliers, comme les météores.

Coudre un vêtement pour délivrer des êtres humains de la forme animale dont ils sont prisonniers serait leur fournir un mode d'expression humain, mais utiliser pour cela une constellation archétypique, des étoiles, est pour le moins paradoxal : en effet, c'est, en quelque sorte, en confectionnant une constellation archétypique que l'on aide les contenus inconscients à trouver une expression humaine. Lorsque nous interprétons correctement un rêve ou un mythe, que faisons-nous, sinon d'amplifier les matériaux oniriques et les associations du rêveur en les enrichissant d'autres thèmes archétypiques appartenant à la même « constellation » ? Nous utilisons les thèmes archétypiques comme des fleurs d'étoiles pour permettre d'intégrer le contenu onirique. Si nous étudions la mythologie, c'est afin d'avoir une connaissance suffisante des constellations archétypiques pour coudre des chemises destinées aux contenus de notre propre inconscient et de celui de nos patients. C'est ainsi que l'on amène à la conscience et que l'on humanise les contenus psychiques.

En règle générale, les fleurs sont aussi en relation avec les sentiments. Un homme offre des fleurs à une femme pour lui exprimer son amour ; on en apporte aux amis chez qui l'on est invité et l'on exprime par elles sa reconnaissance. Elles marquent naissances, mariages, enterrements, etc... Il est bien connu que la rose symbolise l'amour et l'éros. Au lieu d'avoir recours à ces fleurs-étoiles pour sauver ses frères, la jeune fille aurait pu tout aussi bien fabriquer un objet à l'aide de pierres ou d'autres matériaux. Le fait qu'elle utilise des fleurs met l'accent sur le besoin féminin de réalisation d'une constellation archétypique au niveau du sentiment ; chez la femme, en effet, la réalisation intérieure se fait par le sentiment, c'est dans ce domaine que lui vient l'illumination. Elle fait son ouvrage, installée dans un arbre, sans doute pour se protéger des animaux sauvages, comme on le ferait encore, par exemple, en Afrique. Nos cousins les singes y passent leurs nuits par souci de sécurité. Les arbres étant surélevés par rapport au sol, on y est relativement à l'abri de la plupart des espèces de serpents ou autres animaux dangereux. Mais, en religion comparée, l'arbre et le fait de grimper à un arbre signifient se rapprocher du ciel, de même que l'on monte au sommet d'une montagne pour converser avec les dieux et les esprits célestes. Mircea Eliade, dans son livre déjà cité : *Le Chamanisme,* décrit comment, au moment de son initiation, le chaman sibérien se hisse dans un bouleau d'où il parle aux esprits. Dans un état d'extase, au cours d'un « vol » ou d'un voyage mystique, il entre en relation avec l'autre monde et reçoit l'illumination. C'est ainsi qu'il est initié. L'instructeur chaman grimpe dans un bouleau élevé, le disciple dans un second moins haut et une corde est tendue entre les deux arbres, le long de laquelle le maître envoie au nouvel initié tous les objets dont il aura besoin dans son activité : le tambour, la ceinture, les amulettes etc., tandis que les puissances célestes lui transmettent les pouvoirs qui lui seront ultérieurement nécessaires pour accomplir sa mission de chaman. Les chamans, hommes-médecine et autres personnes de ce genre sont seuls reliés à l'autre monde, et leur lien magique avec celui-ci est symbolisé par la corde que le nouveau chaman a reçue dans l'arbre de son initiation. Lorsqu'il en redescend, on célèbre une grande fête. L'extase et la relation avec l'autre monde signifient qu'il est relié et « encordé » à sa propre croissance psychologique, autrement dit à son propre processus d'individuation.

L'anecdote véridique suivante illustre la façon dont cet archétype peut encore, de nos jours, effectuer une percée. L'histoire se passa aux Etats-Unis. Un jeune homme d'environ seize ou dix-sept ans était au bord de la schizophrénie. Ses parents, effrayés de son état, le confièrent à un oncle, fermier dans les plaines du Middle West, dans l'espoir qu'un dur travail le guérirait. A son arrivée, au lieu de se mettre à l'ouvrage, le garçon se constitua une réserve de nourriture et grimpa dans un arbre où il se construisit une sorte de nid. Plutôt que de faire appel à un psychiatre ou d'insister sur la nécessité du travail, le fermier s'exclama : « Qu'il aille au diable ! S'il veut s'installer dans un arbre, eh bien, qu'on le laisse faire ! », et il le laissa. Personne ne vint le déranger, sinon pour lui donner de la nourriture. Après trois semaines ou un mois passés dans l'arbre, assis dans son nid, il redescendit en pleine possession de sa raison ; la crise était terminée et il se portait bien. Il l'avait échappée belle ! Que s'était-il donc passé ? Il avait épousé la pulsion archétypique et avait eu la chance extraordinaire de ne pas en être empêché par les gens bien intentionnés. Dans son arbre, il put sans doute entrer en contact intense avec l'inconscient collectif et vivre une expérience exceptionnelle, équivalent d'une initiation chamanique. S'il en avait été empêché, il aurait vraisemblablement fallu l'interner. Ce garçon avait eu assez d'instinct pour se préserver de la folie en se livrant à son expérience intérieure. Rester assis dans un arbre signifie prendre du recul par rapport à la réalité et se retirer à l'intérieur même de ce qui est menaçant. C'est comme si, au lieu d'éviter ce qui menace, on s'y réfugiait en lui faisant confiance. Ce qui retient de se livrer à ce genre d'expérience est la crainte de perdre tout contact avec la réalité, mais l'avantage est que, si on l'épouse volontairement, le contenu menaçant devient une seconde matrice dans laquelle une renaissance peut survenir. L'arbre a en effet un aspect maternel. Dans de nombreux pays on croit que les enfants naissent des arbres ; aussi grimper à un arbre et en redescendre symbolise le processus de renaissance spirituelle. On dit de personnes se trouvant momentanément dans une situation difficile qu'elles sont « perchées dans un arbre ». On voit également des enfants tout à fait sains se construire un nid et jouer à vivre dans un arbre. Cela fait partie de leur monde de magie et d'imagination, et peut les aider à traverser une mutation difficile.

Tout le temps où la jeune fille du conte est perchée dans son arbre, elle ne doit ni parler, ni rire, ce qui est souvent de règle dans les périodes d'incubation. Dans les rites primitifs correspondants, les garçons sont en général enfermés dans une cabane, dans une grotte, ou isolés dans la forêt où ils sont contraints au silence. Mystique vient de *myo,* garder la bouche close, garder le secret. L'enfant divin des mystères d'Eleusis était représenté un doigt sur la bouche. Mettre un doigt sur les lèvres signifie le respect du mystère sur lequel on doit garder le silence. Le silence conscient du mystique diffère du silence qui s'impose de façon involontaire et inconsciente. Lorsqu'un contenu émotionnel latent est constellé et submerge le conscient, il rend le sujet muet. Chacun a vécu de ces états d'émotion où l'on ne parvient pas à parler. Lorsqu'un analysé entre en contact avec un complexe émotionnel qui lui enlève la parole, ce n'est pas par manque de bonne volonté qu'il ne peut en parler, cela lui est tout simplement impossible. Il peut arriver que les éléments en cause ne se révèlent que longtemps après. L'état catatonique n'est que la manifestation extrême de cet état. Mais si l'on décide consciemment de taire quelque chose afin de le garder à l'intérieur et de lui permettre de croître sans être ni troublé, ni contaminé par l'opinion courante de la conscience collective, le silence devient la qualité grâce à laquelle un mystère est consciemment préservé et se transforme en une activité religieuse consciente. Le silence protège les contenus de l'inconscient contre l'incompréhension collective, aussi bien extérieure qu'intérieure. Nous avons tous en nous l'interprétation banalisante, la réaction du « ce n'est rien que » par laquelle nous risquons de paralyser d'importants contenus intérieurs. Le point de vue actuel, qui tend à voir en toute expérience psychique intense ou en tout comportement sortant de l'ordinaire un trouble mental est le symptôme le plus courant de cet état d'esprit. Il en est de même en ce qui concerne l'inspiration créatrice : quiconque a accompli une œuvre sait qu'on ne devrait pas discuter d'une idée créatrice *in statu nascendi*, c'est-à-dire à son stade de gestation. Un écrivain ne devrait pas soumettre ce qu'il est en train d'écrire à des personnes au sens critique trop aiguisé. Il sait habituellement reconnaître le moment où l'œuvre en est à cet état délicat de croissance où elle doit demeurer cachée. Si quelqu'un émet cette simple appréciation : « Oui... C'est très bien », cette unique et courte hésitation peut suffire à briser l'élan et à interrompre l'œuvre. Celle-ci exige une extrême délicatesse tant qu'elle n'est pas terminée. Rien n'empêche d'apporter soi-même un regard critique à l'enfant lorsqu'il est né, ou de le présenter à d'autres, car alors une certaine distance est prise ; mais lorsqu'il n'est qu'à demi formé, il ne faut pas plus l'exposer qu'un enfant encore dans le sein de sa mère.

C'est dans cette retraite que le roi découvre la jeune

fille ; il la conduit à son palais et l'épouse. Mais elle conserve le silence, même après la naissance de ses enfants. Tout en étant reine, elle mène en secret cette seconde occupation que tout le monde ignore, en continuant à œuvrer à la délivrance de ses frères et cette double vie l'entraîne dans des malentendus et des fausses interprétations de la part de son entourage. La méchante belle-mère lui arrache les enfants et l'accuse de les avoir tués. Ce thème apparaît vers le milieu du XIIIe siècle et se retrouve dans de nombreuses variantes de contes de fées et d'histoires folkloriques de différents pays. Il est donc sans aucun doute fondamental et caractéristique, autrement dit archétypique. Quoi qu'il en soit, les divers contes montrent que cette situation dramatique ne résulte pas d'une cause ou d'une constellation unique. Elle peut être provoquée par un complexe-père ou un complexe-mère négatifs, ou par différents autres complexes ou constellations archétypiques, mais l'issue en est relativement constante. Le problème est ici de quelque façon en relation avec le roi, la dominante du conscient collectif, puisque l'héroïne du conte est reine. Quoiqu'elle soit féconde et qu'elle ait normalement rempli sa vie de femme, quelque chose continue à se dérouler derrière la scène : un processus intérieur parallèle qui conduit à des difficultés extérieures. Parfois la belle-mère réussit à détourner le roi de son épouse. Celle-ci est alors réduite à un isolement complet, et sa tâche consiste à garder un silence héroïque : la tension de la situation ne la décide pas à révéler son secret malgré la menace qui pèse sur sa vie. Elle supporte l'incompréhension de son entourage et consacre tous ses efforts à préserver sa vie religieuse. Sa situation est comparable à celle de Job qui, au moment de sa dépression la plus profonde et de sa souffrance la plus intense, était entouré d'amis pleins de sollicitude sans doute, mais qui cherchaient à lui imposer une interprétation collective erronée de la situation. De nos jours, les gens diront que le sujet se cramponne à des idées imaginaires et morbides, alors que pour lui (ou elle), c'est une question de loyauté religieuse envers

Dieu et envers soi-même. En langage psychologique, nous nous demanderions si tout cela n'est pas phantasme ou possession par l'animus (ou l'anima). Il est extrêmement difficile de faire confiance à la certitude intérieure instinctive qui confirme ce que l'on sent être vrai, lorsque l'on est déchiré par les doutes et que l'on ne sait pas vraiment si c'est la nature authentique qui parle. Supposons par exemple une femme qui aime un homme. Celui-ci la déçoit dans un certain aspect de leur relation. Une voix en elle lui reproche sa folie et sa faiblesse et prétend qu'elle devrait cesser de le voir, tandis qu'une autre l'assure que là s'incarne pour l'instant son animus et que la vie passe par cette relation, même si la situation est insatisfaisante, envisagée sous l'angle rationnel. Puis une troisième voix lui souffle qu'elle s'attache à un faux problème. En général, le processus d'individuation d'une femme passe par ces différentes phases. Qui peut alors dire ce qui est juste ? Les rêves apportent une aide efficace, mais ils ne sont pas toujours évidents, et tel Job au milieu des cendres et couvert de pustules, l'on se retrouve seul et sans conseil. C'est dans cet état de souffrance, de doute et de recherche de la vérité intérieure qu'un être a une chance de découvrir une relation immédiate et personnelle avec la divinité demeurée jusqu'ici étrangère.

Maintenir le secret du dialogue intérieur et empêcher les forces profanes de le violer et de le détruire est l'un des ultimes combats vitaux du processus d'individuation. Cela va si loin dans notre conte que l'héroïne est condamnée à être brûlée comme sorcière. Elle demeure néanmoins fidèle à l'exigence intérieure. La solution surgit de manière classique, « par hasard » ou, dirons-nous plutôt, par synchronicité. Les six années s'étant achevées, les cygnes reviennent ; elle lance les chemises sur eux, les délivre et est libre d'agir en conformité avec la situation. Mais comme elle n'avait pas pu terminer la dernière manche de chemise, le benjamin conserve un bras gauche en forme d'aile de cygne. Nous pourrions dire, avec Gœthe :

«*Uns bleibt ein Erdenrest, zu tragen peinlich*» — Quelque chose de terrestre demeure en nous, difficile à porter — mais l'on pourrait aussi bien dire :

«*Uns bleibt ein Himmelrest, zu tragen peinlich*» — Quelque chose de céleste demeure en nous, difficile à porter.

En Inde, l'Atman, l'esprit divin, en particulier sous la forme qui demeure distincte de la création extérieure, à l'opposé de Brahman, quoiqu'ils soient un même esprit, est souvent symbolisé par le cygne. On dit de lui qu'il est comme un cygne planant à la surface de la mer, une patte trempant dans l'eau, tandis que la seconde est en l'air ; s'il retirait les deux pattes de l'eau, le monde cesserait d'exister. Maya, l'illusion du monde, ne se poursuit que parce que l'Atman ne retire pas sa seconde patte de l'eau. Dans le conte des cygnes, on pourrait dire que les onze-douzièmes de l'Atman sont dans ce monde, mais que, par une aile, il est dans l'autre. Si cette aile gauche s'était transformée en bras, il ne resterait plus en suspens ni problèmes, ni questions. C'est comme une interrogation religieuse, spirituelle ou philosophique qui ne pourra jamais être totalement comprise et intégrée et qui, peut-être, ne devrait pas l'être, car alors tout serait à la fois trop clair et trop définitif. On aurait toutes les réponses, ce qui équivaudrait à la fixation et à la mort. Lorsque l'on se penche sur des matériaux inconscients pour les interpréter, on a une sorte d'intuition de ce problème. Si l'interprétation est trop superficielle, on a le sentiment de ne pas avoir atteint la profondeur ou l'essence du symbole, mais si elle est fouillée, on en arrive à un point où l'on sent que cela suffit, quoique l'explication complète n'en ait pas encore été atteinte. En ce domaine, le mieux n'est jamais l'épuisement du sens, mais ce qui est perçu comme relativement satisfaisant. Le fondement archétypique reste un mystère inépuisable que la meilleure interprétation ne peut pas résoudre : une aile reste dans l'autre monde et ne pourra jamais en être totalement ramenée dans celui-ci. Le catholicisme enseigne que tout dogme comporte à la fois un aspect clair, compréhensible, dont les théologiens peuvent débattre, et un mystère qui ne pourra jamais être pleinement expliqué. Une question spirituelle demeure posée, même si une tentative sérieuse et satisfaisante a été faite pour amener le contenu secret du symbole à la conscience. Si nous considérons ici les six cygnes comme des aspects de l'animus de la femme, cela signifie que l'animus comporte toujours, lui aussi, un élément de mystère, quelque chose d'inexplicable, de divin, qui est le secret aussi bien de sa beauté que de sa maladresse. Le dernier enfant est un infirme qui a une stupide aile de cygne, et une seule main pour agir. « Quelque chose de divin demeure en nous, difficile à porter. » Etre comme inachevé est caractéristique du fait d'être humain.

Les frères et les sœurs s'embrassent, la persécution de la belle-mère est dévoilée, et celle-ci est brûlée comme sorcière : la manifestation maligne de la mère négative ayant été découverte et dissipée, le roi, la reine et les six frères peuvent désormais vivre ensemble en paix, formant à eux tous un groupe de huit personnages, symbole de la totalité.

L'histoire des corbeaux est légèrement différente, par le fait que la jeune fille entreprend un long voyage au lieu simplement de grimper dans un arbre. Elle visite le soleil, la lune et les étoiles, et reçoit l'aide de l'étoile du matin : c'est là une variante du thème archétypique du voyage céleste qu'on rencontre aussi bien dans l'antiquité que chez les chamans ou dans le Livre d'Hénoch de la tradition juive. L'initiation se fait au cours d'un long voyage, et c'est après le retour sur terre que l'on est désormais prophète et chaman, car l'on a acquis au cours de ces expériences la connaissance des choses de l'autre monde. Les alchimistes parlent, eux aussi, d'un pèlerinage dans lequel ils sont guidés par un ange jusqu'au firmament où les puissances stellaires les initient à la connaissance et aux secrets du grand œuvre. On remarquera que dans les contes relatifs à la psychologie féminine, lors de la quête de l'héroïne sous la forme d'un voyage céleste de ce type, il se produit très souvent un renversement des valeurs habituelles : le soleil y est la puissance la plus maléfique, tandis que la lune y est seulement relativement néfaste et la nuit avec ses étoiles scintillantes, bénéfique : ceci est contraire à l'interprétation courante selon laquelle le soleil est la source de l'illumination, et la nuit le domaine des puissances ténébreuses qu'il faut éviter.

Ce thème vient sous cette forme dans la plupart des voyages initiatiques relatifs au problème de l'éros, de l'amour, tandis que, lorsqu'il s'agit d'aller chercher l'illumination spirituelle et mentale dans l'au-delà, le soleil représente la plus haute valeur. L'aigle et le lion, animaux solaires, apparaissent dans les mystères persans mithriaques de l'époque du Christ comme chez les Pères de l'Eglise ; en alchimie il y a la *solificatio*, la transformation du myste, au cours de son initiation, en dieu solaire, héritée des mystères antiques égyptiens d'Osiris [11]. Le soleil est le symbole de l'illumination, de l'accès à la totalité de la divinité et du Soi, le terme de l'initiation et le symbole le plus positif du mystère. Mais ici, comme en beaucoup d'autres contes, le motif est inversé comme dans la *Flûte enchantée* de Mozart où le prince dit à son épouse : « Ne fais pas trop confiance au soleil ou à la lune; descends avec moi dans l'obscurité de la nuit. » L'obscurité du mystère est donc, dans certains cas, le but, et le soleil, la puissance qui brûle et qui anéantit.

On se rappelle que, dans le conte : *La jeune fille sans mains*, le roi devait voiler son visage d'un mouchoir. J'évoquais déjà à ce propos le thème de l'aspect destructeur de la conscience à l'égard de certains processus de la psyché. La puissance la plus bénéfique à la jeune fille, au cours de son périple, est l'étoile du matin, Vénus, déesse de l'amour, avec tout le symbolisme qui accompagne cette divinité. C'est elle, principe d'éros par excellence, qui lui apporte son aide. Certains problèmes ne

---

11. Cf. M.-L. von Franz, *L'Ane d'Or, Interprétation d'un conte*, trad. cit., chap. XI et XII, l'initiation de Lucius aux mystères d'Isis et d'Osiris. (N.d.T.)

peuvent pas se résoudre en les amenant à la conscience, mais plutôt en adhérant totalement à son propre sentiment. Ceci est très souvent fondamental dans le processus d'individuation de la femme. Vénus donne à la jeune fille l'os crochu à l'aide duquel elle pourra déverrouiller le château de verre où sont emprisonnés les sept corbeaux. Ce symbole est important. On peut le rapprocher de l'os de poulet sur lequel deux personnes tirent en formulant un vœu qui doit être tenu secret : celui qui garde, lorsque l'os casse, le plus gros bout, a gagné et obtient son vœu. Il existe toutes sortes de superstitions concernant l'os crochu. Au Moyen Age, on avait coutume d'introduire une cuisse de grenouille dans une fourmillière ; lorsque les fourmis en avaient dévoré toute la chair, on l'utilisait pour les charmes d'amour. L'os crochu que Vénus donne à la jeune fille a probablement un sens similaire. On ose à peine se demander quel rapport peut exister entre un os crochu et l'amour ! Sans doute n'est-il pas étranger au fait d'essayer d'agripper le partenaire. Ne disons-nous pas à propos de projection qu'on « l'accroche » à quelqu'un ? C'est sans doute l'espoir que la projection positive sur le partenaire ne cessera pas, mais restera solidement fixée à l'autre qui explique la persistance de l'utilisation d'un tel talisman. La jeune fille met dans son mouchoir l'os crochu que lui a donné Vénus, mais ensuite elle le perd, et après une courte hésitation, elle se tranche le petit doigt et l'utilise en guise de clé pour ouvrir le château de verre.

Le fait de se couper le petit doigt implique un énorme sacrifice, le don d'un morceau de sa propre chair et la douleur qui l'accompagne ; la tâche eût été trop facile avec le présent de Vénus. La magie ne suffit plus, la femme doit accepter de souffrir concrètement et payer de sa personne si elle veut se développer et accomplir sa propre personnalité. Mais ce passage présente un autre aspect intéressant : on se sert des doigts comme de crochets ; en couper un signifie perdre un crochet. Ce sacrifice se situe donc au niveau des souhaits de l'ego. Ce qu'il faut sacrifier pour rencontrer véritablement l'amour, c'est la tendance aux intrigues que la femme risque de mêler à ses sincères élans amoureux. Il est dans sa nature de « filer » des rêveries où elle combine les événements de façon à ce qu'ils satisfassent ses désirs. Cela commence par la promenade sur le lieu où elle espère « le » rencontrer, et l'étonnement manifesté en le voyant, alors qu'en fait tout a été combiné dès le matin.

Sectionner le doigt signifierait renoncer radicalement aux projections de l'ego et à ses ruses, à ses complots et à ses tentatives égoïstes en vue de prendre à l'hameçon l'être désiré. Souhaiter que le crochet tienne et qu'une relation durable s'ensuive est légitime, mais manipuler et forcer volontairement les événements ne l'est pas. Le point crucial est de savoir si la recherche de l'autre est indiquée par le Soi : si elle ne l'est pas, elle doit être sacrifiée. Le petit doigt est en relation avec Mercure, avec l'intuition : « mon petit doigt m'a dit », utilisée pour manipuler le partenaire et l'amener exactement à ce que l'on désire. Il ne faut pas oublier que Mercure, le messager des dieux, est aussi le dieu du commerce, du marchandage et des voleurs. Le sacrifice du doigt serait la fin de toute machination ou projet mercuriels, ou plutôt du mauvais usage que l'ego en fait ; ce serait cesser de se servir de l'intelligence de la sorcière à des fins égotiques, car la femme qui utilise ces ruses croit prendre l'homme à son hameçon alors qu'elle y mord elle-même. Elle tombe dans son propre piège et perd sa liberté, d'où les innombrables cas tragiques que l'on rencontre en ce domaine. Parfois une femme rentre en analyse pour des motifs purement égotiques : elle s'intéresse à un homme ; elle a cherché à le retenir, mais sans succès, parce qu'elle est trop névrosée. Pourtant un diable intérieur lui souffle que, si elle était tout à fait elle-même, elle y parviendrait. Elle se présente donc avec l'intention habile et mercurielle de réussir ensuite à harponner plus efficacement cet homme ; si son projet avorte, elle abandonne l'analyse, confessant par là même que son intention était intéressée. C'est là un tournant crucial et dangereux du processus d'individuation de la femme. Aimer quelqu'un est évidemment tout à fait légitime, mais encore faudrait-il ajouter : « Si Dieu veut », sacrifier les projets de l'ego et s'en remettre totalement au Soi. De même, lorsqu'un homme entre, par une analyse, dans la confrontation avec l'inconscient, l'anima peut lui imposer des concepts et une représentation du monde qui lui répugnent. Même s'il a le sentiment intime que la connaissance qu'il acquerra ainsi lui est essentielle, la question se pose alors de savoir s'il veut devenir réellement, définitivement, objectif. Chez une femme, c'est le sacrifice de l'ego en amour qui est le pas important, tandis que chez l'homme c'est souvent ses conceptions du monde ou sa situation sociale. L'histoire montre que la jeune fille accomplit ce sacrifice en se sectionnant le doigt pour ouvrir le château de verre.

Le verre illustre un état d'isolement partiel. Dans un château de bois ou de pierre, on est prisonnier de toutes parts. Dans un château de verre, on voit à travers et l'on est mentalement libre, quoiqu'émotionnellement et physiquement séparé de l'extérieur. Le verre n'est pas conducteur, c'est pourquoi on l'utilise aux fenêtres sous forme de vitres. Ni la chaleur, ni le froid, ni l'électricité ne le traversent, c'est un bon isolant. On entend parfois des analysés dire : « Je vois tout à fait clairement le problème, mais je ne le sens pas. » Ceci signifie que l'on se sent en partie séparé des autres et de la réalité extérieure, non pas intellectuellement, mais émotionnellement ; on est comme prisonnier d'un mur de verre ; l'esprit peut aussi être une prison négative. Supposons un cas concret : un intellectuel introverti tombe amoureux d'une femme. L'inconscient veut par cette expérience le confronter à son anima, au sentiment et à la vie. Mais l'homme réagit en disant : « Cette femme n'est pas pour moi, elle n'est pas intellectuelle, elle n'est que... » ou, s'il a mal intégré Jung : « La psychologie junguienne qualifie cela de projection. Donc je rentre chez moi pour faire une imagination active avec mon anima. » Ce qu'il dit pourrait être tout à fait juste, c'est dans l'esprit de la psychologie junguienne, mais il n'est pas précisé qu'il faille le mettre en pratique en cette circonstance spécifique. En agissant ainsi, l'intellect devient prison et obstacle à la vie. Il est paradoxal que l'esprit délivre celui qui est impliqué de façon trop émotionnelle et qu'il emprisonne celui qui ne vit pas suffisamment. Mais il peut être fait un très mauvais usage aussi de la psychologie junguienne !

Le château de verre permet de voir la situation, sans que l'on sache quoi faire ni comment agir. Ainsi on examine une situation avec l'analyste, on en discute, on se met d'accord, mais que peut-on faire de plus ? L'analyste peut parfois essayer de briser le verre en tentant une offensive sur le plan émotionnel, mais l'inspiration nécessaire fait souvent défaut et l'on se trouve dans l'obligation de confier le tout au destin, de patienter. Le sacrifice est seul efficace. Pour ce qui est de la femme, rien ne la coupe davantage de la vie, tant intérieure qu'extérieure, que les projets de l'ego, car il y a en eux une sorte de mécanisme sans âme qui arrête la vie et interrompt son processus de développement. Une femme qui entre en analyse dans la seule intention de devenir plus attrayante et capable de prendre un homme dans ses filets abuse avec préméditation de l'esprit et ferme la porte à toute spontanéité. Ses calculs écartent de sa vie les événements irrationnels, et bloquent toute évolution.

Dans le château, la jeune fille découvre les sept corbeaux et le nain qui les garde. Celui-ci est à la fois un serviteur et le propriétaire du château où ils vivent. Nous avons vu que le nain est généralement un symbole de la puissance créatrice de l'inconscient et que, dans les mythologies grecque et germanique, il est un grand artisan. On se rappelle qu'en Grèce certains nains qui escortaient la Déesse-mère portaient le nom de *Dactyles* (doigts) : ce sont les doigts, phalliques, de la Terre-Mère. Ce qui, relié au moi, s'exprime sous forme de complotages égotiques se transforme, lorsque distinct du moi et relié à l'inconscient, en énergie créatrice. La créativité est le pendant positif de l'intrigue. Si la femme s'abandonne à l'esprit de combinaisons et de ruses, elle perd ses véritables dons créateurs, c'est pourquoi il lui faut sacrifier le caractère prédateur des désirs du moi dans ce domaine. Ceci nous donne la clef de la malédiction des frères de la jeune fille, représentant les différents aspects de son animus ; nous comprenons désormais où ils se sont enfuis : échappant à l'emprise du moi, ils sont retournés dans l'inconscient et attendent leur délivrance auprès d'une force créatrice symbolisée par le nain. Lorsque l'héroïne aura sacrifié son avidité et prouvé sa patience et sa fidélité à son être intérieur jusqu'aux frontières de la mort, ses forces créatrices lui reviendront à tire-d'aile, et s'humaniseront. Toute la libido et la vitalité mentale que l'héroïne avait perdues réapparaissent à sa conscience. Au moyen de l'anneau, symbole de totalité et d'union [12], les corbeaux sont à nouveau reliés à elle, reprennent leur forme humaine et vivent heureux désormais auprès du roi et de la reine.

Des deux histoires, la seconde est la moins satisfaisante : la jeune fille ne fait que revenir chez elle avec ses frères ; c'est un retour à la situation infantile précédente, et le nain est laissé en arrière. Dans le conte des *Six cygnes*, l'unique marque infantile qui demeure est l'aile gauche du plus jeune frère. Envisagé de ce point de vue, on peut dire que dans la vie non plus le processus d'individuation ne se poursuit pas toujours jusqu'à son terme. S'il ne s'agit que du « traitement » de symptômes et que le sujet s'en aille dès que ceux-ci ont disparu, même si les rêves indiquent que d'autres développements se préparent dans l'inconscient, il ne s'est agi que d'une sorte de « fait divers », et aucune transformation importante ne se produit. Cependant, on peut penser que, plus tard, le sujet sera poussé de l'intérieur à poursuivre le processus. Envisagé sous un angle plus positif, cette aile qui demeure inchangée est ce qui, chez l'être humain, demeure toujours en devenir et le relie à l'inconscient.

---

12. Cf. M.-L. von Franz, *L'interprétation des contes de fées*, trad. cit., pp. 100 et sv. (N.d.T.)

C'est la faille par laquelle les suggestions de l'inconscient peuvent monter à la conscience et continuer à l'irriguer et à l'amener à la transformation. Sans cette aile d'oiseau, le conscient, après avoir intégré un certain nombre d'éléments inconscients, risquerait de se figer à nouveau sur les positions acquises, de demeurer statique et de ne plus progresser.

CHAPITRE VIII

LA BELLE WASSILISSA

Dans un lointain royaume vivait un marchand qui avait une femme et une fille unique très belle, appelée Wassilissa. Lorsque l'enfant atteignit l'âge de huit ans, la femme tomba gravement malade. Elle appela auprès d'elle Wassilissa, lui donna une poupée, et lui dit : « Ecoute, ma chère enfant, mes dernières paroles et ne les oublie pas. Avant de mourir, je te donne ma bénédiction et cette poupée. Garde celle-ci toujours avec toi, ne la montre à personne, et, si tu te trouves en difficulté, donne-lui à manger et demande-lui conseil. » Elle embrassa sa fille une dernière fois et mourut.

Le marchand pleura sa femme un certain temps, puis il décida de se remarier et choisit une veuve qui avait deux filles. La nouvelle épouse se révéla une vraie marâtre pour Wassilissa : elle lui donnait à faire les travaux les plus durs, espérant que le soleil et le vent lui noirciraient le teint et la feraient dépérir. Mais Wassilissa supportait tout sans se plaindre et embellissait chaque jour, tandis que sa marâtre et ses demi-sœurs devenaient de plus en plus maigres et jaunes à cause de leur jalousie, bien que restant assises tout le jour à ne rien faire. Cependant la poupée consolait Wassilissa et faisait son travail.

Du temps passa ainsi. Wassilissa grandissait et embellissait et fut souvent courtisée, mais on lui interdit de se marier avant ses demi-sœurs, dont aucun homme ne voulait. Le marchand dut alors se rendre dans un autre pays. En son absence, la belle-mère alla s'installer dans une maison en lisière de la forêt. Dans cette forêt habitait Baba Yaga. Celle-ci ne permettait à personne d'approcher de sa maison et croquait comme poulets les imprudents. La marâtre envoyait souvent Wassilissa dans la forêt, mais, grâce à la poupée, la jeune fille revenait sans encombre.

Un soir d'automne, la marâtre distribua du travail aux trois adolescentes. A l'une elle donna du tricot, à l'autre, de la broderie, et elle ordonna à Wassilissa de filer. Ne laissant qu'une seule chandelle allumée pour permettre aux jeunes filles de travailler, elle alla se coucher. La flamme ayant baissé, l'une des demi-sœurs fit mine de moucher la mèche et, ce faisant, éteignit volontairement la flamme ; puis elle dit qu'elle pouvait se passer de lumière, car ses aiguilles à tricoter lui en donnaient suffisamment, et sa sœur prétendit la même chose de son aiguille à broder ; mais elles poussèrent Wassilissa dehors en lui enjoignant d'aller chercher du feu chez Baba Yaga. La jeune fille alla dans sa chambre, nourrit sa poupée selon son habitude et lui raconta tout. La poupée lui dit de ne pas avoir peur et de l'emmener avec elle, pour qu'il ne lui arrive rien de mal.

Tout effrayée, Wassilissa mit la poupée dans sa poche, puis elle sortit de la maison en se signant et entra dans la forêt. Après quelque temps, elle rencontra un homme habillé de blanc, monté sur un cheval blanc, et le ciel s'éclaircit. Un cavalier rouge apparut, et le soleil se leva. Wassilissa marcha tout le jour. Vers le soir, elle parvint à une barrière entourant une hutte en ossements humains et dont le faîte était décoré de crânes. Les portes étaient faites de tibias et le loquet d'un bras humain ; en guise de serrure, il y avait une mâchoire ricanante. Wassilissa s'arrêta, figée d'horreur. Alors survint un autre cavalier tout vêtu de noir et montant un cheval noir comme la nuit. Il sauta de sa monture, ouvrit la porte et disparut, comme avalé par le sol, et la nuit tomba. Aussitôt tous les yeux des crânes se mirent à scintiller et à éclairer comme en plein jour. Wassilissa, tremblante de peur, n'osait bouger.

Peu après, les arbres se mirent à frémir et Baba Yaga arriva, assise dans un mortier volant, ramant à l'aide d'un pilon et effaçant ses traces à l'aide d'un balai. Parvenue à sa porte, elle renifla et s'écria que cela sentait la chair fraîche. « Je suis là, grand-mère », dit Wassilissa, « mes demi-sœurs m'ont envoyée vous demander du feu ». — « Bien », dit Baba Yaga, « je te connais. Reste et sers-moi bien, et tu auras du feu, sinon je te mangerai. »

Elles entrèrent ensemble dans la cabane ; Baba Yaga se laissa tomber sur un banc et demanda à Wassilissa de lui apporter à manger tout ce que contenait le four. Bien qu'il y en eût assez pour dix, la sorcière dévora tout, ne laissant à la jeune fille qu'un peu de soupe, de lard et un croûton de pain, puis elle lui dit : « Demain, après mon départ, il faudra balayer la cour et la hutte, cuire le repas, faire la lessive ; puis tu iras dans la grange et tu trieras tout le blé, grain par grain, séparant les bons grains des mauvais. Que tout soit terminé à mon retour, sinon je te mangerai. »

Quand elle entendit Baba Yaga ronfler dans son lit, Wassilissa offrit à sa poupée les restes de son dîner et lui raconta ses ennuis en pleurant. Mais la poupée lui dit : « Sois sans crainte et va dormir ; le soir, tout paraît noir, mais le matin est plus serein. »

Quand Wassilissa se réveilla le lendemain, les yeux des crânes s'éteignaient ; le cavalier blanc passa et le ciel s'éclaircit. Baba Yaga partit, le cavalier rouge passa et le soleil se leva. Wassilissa, demeurée seule, se demanda par quoi commencer, mais tout le travail était fait et la poupée finissait tout juste de trier les derniers grains de blé. Wassilissa remercia la poupée de l'avoir sauvée, et celle-ci lui répondit qu'il ne lui restait plus que le dîner à préparer, puis à se reposer.

Le soir venu, le cavalier noir passa et les crânes s'allumèrent ; Wassilissa mit la table. Quand Baba Yaga arriva, elle demanda si tout était fait. « Voyez vous-même, grand-mère » dit Wassilissa. Baba Yaga inspecta tout et fut fâchée de ne rien trouver à reprendre ; elle marmonna : « C'est bon ! » Puis elle appela ses fidèles serviteurs, et trois paires de mains apparurent à qui elle ordonna de moudre le blé. Baba Yaga mangea autant que la veille et ordonna à Wassilissa de faire le même travail le lendemain mais, en plus, de sortir la semence de pavot du grenier et d'en retirer la poussière.

De nouveau Wassilissa s'adressa à la poupée qui lui dit d'agir comme la veille. Lorsque Baba Yaga rentra le soir, elle vérifia que tout avait été fait et appela ses fidèles serviteurs qui prirent les graines de pavot pour en presser l'huile.

Pendant que Baba Yaga dînait, Wassilissa la servait modestement, en silence. « Pourquoi ne dis-tu rien ? » demanda Baba Yaga, « es-tu muette ? » — « C'est que je n'osais pas », dit Wassilissa, « mais, avec votre permission, j'aimerais vous poser quelques questions ». — « Pose-les », répondit Baba Yaga, « mais souviens-toi que toute question n'est pas sage : trop de savoir rend vieux ». Wassilissa l'interrogea sur les cavaliers. Baba Yaga répondit : « Le blanc est mon jour, le rouge, mon soleil et le noir, ma nuit. » Wassilissa était intriguée par les trois paires de mains, mais elle n'osa pas questionner l'ogresse à ce sujet et garda le silence. « Pourquoi ne me poses-tu pas d'autres questions ? » dit Baba Yaga. « C'est assez pour moi » répondit Wassilissa, « vous avez dit vous-même, grand-mère, que trop de savoir rend vieux ». — « C'est bon, » dit Baba Yaga, « tu interroges sur ce que tu as vu au-dehors, pas sur ce que tu as vu au-dedans ; à présent c'est à mon tour de t'interroger : comment as-tu pu accomplir les tâches que je t'ai imposées ? » Wassilissa expliqua : « La bénédiction de ma mère m'a aidée. » — « Ah, si c'est ainsi », dit Baba Yaga, « va-t-en, je ne veux pas de bénie ici ! » Elle poussa la jeune fille hors de la hutte et, ayant placé un des crânes aux yeux de braise sur un bâton, elle le lui donna, en disant : « Voici du feu pour les filles de ta marâtre. C'est pour cela qu'elles t'avaient envoyée ! »

Wassilissa partit à la hâte et, vers le soir du jour suivant, elle arriva à la maison de sa belle-mère. Elle fut tentée de se débarrasser du crâne, mais une voix en sortit lui enjoignant de le porter à sa belle-mère. Comme elle ne vit pas de lumière dans la maison, elle obéit.

A sa grande surprise, sa belle-mère et ses demi-sœurs vinrent aimablement à sa rencontre. Elles lui expliquèrent qu'elles étaient demeurées sans feu depuis son départ : elles n'avaient pas réussi à en allumer, et celui qu'elles avaient rapporté de chez les voisins s'était éteint. « Peut-être », lui dit sa belle-mère, « que ton feu ne s'éteindra pas ». Wassilissa entra dans la salle avec le crâne, et voici que le regard brûlant de celui-ci plongea dans les yeux de la marâtre et de ses filles ; elles eurent beau essayer de se cacher, ce regard les suivait partout et les consumait. Le matin, elles avaient été brûlées jusqu'à être réduites en cendres.

Le jour venu, Wassilissa enterra le crâne, ferma la maison et retourna à la ville où une vieille femme la recueillit jusqu'au retour de son père. Un jour, Wassilissa dit à son hôtesse qu'elle s'ennuyait à ne rien faire et lui demanda de lui acheter du lin à filer. Mais le fil qu'elle fila était si lisse et si fin, qu'aucun métier n'était assez précis pour le tisser. Wassilissa demanda à sa poupée de l'aider, et celle-ci lui fournit un métier si précis qu'on eût pu y tisser des fils d'araignée. A la fin de l'hiver, quand la pièce de tissu fut terminée, la jeune fille la donna à la vieille femme pour qu'elle la vende et en garde le gain. La vieille femme porta le tissu chez le tsar. Celui-ci l'admira fort et en demanda le prix. La visiteuse répondit que l'ouvrage était inestimable et qu'elle le lui avait apporté en présent. Le tsar la remercia, lui offrit des cadeaux et la renvoya. Mais le tissu était si fin que ni tailleur, ni couturière ne fut capable de le travailler. Le roi envoya chercher la vieille et lui dit : « Puisque tu as su tisser cette étoffe, tu dois être capable également de la coudre. » Elle avoua alors que c'était l'ouvrage d'une jeune fille qu'elle avait recueillie. « Eh bien, » dit le tsar, « qu'elle confectionne aussi les chemises. » Wassilissa en fit une douzaine des plus magnifiques, que la vieille porta au tsar. Pendant ce temps, la jeune fille, qui avait son idée, s'était lavée et peignée; ayant revêtu ses meilleurs habits, elle attendit à la fenêtre.

Peu après, elle vit apparaître un serviteur annonçant que le tsar désirait voir celle qui avait fait ses chemises pour la récompenser de ses propres mains. Wassilissa le suivit jusqu'au palais. Dès que le tsar la vit, il en tomba amoureux et lui demanda d'être sa femme. Il la prit par la main, la fit asseoir à côté de lui et on les maria le jour même. Bientôt le père de Wassilissa revint de voyage; il se réjouit de l'heureuse fortune de sa fille et vécut désormais auprès d'elle. La vieille femme demeura avec eux. Quant à la tsarine, elle conserva la poupée dans sa poche toute sa vie.

Ce conte russe est bien plus riche que la plupart des autres variations sur le thème de Cendrillon. Je l'ai choisi à cause de la bonne description du problème-mère qu'il offre et du thème de la poupée. Ici, les personnages du drame sont le marchand, sa femme et leur fille unique. La mère meurt quand l'enfant est âgée de huit ans. Alors que, très souvent, l'âge important dans les contes de fées se situe vers quinze ou seize ans, époque du passage de l'enfance à l'adolescence, ici la mère meurt lorsque l'enfant est très jeune encore. La mère est remplacée par la belle-mère. Nous avons vu qu'en général les personnages qui détiennent le pouvoir représentent, dans les contes, les dominantes du conscient collectif, tandis que les héros sont souvent soit des princes, soit de pauvres paysans. Ici, il s'agit d'un milieu de bourgeois ; le père est donc un symbole d'une attitude collective moyenne. Son rôle est sans relief particulier : il n'est ni bon ni méchant, et n'apparaît qu'au début et à la fin de l'histoire, à des moments où l'action dramatique est peu intense. Tout se passe dans le domaine féminin. La première femme du marchand meurt subitement. Comme le confirme le fait qu'elle n'ait pas de nom, elle représente le mode de vie féminin moyen, ce type habituel de comportement que l'on retrouve partout et constamment dans un pays donné. Mais il se produit une péripétie à partir de laquelle la vie ne peut plus continuer suivant les mêmes normes. La forme consciente ancienne, la mère, disparaît pour être remplacée par des forces magiques opposées : la bénédiction maternelle et la poupée secourable du côté positif et, du côté négatif, la belle-mère et Baba Yaga.

Dans les versions allemandes de Cendrillon, la mère meurt, on l'enterre, et sur sa tombe pousse un arbre d'où vient une voix, ou sur lequel est un oiseau qui conseille la fillette. L'aide lui vient de l'arbre. Dans une version irlandaise, elle trouve un chat bigarré qui lui donne ce dont elle a besoin. Le thème central de ces contes est que quelque chose de surnaturel et de numineux survit à la mort de la figure maternelle positive et la remplace ; c'est une sorte de fétiche dans lequel s'incarne l'esprit de la mère. Chez les peuples archaïques, les esprits des ancêtres sont souvent assimilés à de tels fétiches et continuent à travers ceux-ci à distribuer leur influence bénéfique.

Que signifie le fait qu'un être humain soit remplacé par un chat, un fantôme ou un objet magique? Les contenus archétypiques peuvent aussi bien apparaître sous une forme humaine que sous celle d'autres êtres ou d'objets inanimés. Lorsqu'un contenu de l'inconscient se manifeste sous une forme humaine, c'est qu'il peut être intégré à un niveau humain. Si l'animus apparaît ainsi dans un rêve, on peut en déduire qu'il est proche de la conscience et qu'il est possible d'établir une relation avec lui. L'on peut dès lors poser en hypothèse de travail que le sujet a une idée, au moins générale, de ce qu'il représente. Mais si une femme rêve d'une voix destructrice qui sort d'une tombe ou d'un objet, ce qui est aussi de l'ordre de l'animus négatif, on peut en conclure qu'elle n'a pas encore la possibilité d'entrer en contact avec ce qu'exprime la voix. Il s'agit d'un contenu relativement autonome, et par suite doté d'une puissance qui le tient éloigné du domaine de la conscience.

La mort d'une figure archétypique est sa dépersonnification ; les archétypes ne peuvent mourir, puisqu'ils correspondent à des dispositions instinctives héréditaires, mais ils peuvent perdre une forme pour en acquérir une autre. S'ils dépouillent leur apparence humaine, cela signifie qu'ils ne fonctionnent plus de façon à pouvoir être facilement intégrés à ce niveau. Ici, l'archétype de la mère positive meurt chez la petite fille, mais il lui reste sa poupée qui, bien que non humaine, symbolise ici l'essence la plus profonde de la figure maternelle. La plupart des enfants vivent dans une certaine relation d'identité archaïque avec leur mère, surtout s'ils ont une bonne relation avec celle-ci. Dans la petite enfance, la fillette parle à sa poupée comme sa mère le fait avec elle, allant jusqu'à imiter la voix et les paroles de la mère. Bien des femmes qui ont un complexe-mère positif s'occupent du linge, de la cuisine, décorent l'arbre de Noël ou élèvent leurs enfants « comme le faisait maman », ce qui traduit le sentiment que la vie s'écoule paisiblement et sans heurts. L'inconvénient est que cela constitue un obstacle à l'individuation de la fille devenue adulte : celle-ci adopte le comportement féminin positif comme un modèle typique et non en tant qu'individu ; ce faisant, elle ne peut donner de réalité à sa différence spécifique par rapport à sa mère.

Si la mère meurt, cela signifie donc, symboliquement, que la fille prend conscience qu'elle ne peut plus s'identifier à elle, même si la relation positive essentielle et affective demeure. La mort de la mère est donc le début du processus d'individuation. La fille désire devenir un être féminin positif, mais à sa façon personnelle, ce qui implique qu'il lui faudra traverser maintes épreuves avant de parvenir à ce but. L'identité archaïque mère-fille est brisée et l'être humain féminin prend conscience de ses limites. C'est là le problème crucial de la psychologie féminine : les femmes, plus encore que les hommes, ont tendance à s'identifier aux modèles de leur propre sexe et à demeurer dans cette identité archaïque. Dans les écoles de filles, par exemple, les élèves imitent la nouvelle coiffure de l'une d'entre elles, ou sa façon de parler, ce qui fait de l'ensemble un troupeau de brebis, toutes semblables. Des processus analogues se produisent dans des villages très primitifs. Cette participation mystique archaïque a une grande influence sur les femmes qui, en général, sont davantage intéressées que les hommes par l'éros et les rapports humains. Le fait qu'elles aient tant de peine à se différencier d'autrui explique en grande partie, je crois, leur « mauvaise langue » : étant trop inconscientes de leur propre personnalité dans ce qu'elle a d'unique, elles aiment à médire des autres derrière leur dos et à se jouer de méchants tours pour marquer la différence !

Les régions montagneuses de Suisse connaissent la relation entre la poupée et le revenant dans le personnage du lutin *Doggeli* ou *Toggeli*. C'est une sorte de pantin, fait d'une racine ou de chiffons bourrés de paille, qui s'anime et peut se retourner contre son créateur. Le *Tunscheli* est un pantin féminin qui, devenu autonome, finit par tuer et écorcher celui qui entre dans son jeu. L'homme solitaire qui vit sans femme est assailli par le *Toggeli* qui entre par le trou de la serrure, le tourmente et l'étouffe en s'asseyant sur sa poitrine ; il est réveillé par des bruits de grattement, un cauchemar et ses pulsions sexuelles réprimées. La poupée représente, en ce cas, une anima primitive ainsi que les désirs et les phantasmes qui l'accompagnent. Je pense que l'idée archétypique de base qu'elle représente est la même que celle du fétiche qui se rencontre dans le monde entier.

On considère en général la poupée comme servant de support à la projection des phantasmes de maternité de la petite fille, et lorsqu'on observe les fillettes dans leurs jeux, on voit en effet qu'elles imitent la relation mère-enfant. Mais cela ne semble pas être le seul aspect de la poupée, car, dans les premières années, elle a plutôt valeur d'objet divin. Beaucoup d'enfants d'environ deux à quatre ans ne peuvent s'endormir sans avoir une serviette, un ours en peluche, ou quelque autre fétiche près de leur oreiller ou placé en un endroit déterminé ; s'il ne l'a pas, l'enfant se sent exposé aux dangers de la nuit et ne peut dormir. A ce stade, la poupée n'est pas encore l'enfant de l'enfant, mais son dieu, comme les pierres-esprits de la préhistoire. Aux époques très anciennes, on faisait ce qu'on appelle des caches ; on en a trouvé plusieurs en Suisse. Un trou était creusé dans le sol et des pierres d'une certaine forme y étaient déposées comme dans une sorte de nid ; l'endroit était tenu secret, et le tout symbolisait le pouvoir caché de la personne qui le possédait. Les aborigènes australiens ont de semblables caches.

Heyerdahl rapporte dans son livre *Aku-Aku* qu'ayant gagné la confiance de la population de l'île de Pâques, il découvrit que certaines familles tenaient cachée sous une pierre une clé qui ouvrait une trappe dans le sol. Un seul membre de la famille connaissait l'existence de ce trou qui servait de cache : on y mettait des objets de pierre de types variés, dont certains étaient récents et peu élaborés, tandis que d'autres étaient de superbes sculptures importées des Indes ou des pierres de différents pays, ainsi que de nombreuses statuettes d'animaux. Ainsi les pêcheurs de langoustes possédaient de magnifiques langoustes de pierre qui, traitées avec les égards requis, procuraient à leur propriétaire une bonne pêche de ces crustacés : c'était une variante des rites magiques de chasse. Quatre fois par an, leur propriétaire attendait d'être seul, il prenait ses pierres et, après les avoir lavées et brossées, il les étalait sur le sable pour les sécher, avant de les remettre dans la cache. Lorsque celui qui avait le secret mourait, un autre membre de la famille était initié qui n'était pas forcément le fils aîné, mais pouvait être par exemple un neveu. On sent bien là le sens originel de l'objet magique qui est porteur du pouvoir divin et garantit la survie du clan. On pourrait dire qu'au niveau du clan, cela symbolise le processus d'individuation : ces pierres sont une image du Soi, car elles représentent le secret de l'éternité et de l'unité, le secret de l'essence de la vie de l'être humain.

Je pense que la relation du jeune enfant avec sa poupée, son ours, ou tout autre objet privilégié, contient la première projection du Soi[1]. C'est l'objet magique dont la vie de l'enfant dépend, avec lequel il dialogue et grâce auquel il peut conserver sa propre essence ; c'est pourquoi, s'il le perd, c'est pour lui une affreuse tragédie. C'est une relation essentielle. Plus tard, pour la petite fille, ce rapport évoluera et tendra davantage à symboliser la relation mère-enfant.

Ce problème de la fusion mère-fille est à la base d'un problème que l'on rencontre souvent dans la pratique. J'ai eu en analyse des mères qui ne pouvaient quitter leurs filles, et des filles qui ne pouvaient s'éloigner de leurs mères. Elles étaient incapables de se détacher l'une de l'autre, tout en se querellant sans cesse. Le mariage de la fille ou son départ de la maison ne garantissait nullement que cette situation puisse se résoudre et cela pouvait se continuer pendant des années. Lorsqu'elle atteint la seconde moitié de la vie, il arrive souvent qu'une mère ne parvienne pas à assumer sa personnalité, à produire un travail personnel ni à être créatrice, et ne sache pas ce qui l'arrête. La fille est partie, elle-même a du temps, mais il y a un handicap quelque part. Une mère dans ce cas eut le rêve suivant : *Elle voyait dans le sol une grosse pomme de terre à laquelle restait attachée une petite. A l'endroit où se rejoignaient les deux tubercules était planté un bâton sur lequel était fixé un serpent ailé ; celui-ci portait une couronne d'où irradiait de la lumière.* C'était un symbole très impressionnant de l'arbre de vie, mais à la base se trouvaient ces deux pommes de terre. Or cette mère se torturait à propos de sa fille qui lui paraissait suivre une mauvaise voie ; elle cherchait constamment à l'en persuader. Elles

1. Cf. Frances Wickes, *The Inner World of Childhood*, op. cit., *passim*. Trad. fr. en préparation. Voir note 7, p. 49.

parlaient, pleuraient ensemble, mais sans résultat, car disait le rêve, elles étaient encore dans le sein de la terre et reliées l'une à l'autre comme ces tubercules. Cependant, l'arbre de vie croissait. Le processus d'individuation se développait juste au point sensible, à la place d'où venait le mal et où quelque chose était lié et obscur. Le rêve dit aussi qu'une telle identité archaïque ne peut être brisée que par un effort surnaturel afin que chacune devienne vraiment consciente de sa propre personnalité.

La mère doit reprendre toutes les projections qu'elle fait sur sa fille et devenir elle-même un individu à part entière, ce qui est difficile, en particulier pour la femme. On parle beaucoup des mères qui dévorent leurs fils mais, bien souvent, elles sont bien davantage attachées à leurs filles. C'est un phénomène naturel et un problème typiquement féminin. Dans ces cas, on découvre toujours que la mère a projeté un symbole du Soi sur la fille et, du fait que sa fille représente le Soi pour elle, elle ne parvient pas à se détacher de la projection. Dans la psychologie de la femme, l'archétype du Soi se présente sous les traits d'une femme plus âgée ou plus jeune (Déméter et Coré), exactement comme pour l'homme existent le vieillard et le jeune homme, le père et le fils, le *senex* et le *puer*, Dieu le Père et Dieu le Fils. Ces images de la femme éternellement jeune ou de la femme éternellement âgée sont probablement en relation avec le caractère intemporel du Soi. Si le Soi apparaît sous la forme d'un être jeune dans les matériaux symboliques d'une femme, cette figure désigne le Soi nouvellement découvert par la conscience : le Soi est alors en quelque sorte la « fille » de cette personne. Mais du fait que le Soi a toujours été en elle, bien avant sa conscience du moi, il est aussi sa mère. Je suis née du Soi. Ma conscience féminine du moi repose sur les fondations du Soi qui a toujours existé en moi et qui est la mère éternelle. Mais, dans la mesure où je découvre en moi le Soi, il entre de façon complète et naturelle dans ma vie en tant que ma fille. C'est ainsi que le Soi est comme le père et le fils dans la psychologie masculine, et comme la mère et la fille dans la psychologie féminine. Dans le cas de ces femmes qui ne peuvent se séparer de leur fille, la figure divine du Soi est projetée sur cette dernière et ne parvient pas à s'en libérer. Dans la seconde partie de la vie, lorsque la fille est adulte, cela devient un problème pour la mère comme pour la fille.

Souvent le processus d'individuation ne commence à devenir conscient que dans la seconde partie de la vie. Mais si le développement normal de l'individu est perturbé ou pour toute autre raison individuelle qui dépend du destin de chacun, cela commence bien plus tôt. C'est pourquoi l'on ne peut établir de règle générale et dire à des jeunes gens : « Ces problèmes sur le sens de la vie et votre propre destin ne sont pas de votre âge ; vivez ! », car si, de tout temps, la jeunesse s'est plue à philosopher et à refaire le monde, de plus en plus de jeunes ont des difficultés à simplement se lancer dans la vie et doivent d'abord, pour en être capables, trouver leur centre et le fil de leur destin. Les voies de Dieu sont étranges et il arrive souvent que des êtres jeunes aient besoin d'assimiler un certain degré de conscience du processus d'individuation. J'ai vu des enfants, des adolescents ou des garçons et des filles de dix-neuf ou vingt ans qui n'auraient pu, sans cela, continuer normalement leur existence. Bien entendu, cela ne prend pas la même forme que chez une personne dans la force de l'âge, bien qu'il y ait toujours des exceptions. On doit interpréter les symboles dans toute leur vérité, mais c'est dans la façon d'assimiler à la vie les contenus de l'inconscient que les choses diffèrent, les personnes jeunes ayant généralement besoin de s'engager davantage dans la vie extérieure : il leur faut s'instruire, gagner leur vie, se marier, élever leurs enfants, faire leur place au soleil, tandis que plus tard la tendance va vers un certain retrait par rapport aux activités extérieures et vers un approfondissement intérieur. Le problème de la fille qui a besoin de se libérer de l'image maternelle correspond évidemment à la première partie de la vie, tandis que celui de la mère qui doit se détacher de sa fille appartient à la seconde moitié de l'existence, lorsque la fille est adulte.

Au moment où Wassilissa reçoit la poupée magique de sa mère mourante, elle ne devient pas pour autant archaïquement identique à sa mère ; bien au contraire, elle y puise le premier germe de sa propre personnalité. Ce trait correspond au premier pressentiment du Soi que l'on a vers l'âge de huit ans peut-être : c'est la conscience d'être une personne, bien que l'on ne puisse pas deviner quelle forme cela prendra dans la vie.

Le marchand épouse donc cette méchante femme, mère de deux fillettes. Il y a un trio de sorcières jalouses qui persécutent Wassilissa. C'est là un thème archétypique : là où se trouve la perle, se tient aussi le dragon, et inversement ; on ne rencontre jamais l'un sans l'autre. C'est ainsi qu'il est fréquent que, juste après la première expérience intuitive du Soi, on assiste à une irruption des forces de désolation et de l'obscurité. Une terrible hécatombe coïncide toujours avec la naissance du héros. C'est le sens du massacre des Innocents par Hérode lors de la naissance du Christ. Une puissance persécutrice commence à combattre la réalisation intérieure, dès son apparition. Vu du dehors, le germe le plus intime de la réalisation de l'être humain suscite souvent l'irritation de l'entourage. A l'état naissant, la réalisation du Soi rend la personne inadaptée et difficile pour les siens, car elle dérange l'ordre instinctif inconscient : Jung disait que c'est comme si un troupeau de moutons éprouvait du ressentiment de ce qu'un de ses membres veuille aller son propre chemin.

On a procédé à des expériences de psychologie de groupe avec des poules et d'autres oiseaux. Les poules et les corbeaux, par exemple, observent une certaine hiérarchie. Il existe un chef qui exerce des prérogatives avec sa favorite. Les autres ont chacun un rang que l'on est convenu de désigner par les lettres *alpha, bêta,* etc., et un rôle par rapport à la nourriture et à la construction des nids. Ceci se retrouve chez la plupart des animaux qui vivent en société, dont les singes. Un psychologue allemand a fait remarquer que, dans un groupe humain ou une foule, les gens aussi se donnent des coups de bec ! Selon ses observations, la poule dominante *alpha* est la plus repoussante et la plus brutale ; celles qui ont les Q.I. les meilleurs sont celles de niveau *gamma* et *delta*. Il est clair que chaque fois que se forme un groupe, on voit se jouer cette recherche inconsciente de puissance, jusqu'à ce que s'obtienne un équilibre. Si une personne s'individue, elle n'est plus un mouton du troupeau, et l'équilibre du groupe doit se rétablir. Si l'un des facteurs se retire, les autres sentent comme une menace la lacune ainsi créée ; ils deviennent agressifs et essayent de forcer le mécréant à revenir au niveau inconscient précédent. C'est pourquoi si quelqu'un entreprend une analyse, sa famille tout entière commence généralement à s'irriter et à s'émouvoir. Dans la mesure où nous sommes des animaux à la fois grégaires et conscients, nous portons en nous ce conflit essentiel entre l'inertie qui nous pousse à demeurer au sein du troupeau, et cette réalité dérangeante qu'est l'intuition de la possibilité d'une réalisation individuelle. Une femme qui ressent la première invite du Soi est aussitôt attaquée, non seulement par sa belle-mère extérieure, comme dans le conte, mais par celle qui est en elle-même : l'inertie des vieux modèles collectifs de la féminité qui nous tire en arrière et nous incite à agir selon des voies toutes tracées et les moins pénibles. De même que dans bien d'autres versions de Cendrillon, les demi-sœurs sont décrites ici comme paresseuses, et Wassilissa doit accomplir des tâches irréalisables, telles que de trier une grande quantité de grains. L'opposition entre ces figures décrit le conflit entre le désir de suivre le comportement ancestral et ce qui pousse l'être à un effort surhumain de conscience.

Dès que le marchand quitte le pays, la belle-mère et sa famille vont habiter à la lisière des bois : elles régressent du niveau de la société humaine à la frontière de l'inconscient végétatif. Les femmes, bien plus que les hommes, surtout si elles n'ont pas un animus fort, sont aptes à végéter de façon extraordinaire. Elles peuvent vivre pendant dix ou vingt ans à la façon des plantes, sans qu'il leur arrive une seule aventure positive ou négative, se contentant d'exister. Cette forme typique d'inconscience et de régression correspond à une plongée dans la passivité : l'on fait les choses de la façon la plus facile et au jour le jour. C'est ce que l'on entend lorsque l'on parle du conservatisme des femmes. Il n'y a pas de conflit, mais la vie est également absente. Ici, la belle-mère a bien en vue la perte de Wassilissa, mais elle se contente de s'installer près de la forêt, en espérant que son désir se réalisera tout seul et que Wassilissa se fera manger par Baba Yaga. Cette dernière est d'abord montrée comme presque entièrement mauvaise et cependant, lorsqu'elle apprend que Wassilissa est une « enfant bénie », elle lui dit qu'elle ne veut pas de bénédiction chez elle, et la renvoie au lieu de la dévorer. Elle lui donne même le crâne contenant le feu qui la délivrera de ses persécutrices. Elle n'est donc pas entièrement méchante et peut même, de façon détournée, se révéler secourable : elle incarne le double aspect de la Grande Mère.

D'après un autre conte russe intitulé : *Le jeune Tsar, Baba Yaga vit dans une petite maison ronde qui tient sur des pattes de poulet et dont la porte ne s'ouvre pour laisser entrer le visiteur que s'il prononce des mots magiques. Le fils du Tsar réussit à entrer et trouve la sorcière en train de gratter les cendres du foyer avec son long nez. Elle se peigne à l'aide de ses doigts griffus tout en surveillant ses oies des yeux, et dit au héros : « Mon cher enfant, as-tu entrepris cette quête volontairement, ou involontairement ? » Le jeune homme répond : « Grand-mère, il ne faut pas poser une pareille question à un héros ! Donne-moi à manger, et si tu refuses, prends garde à toi ! » Après quoi Baba Yaga lui prépare un excellent repas et lui donne de judicieux conseils. Il est parvenu à ses fins.*

Comme on le voit, l'un des tours principaux que joue le complexe-mère chez un homme est de toujours lui insuffler le doute à l'esprit, en suggérant qu'il serait peut-être mieux d'agir autrement, rendant ainsi l'homme indécis et comme infirme. La vieille femme teste sa décision en tentant de le faire renoncer et de le rendre infantile, mais dès qu'elle voit qu'il est à la hauteur de la situation et qu'il lui tient tête, elle l'aide. Tout dépend donc de l'attitude du garçon.

Baba Yaga peut, par conséquent, se montrer malveillante ou bénéfique. De même que l'image masculine de la divinité a un côté sombre figuré par le diable, l'image féminine de la divinité a un aspect obscur. Les déesses antiques (Isis, Déméter...) possédaient ces deux aspects. Nous avons déjà remarqué que, dans les pays catholiques tout au moins, l'aspect clair de la Grande Mère, de l'anima et de la femme fut projeté sur la Vierge Marie, tandis que son aspect chthonien refoulé devenait sorcière. Baba Yaga renvoie à une figure de la Grande Mère de type archaïque, dans laquelle le positif et le négatif sont encore mêlés. Elle est pleine de puissances de destruction, de désolation et de chaos, mais, en même temps, elle peut être secourable. La qualité divine et cosmique de cette figure est clairement indiquée par le fait qu'elle a les trois cavaliers à sa disposition qui sont « Mon Jour », « Ma Nuit » et « Mon Soleil ». En outre, elle a à son service ces trois paires de mains, secret horrible, inqualifiable, dont il est interdit de parler. Cela renvoie probablement au mystère de destruction, de mort et de transformation, car, en tuant le grain et en l'écrasant, elle produit la farine et l'huile. Nous reviendrons sur ces thèmes un peu plus loin. Baba Yaga voyage assise dans un mortier, rame à l'aide d'un pilon et, en tant que sorcière, elle possède un balai avec lequel elle efface toute trace de son passage. On sait que les sorcières humaines agissent de même grâce à la technique du « chut, chut » : « Pour l'amour du ciel, ne faites pas allusion à moi — ne dites pas que c'est moi qui vous l'ai dit... ! » Mère Nature aime à rester cachée, comme le savait déjà la philosophie grecque.

Le mortier et le pilon sont très importants dans cette histoire ; c'est un motif que j'ai rarement rencontré dans d'autres contes que dans ceux de Baba Yaga. Comme tout vase, le mortier est un symbole féminin. Ainsi la Vierge Marie est le vaisseau de la grâce et on lui a, entre autres, attribué pour symbole le calice du saint Graal. Baba Yaga possède donc un récipient rond, comparable au creuset des alchimistes, dans lequel les substances sont écrasées et réduites en poudre. Elle s'y tient assise et l'utilise comme véhicule. Une des idées fondamentales de la littérature alchimique était qu'il existe un unique élément de base à partir duquel se sont formées toutes choses. C'est encore l'hypothèse de travail de nombreux physiciens, qui recherchent la « brique » élémentaire à partir de laquelle l'univers s'est édifié et le niveau fondamental où tout s'unifierait et où l'on atteindrait la racine des phénomènes. Cette poursuite du matériau de base de l'univers a hanté de tous temps l'esprit de l'homme et, tout particulièrement, des chercheurs des sciences naturelles. Il atteint, en quelque sorte, le mystère même de Dieu : c'est le matériau dont Il bâtit la réalité, c'est pourquoi il est lui-même divin et contient le secret ultime. C'est ce qui explique la fascination qu'il exerce depuis toujours. Dans le passé, avant la fission de l'atome, le moyen le plus simple d'obtenir ce que l'on pensait être un semblable matériau était de brûler les corps en cendres ou de les pulvériser au mortier le plus finement possible ; l'on y projetait l'idée de *prima materia.* On espérait, à l'aide de ces procédés, approcher le cœur du secret. *Tero* signifie moudre ; de là est dérivé un mot utilisé dans le langage religieux et qui présente un grand intérêt : *contritio* — contrition. Si l'on prend conscience de ses péchés, l'on se sent plein de repentir et de pénitence. Si l'on va jusqu'au bout de ces sentiments et que l'on se sente annihilé par ses fautes, on est comme réduit en cendres, pulvérisé ; la contrition est la forme la plus profonde et la plus efficace du remords :

elle guérit, nous dit-on, tous les péchés. C'est une prise de conscience de l'ombre si profonde qu'elle en devient inexprimable. Comme toute situation pénible, elle présente l'avantage qu'elle vous place au fond du trou et que l'on ne peut tomber plus bas. C'est pourquoi c'est un moment crucial, un tournant : le moi, sous son aspect négatif, a été réduit en poudre ; il est arrivé au bout de son vouloir égoïste, et doit céder à des puissances qui le dépassent et qui en préparent le renouveau.

Baba Yaga possède ces instruments de pénitence et de contrition que sont le mortier, le pilon et le moulin. Elle symbolise ce pouvoir de la vie qui, dans sa réalité ultime, amène l'être humain à sa propre vérité, d'où son lien archaïque avec le principe de mort. La plupart des gens demeurent un peu au-dessus de cet abîme et n'atteignent le stade de la contrition complète et de leur vérité (la connaissance de leur ombre) que lorsqu'ils se trouvent face à la mort. Nous sommes comme des bouchons : dès que Dieu ou la vie cessent de nous enfoncer, nous refaisons surface. Mais quand la mort approche, l'on se tait soudain pour plonger dans quelque chose de plus substantiel ; sur le lit de mort, l'expression des gens change et l'on sent souvent que, pour la première fois, ils ont trouvé la paix et sont devenus vraiment eux-mêmes, et que tous les embarras du moi sont parvenus à leur fin. C'est pourquoi Baba Yaga est également le démon de la mort : elle apporte cette contrition ultime. Comme par exemple Isis, elle est la grande magicienne et alchimiste qui détruit tout ce qui n'est pas nécessaire et ramène les êtres à leur essence. On se souvient de ce que j'ai dit plus haut de l'aspect vengeur de la nature : la déesse Thémis, en tant qu'esprit objectif de vérité et de justice, réduit elle aussi, à sa façon, les êtres à leur pure essence.

Baba Yaga va dormir, laissant la fillette trier le bon grain du mauvais. Ce thème se retrouve dans beaucoup de contes du type Cendrillon et dans celui d'*Amour et Psyché* dont il a été déjà question. C'est une des tâches mythologiques typiques de l'héroïne. C'est une épreuve de patience, où l'on doit éviter toute précipitation et que l'on ne peut bâcler. Le mot grec pour « trier », *krino,* signifie distinguer, séparer A de B. C'est un travail de discrimination qui exige patience et soin et qui s'exerce sur un mode différent de celui du logos masculin. Lorsque ce dernier est confronté à du chaos, il procède en établissant des lois et des critères que l'on pourrait comparer aux fils croisés placés sur la lentille du téléscope. Le logos, aussi bien chez l'homme que dans l'animus de la femme, travaille pour ainsi dire à vol d'oiseau en prenant les choses de haut.

Le principe féminin a, lui aussi, une façon d'établir un ordre clair, mais il y parvient par un processus psychologique différent : il sélectionne un nombre infini de faits qui montrent que ceci est ceci et cela, cela, activité qui compense l'identité archaïque. Il est important pour les femmes d'entrer dans les détails, de voir, par exemple, où un malentendu a commencé, car celui-ci est souvent dû à un manque de clarté. Tirer au clair une situation dans le détail est comparable au tri du grain. Dans un problème de relation entre personnes c'est une attitude nécessaire. Si ennuyeux et inutile que cela paraisse, un problème psychologique ne peut se résoudre sans qu'on l'étudie sous tous ses angles et en détail, jusqu'à ce qu'il soit épuisé.

On constate que les femmes ont souvent tendance à se complaire dans une certaine imprécision qui aboutit à ces superbes imbroglios de sorcières où plus personne ne sait plus où l'on en est. Ainsi une femme fixera un rendez-vous et ajoutera : « Si je n'y suis pas, téléphonez à tel et tel moment », puis elle fera une scène si les choses ne s'arrangent pas à son gré. C'est la façon des femmes de succomber à leur ombre : celle-ci ne peut pas jouer de la même façon si l'on est précis. Les hommes savent en faire autant, quoique de façon un peu différente : ainsi un homme laissera dans le vague ses intentions en faisant la cour à une femme qui lui plaît, laissant entendre, par exemple, qu'il envisage le mariage, sans toutefois le dire jamais clairement, surtout s'il n'en a pas la moindre intention. Ou encore, il établira le budget de la maison sur le papier, donnant une certaine somme à sa femme pour le ménage, la nourriture et les enfants, soutenant que c'est suffisant. Mais jamais il ne fera les courses lui-même ou, s'il lui arrive de les faire, il omettra un certain nombre de produits coûteux et nécessaires, et ne tiendra pas compte des vêtements des enfants, de leurs sorties, etc. Inconsciemment il préfère ne pas tenter l'expérience, ou la fausser, ayant bien trop peur de s'apercevoir que sa femme fait des miracles, et qu'il dépenserait bien plus qu'elle.

Je me souviens d'un exemple d'imprécision féminine : une femme avait une petite fille à qui des chaussures de ski ne convenaient plus. Elle fit essayer les chaussures à sa belle-fille qui les trouva trop grandes pour elle. La grand-mère suggéra de mettre des chaussettes, mais elles étaient encore trop larges. Alors l'aïeule, pensant que sa belle-fille n'en voulait pas, dit à une autre de ses filles de les prendre, mais elles demeurèrent introuvables, car sa belle-fille les avait emportées ! Le fils prit alors la défense de sa femme et il s'ensuivit une dispute générale, simplement parce que ces dames n'avaient pas pris la peine d'exprimer clairement leurs intentions : la belle-fille, après avoir eu l'air de refuser les chaussures, les avait emportées ! Derrière tout cela se cachait une « participation mystique » entre ces femmes. Certaines femmes font la même chose à propos de l'argent, provoquant des complications sans nombre ; il s'agit toujours de l'ombre sorcière. Le processus du passage à la conscience, chez une femme, suppose qu'à l'intérieur d'elle-même, elle démêle clairement ses réactions positives et négatives. Il est bien entendu que l'homme doit en faire autant s'il ne veut pas être la proie des ruses de son anima.

Aussi, lorsque la sorcière impose à la jeune fille cette tâche, c'est comme si elle lui disait que, si elle est capable de faire ce tri, elle ne tombera pas en son pouvoir. Chaque fois que se produit une situation embrouillée, il est bon de se demander *pourquoi* elle a été ainsi laissée dans le vague. On découvrira généralement qu'on désire avoir à la fois l'argent et le gâteau : la belle-fille désirait les chaussures, sans toutefois les devoir à sa belle-mère. Elle déclare qu'elle ne les trouve pas assez bonnes pour elle, mais ça n'empêche pas qu'elle les emporte. C'est ainsi que l'ombre parvient à s'introduire dans une situation et à compliquer les choses les plus simples. Mais derrière un incident aussi futile se cache un malaise plus profond. La situation confuse avait en réalité sa source dans le fait que la grand-mère n'avait pas réussi à se mettre elle-même en bons termes avec l'archétype de la mère : promettre des chaussures à sa fille, puis à sa belle-fille, pour ensuite tout laisser en suspens, c'est faire preuve de paresse aussi bien dans la relation avec ces personnes que dans la recherche d'une solution. Cette femme n'ayant pas une relation juste avec l'archétype de la mère en elle, cela entraînait une certaine incertitude de sa part au niveau de l'instinct : elle ne savait qui entourer de ses soins maternels, ni à quels besoins répondre ou ne pas répondre, et elle n'était pas non plus au clair quant à la nécessité de garder sa famille unie. Une telle femme a généralement trop sacrifié sa propre existence et ses propres besoins à sa famille, aussi en arrive-t-elle inconsciemment à détester amèrement celle-ci, ce qui, dans ce cas, s'exprimait par des symptômes physiques et un comportement qui provoquait la discorde parmi les siens. Ses rêves révélaient clairement qu'elle en avait assez de cette situation, mais le seul moyen qu'elle connaissait de s'en sortir était de tomber malade et de se retirer dans une maison de repos. Elle jouait toujours ce tour au pire moment, juste quand sa famille avait besoin d'elle et que sa présence aurait été utile (ce qui fait partie du mécanisme de ces affects inconscients). Ainsi donc, si l'on creuse assez profondément, sous une pareille imprécision, on découvre qu'un important problème est constellé.

Nous allons maintenant reprendre le texte du conte pour en amplifier certains points. Les grains de blé sont étroitement liés à la déesse-mère dans son aspect souterrain ; ils sont, entre autres choses, le symbole des âmes des morts, des esprits des ancêtres. Dans la Grèce antique, on plaçait dans la maison, à côté de l'âtre, des pots remplis d'un mélange de grains de blé, de figues et d'autres ingrédients. Ces récipients représentaient symboliquement les entrailles de la terre, du monde souterrain où reposent les morts en attendant de renaître. On appelait les esprits des morts, les « Démétriens », ceux qui appartiennent à Déméter et qui reposent dans son sein comme le blé qui ressuscite au printemps. Au cours d'une fête qui se tenait à peu près à l'époque de la Toussaint chrétienne, on découvrait ces pots pour signifier que l'on rouvrait l'accès du monde souterrain. Dans ses écrits, Karl Kerényi reprend l'expression latine *mundus patet* : le monde est ouvert. Pendant trois jours, les esprits des morts revenaient parmi les vivants, ils rôdaient par la maison et participaient aux repas où une place et une portion de nourriture leur étaient réservées. Après ces trois jours, on les expulsait hors du foyer à l'aide de branches d'olivier et d'eau bénite, en leur enjoignant de retourner dans leur propre monde et de ne plus venir hanter ni troubler les vivants, et l'on remettait les couvercles sur les pots. Le blé est donc lié, à un niveau symbolique très profond, au mystère de la vie, de la mort et de la transformation, comme dans la métaphore biblique où Jésus parle du grain de blé tombé en terre qui, s'il meurt, porte beaucoup de fruit.

Les grains de pavot font également allusion au monde des morts et des esprits. Ils sont nourrissants tout en ayant un effet soporifique et hallucinatoire (bien que cet effet soit faible dans les espèces poussant sous nos climats). Dans les écrits alchimiques, les graines, la semence représentent, par analogie, la « multiplication » de la pierre ou de l'or. Les alchimistes disent que lorsque la pierre philosophale est réalisée, on ouvre le vase pour permettre à la pierre de faire rayonner sa force transformante, sa « semence », de sorte que tout métal touché par elle est transmué en or. « Or philosophique et non vulgaire », ajoutent-ils, pour bien en préciser le caractère spirituel et désintéressé. La pierre philosophale, en effet, est fabriquée à l'intérieur du vase hermétiquement clos ou de la cornue, où elle subit une dissolution dans les ténèbres avant de ressusciter ; ce n'est qu'une fois l'opération achevée que l'on peut ouvrir le vase.

L'analogie psychologique avec ces processus alchimiques et mythologiques est évidente : lorsqu'on réussit consciemment et positivement à se rattacher à une constellation archétypique, à se centrer, l'effet s'en fait largement ressentir et rayonne autour de soi. Si le « faiseur de pluie » ou l'homme-médecine entre en contact de façon juste avec le Soi et, à travers lui, avec les énergies de l'au-delà, tout peut arriver, même quelque chose d'aussi incroyable que la chute de la pluie ou de la neige sur tout le pays[2]. Confucius dit que si l'homme noble est assis dans sa chambre et qu'il pense les pensées justes ou écrit les choses justes, il est entendu à des milles à la ronde. Le philosophe taoïste Tchoang-Tseu insiste sur ce point ; il dit que, tant que le gouverneur d'un pays prend sur lui de décider de ce qui est souhaitable, l'empire va de mal en pis, quelles que soient les lois qu'il promulgue, bonnes ou mauvaises. Mais qu'il se retire en lui-même et, intérieurement, prenne l'attitude juste, et les problèmes de l'empire se résolvent comme d'eux-mêmes. L'histoire du gouverneur de la Terre Jaune est une variante de ce thème : *Arrivant chez Brume Originelle, la brume des premiers jours, il déclara qu'il voulait faire la chose juste et être intérieurement juste, pour que son peuple soit fidèle et que chacun ait de quoi manger. Brume Originelle répondit simplement : « Je n'ai pas la moindre idée de la façon dont tu peux réaliser cela. » Alors le gouverneur de la Terre Jaune quitta son empire et, pendant trois mois, resta*

2. L'histoire véridique du faiseur de pluie de Kiao-Tchou fut racontée par Richard Wilhelm à C.G. Jung. Cf. C.G. Jung, *Mysterium conjunctionis*, trad. cit., vol. 2, p. 203, note a, et Barbara Hannah : « L'Imagination active », in : *C.G. Jung et la voie des profondeurs*, op. cit., p. 165. (N.d.T.)

assis sur de la paille dans une hutte. Puis il retourna voir Brume Originelle et lui dit : « Puis-je humblement te demander comment je pourrais me mettre en ordre ? » Brume Originelle répliqua qu'il ne devait pas s'efforcer de changer les événements, mais rester dans la réalité intérieure sans s'occuper de l'extérieur, demeurer là où il était. Alors le gouverneur demanda : « Et qu'en est-il de la nature ? » Ce à quoi Brume Originelle répondit : « Vous pensez toujours que la nature tire à sa fin, mais elle n'en est qu'à ses débuts ; vous pensez toujours que la nature connaît ses buts, mais elle va beaucoup plus loin ; vous pensez toujours que la nature a déjà tout donné, mais la nature a encore beaucoup de choses en réserve. » Ensuite, elle ajouta : « Je ne veux pas parler aux mortels ; les êtres dépérissent et meurent. Je suis seule, je suis éternelle. » Et elle se détourna du gouverneur de la Terre Jaune.

Ces idées se réfèrent au fait que l'on atteint, en tout dernier lieu, un mystère dans lequel apparaît l'universalité et l'unicité du monde matériel ; la sagesse consiste à s'unir à ses rythmes cosmiques. Cette unicité de la nature, tant matérielle que psychique, se manifeste généralement dans ce que Jung a appelé des événements synchronistiques[3]. Vous avez probablement remarqué que si quelqu'un réussit à se situer de façon juste face à un problème, des « miracles » commencent à se produire, et que même les événements extérieurs se mettent en place d'une façon que l'on n'aurait pu ni imaginer ni réaliser rationnellement. On ne devrait pas penser en termes de cause et d'effet dans ce contexte, car l'on n'a pas, à proprement parler, « causé » la juste mise en

3. Voir C.G. Jung, *synchronicité et Paracelsica*, tr. fr. Albin Michel, 1927 ; M.L. von Franz, 261 *Nombre et Temps*, tr. fr. La Fontaine de Pierre, 2e édition, 1983 ; Étienne Perrot, *Le jardin de la reine*, La Fontaine de Pierre, 1985. (N.d.T.)

place des événements. Nous avons vu que le *Yi King* dit que l'homme supérieur est celui qui reconnaît les germes et agit en conséquence et met ainsi le monde en ordre. Trier les graines, c'est trier les germes, les symboles, les images archétypiques des situations naissantes et les clarifier. Si, patiemment, l'on y réussit, on vit mieux des situations même impossibles et souvent celles-ci se démêlent et il se présente des solutions imprévisibles.

Il est difficile de dire jusqu'à quelles profondeurs pénètrent ces vues, mais je crois qu'elles sont étroitement liées à l'inconscient féminin. Dans une large mesure, les femmes ont un pouvoir de vie et de mort sur les êtres qui les entourent, et ceci non seulement au plan psychologique, mais parfois même physique. Il est bon qu'une femme ait conscience de ce pouvoir de créer un climat autour d'elle car, si elle n'en a pas conscience, celui-ci risque de se dégrader. Ce serait pourtant de l'inflation destructrice que de tomber dans l'excès inverse et de penser qu'elle est individuellement responsable de tout ce qui se produit autour d'elle, car elle se prendrait alors pour la déesse-mère en personne ! En tant qu'individu, elle n'est évidemment responsable que de ses actions volontaires ou de ses refus de prendre conscience de ses affects négatifs. Se charger d'une responsabilité surhumaine est dangereux : j'ai vu des cas-limites devenir psychotiques sous l'influence d'un sentiment de culpabilité disproportionné.

Je me rappelle celui d'une mère qui, au moment de dire au revoir à son fils qui partait pour la guerre, avait eu l'esprit traversé par l'idée qu'il lui serait presque indifférent qu'il ne revînt pas — et il n'était pas revenu ; la malheureuse demeura convaincue qu'elle en était responsable. C'est, au fond, de la pure inflation et de la pensée magique archaïque, car il est tout à fait naturel que des gens qui vivent ensemble souhaitent parfois la mort l'un de l'autre. Je n'ai jamais analysé un être humain, homme ou femme, sans remarquer en lui de tels désirs mi-conscients, mi-inconscients. C'est la nature, et il est préférable de l'accepter. Je n'ai jamais analysé non plus une mère qui, de temps à autre, n'ait pas souhaité voir ses enfants au fond de la mer (pas littéralement, bien sûr), s'écriant : « Pour l'amour du ciel, qu'on me débarrasse de toute cette marmaille ! » Si le moi s'identifie à ces sentiments, le démon est lâché. En toute femme la partie obscure du Soi détient le pouvoir de souhaiter la vie ou la mort. Si l'on n'utilise pas ce pouvoir à mauvais escient dans une sorte de magie blanche ou noire, si l'on en prend conscience et si le moi reste dans les limites de ses fonctions, son effet peut être immense : les êtres s'épanouissent au contact d'une femme qui est en accord avec elle-même, parce qu'elle se rapproche alors de l'aspect positif de la déesse-mère, de celle qui fait pousser le blé. Mais qu'elle soit en désaccord avec la vie intérieure, il émanera d'elle les effets d'Hécate, la déesse de la mort et un vent de destruction soufflera sur ses proches. Il est utile de noter les effets que l'on produit plutôt que les actions que l'on accomplit. Parfois des enfants ont l'air merveilleusement bien et s'épanouissent dans une maison où la mère crie et les voue à tous les diables. Pourquoi ? Parce que, à sa manière, elle est juste et en « Tao » : son instinct vis-à-vis de ses enfants comporte quelque chose de vital et de vrai qui leur donne un sentiment de sécurité, même quand elle les tarabuste quelque peu. La tâche de la jeune fille dans ces contes devrait être celle de toute femme : elle consiste à pénétrer dans les profondeurs secrètes de faits apparemment insignifiants pour y apporter conscience, discrimination et sélection, afin de ne plus être possédée par surprise par ses affects et ses motivations inconscientes. Pénétrer dans ce royaume et y séparer le bien du mal correspond, pour l'héroïne, aux actions du héros qui tue le dragon, construit une nouvelle ville ou délivre les gens de la terreur.

Voici un exemple d'échec de ce processus. Une femme d'Afrique du Sud était allée faire une partie de pêche avec son mari et ses deux fils dans une rivière. Le bateau s'était retourné. Les deux garçons ne sachant pas nager, leur père les avait ramenés sur la rive, mais là, il s'était effondré, terrassé par une crise cardiaque et il était mort sur l'heure. La femme ne savait pas conduire, ou était trop ébranlée pour le faire. Ils étaient restés assis là une journée et demie, avant que quelqu'un ne les trouvât et ne les ramenât avec le corps du mari. Peu après, le fils cadet, âgé de sept ans, commença à se comporter de manière tout à fait psychotique : pendant deux mois il ne travailla pas à l'école, puis il cessa d'y aller ; il grimpait sur le toit des maisons, restait là à divaguer et lançait des couteaux sur les passants. Il ne dormait plus, mais pleurait et délirait toute la nuit. La mère consulta des médecins dans le monde entier et tous (et moi de même quand elle vint me consulter) pensèrent que ce comportement était lié au traumatisme dû à cet horrible accident, à la mort du père et à l'attente dans le noir près du cadavre. Ne sachant pas davantage que les autres comment appréhender la situation, je m'enquis des rêves de l'enfant. Elle me raconta, entre autres, celui-ci : *l'enfant était enfermé dans une chambre où il y avait une télévision* — ce qui était rare dans ce pays, à l'époque où ces événements se déroulaient et constituait donc un détail intéressant. *La porte de la chambre était fermée et une voix disait : « Tu devras rester ici à jamais, car ta vie est un échec.* » Ici se trouve affirmé un début d'état psychotique : il est emprisonné avec les images de son propre inconscient, coupé de la vie et son existence est ressentie comme un échec — à sept ans ! Le tableau extérieur confirmait cette déclaration, ce qui entraînait un pronostic peu encourageant. Pourtant quelque chose en moi se révoltait, je ne pouvais l'accepter et je pensais que le rêve avait peut-être une signification prospective car, d'après certains indices, il ne semblait pas indiquer une psychose ; il était simple, clair et bien construit, ce qui est signe de santé. C'était une gifle en pleine figure, mais si bien appliquée ! Je me suis donc demandé *à qui* profiterait la situation du rêve et j'ai aussitôt pensé à un sujet atteint d'une ambition démente et morbide. Pour quelqu'un de maladivement ambitieux, envisager sa vie comme un échec et considérer qu'il n'y a plus qu'à s'asseoir dans une chambre et que tout est fini est une façon de se sentir exceptionnel. Je demandai à la mère si l'enfant avait essayé de toujours se hausser aux premières places, par exemple à l'école. Elle me répondit que non, qu'il était plutôt moyen et ne s'en faisait pas trop si d'autres étaient meilleurs que lui. Je me demandai alors si ce n'était pas elle qui était ambitieuse pour l'enfant. Frappant au hasard, je lui dis que la situation n'avait rien à voir avec l'accident de son mari, mais avec elle ; qu'elle était démesurément ambitieuse pour l'enfant, ce qui le ravageait. Elle s'effondra et pleura, hurla, sanglota — des torrents de larmes — et reconnut que c'était vrai. Elle avait toujours entretenu des phantasmes de héros qu'elle projeta d'abord sur son mari, un être plutôt malheureux, sensible, introverti et sans défense, et avait été déçue. Je n'ai pas abordé avec elle la question de sa responsabilité inconsciente probable dans la noyade de son mari, qui ne devait plus pouvoir supporter de n'être pas à la hauteur et de ne pas parvenir à satisfaire aux demandes de sa femme. Mais je lui fis remarquer qu'après la mort. de son mari, tout le poids de ces demandes ambitieuses était retombé sur ses fils ; comme elle préférait le plus jeune, c'était lui qui en avait souffert le plus. Après l'accident, elle avait lu des livres de psychologie et y avait trouvé des descriptions de ce qui arrive à un enfant sans père, du complexe d'Œdipe, etc. Elle avait fort justement décidé que son fils ne serait pas un « fils à sa maman », mais, par ambition personnelle inconsciente, elle avait été trop loin en se montrant très dure envers lui, voulant le forcer à devenir un héros

Imaginez la situation d'un enfant qui subit le choc terrible de la perte de son père et que la mère, au lieu de le réconforter, traite avec froideur, lui imposant des exigences au-dessus de ses forces. C'était une femme dure, mais pleine de vitalité et assez intelligente, aussi pouvais-je lui faire part de mes conclusions. Le jour suivant, elle revint et me dit que l'enfant avait dormi huit heures tout à fait normalement et que, le matin, il s'était levé pour se rendre à l'école. L'archétype du héros était constellé en elle, mais elle avait été trop paresseuse pour tenter de vivre elle-même au niveau plus élevé qui lui était demandé et que permettaient ses propres possibilités ; elle s'en était donc déchargée sur son mari, puis sur son fils. Vivre soi-même une vie « héroïque », c'est-à-dire au maximum de ses capacités, est difficile. Ses phantasmes de héros étaient les graines, les germes qu'elle aurait dû trier ; si elle avait compris ce qui était en eux, elle aurait cultivé en elle-même ces exigences héroïques au lieu de les projeter sur son mari ou sur son fils, et elle aurait probablement découvert qu'elle avait elle-même quelque chose d'intéressant à vivre. Une énergie positive au fond de son âme avait eu ces effets négatifs, parce qu'elle n'avait jamais regardé en elle pour la clarifier. Les gens essaient toujours de projeter leurs phantasmes sur les autres ; une personne bien portante secoue ceux-ci et s'en débarrasse instinctivement, mais une personne faible ou trop sensible en souffre. Si j'avais dû analyser le mari, je n'aurais pas rejeté la faute sur sa femme, mais regardé ce qui, en lui, n'allait pas et attirait ces projections.

Quant à cette femme, elle avait un animus puissant qu'il eût fallu utiliser au mieux. L'expérience montre, en effet, que l'on n'est possédé par l'animus que s'il est réprimé et qu'on n'utilise pas les énergies et les possibilités positives et créatrices qu'il représente. Enterrer le mari, lire en diagonale des écrits de Freud, puis décider que son fils serait un héros, tout cela, c'est de l'animus mal intégré ! Si une femme donne place dans sa vie à un animus puissant et affirme sa personnalité de façon créatrice et juste, l'équilibre se fait avec son côté féminin : lorsque vous avez travaillé comme un homme, vous êtes prête à trouver très agréable de redevenir « féminine » ! Les énergies masculines et les énergies féminines ou, comme dirait la philosophie chinoise, le *yang* et le *yin*, se complètent et s'épousent alors, donnant naissance, suivant le langage alchimique, à l'hermaphrodite, fruit du mariage du roi et de la reine, du soleil et de la lune.

Dans un cas comme celui que nous avons rapporté, on peut tout aussi bien dire qu'un homme a choisi une telle femme parce qu'il avait des tendances suicidaires. Dans une situation de ce genre, il y a toujours deux personnes impliquées ; l'attitude à avoir est toujours individuelle et dépend des circonstances et des rêves du sujet. A quelqu'un qui est écrasé de culpabilité, il est bon de montrer que les sentiments hostiles qu'il sent en lui ne sont pas volontaires et qu'il n'est pas vraiment responsable, alors que l'on devra, au contraire, aider celui qui ne reconnaît pas ces sentiments à déceler ce qui, en lui, est négatif.

Trier le grain, c'est donc essayer de prendre pleinement conscience d'une situation pour discerner ce que signifie tel ou tel affect ; c'est être aussi humblement consciencieux que possible, en évitant l'inflation et les jugements catégoriques. Dans la pratique, cela demande une grande discipline personnelle et une droiture absolue. Persévérer dans cette voie est, d'après les contes, l'une des tâches héroïques de la femme. Cela fortifie la conscience et le sentiment de la responsabilité ; le diable nous dit toujours qu'on n'en est pas à un grain près, ou qu'il n'y en a plus de noirs — et nous sommes pris !

Pour en revenir au conte *Wassilissa*, à quoi correspondent les trois paires de mains et le fait que la fillette ne doit pas poser de questions à leur sujet ? Ce thème étant peu compréhensible d'après cette seule version, il nous faut l'amplifier ; il présente de multiples variantes, toutes très révélatrices. Nous choisirons le conte de Grimm N° 43 intitulé : *« Frau Trude », Dame Trude.*

DAME TRUDE

Il était une fois une petite fille qui était têtue et insolente. Si ses parents lui disaient quelque chose, elle n'obéissait pas ; comment les choses auraient-elles pu bien tourner pour elle ? Un jour, elle dit à ses parents : « J'ai tant entendu parler de Dame Trude, je veux me rendre une fois auprès d'elle : les gens disent que chez elle c'est si étonnant et ils racontent qu'il y a des choses si étranges dans sa maison ! Cela m'a rendue très curieuse. » Les parents le lui interdirent sévèrement et lui dirent : « Dame Trude est une méchante femme qui fait des choses troubles et sans Dieu ; si tu vas chez elle, tu ne seras plus notre enfant ! » Mais la fillette ne tint pas compte de l'interdiction de ses parents et alla quand même chez la Dame Trude. Quand elle arriva chez celle-ci, Dame Trude lui demanda : « Pourquoi es-tu si pâle ? »

« Ah, répondit-elle en tremblant de tout son corps, j'ai eu une telle frayeur de ce que j'ai vu. »

« Qu'as-tu vu ? » « J'ai vu sur votre escalier un homme noir. » « C'était un charbonnier. » « Puis j'ai vu un homme vert. » « C'était un chasseur. » « Ensuite, j'ai vu un homme rouge-sang. » « C'était un boucher. »

« Ah, Dame Trude, j'en frémis d'horreur ; j'ai regardé par la fenêtre et ne vous ai pas vue, mais j'ai vu le diable avec la tête de feu. »

« Oh ! oh ! dit-elle, ainsi, tu as vu la sorcière avec ses véritables attributs ; cela fait longtemps déjà que je t'attendais et te convoitais, tu vas m'éclairer ! » Elle transforma alors la fillette en une grosse bûche et la jeta au feu. Et quand la bûche fut bien embrasée, elle s'assit à côté, se réchauffa et dit : « Ce que cela éclaire bien ! »

Comme dans le conte de *Wassilissa*, trois hommes passent devant l'enfant. Le diable apparaît souvent dans les contes non seulement sous les traits d'un homme noir, mais aussi sous ceux du chasseur vert ou de l'homme rouge. Ce sont les trois esprits familiers de Dame Trude, trois aspects démoniaques. Dame Trude, image de la grande déesse-mère, vit en étroite relation avec les divinités du monde inférieur. On retrouve souvent cette structure triadique qui, dans notre civilisation, compense la trinité supérieure. De même que la Vierge Marie est une figure féminine de la Sophia, associée à la trinité supérieure — Dieu le Père, Dieu le Fils et Dieu le Saint-Esprit (la Vierge Marie étant un peu à part), de même, il existe dans le monde inférieur une quaternité composée ici de Dame Trude et des trois aspects sataniques. Cette totalité divine du monde infernal compense et équilibre la totalité divine lumineuse du monde céleste. Les trois paires de mains amputées renvoient au lien secret qui existe entre la déesse-mère et le principe ultime du mal que nous projetons dans la figure du diable. C'est l'esprit de mort, de destruction, enfoui au fond de l'abîme de toute créature humaine.

Si nous ne considérons pas Baba Yaga comme une simple figure du contenu personnel de l'inconscient, mais aussi comme une personnification de la nature elle-même, une déesse-nature, nous pouvons dire que les paires de mains se rapportent à l'incroyable cruauté et à l'esprit sanguinaire de celle-ci. Si quelqu'un a des sentiments humains normaux, il ne peut manquer d'en être frappé à un moment ou à un autre de sa vie. On sait comment les animaux (nous y compris), se nourrissent les uns des autres, et l'on a envie de rendre grâces à Dieu quand on peut éviter d'en être témoin : nous préférons nous voiler la face. Nous avons tous été choqués en découvrant comment la nature se comporte avec ses enfants, comme de voir un être humain lentement et cruellement rongé par un cancer ou par toute autre maladie mortelle qui le consume lentement. On rencontre parfois dans la montagne un chevreuil malade et épuisé qui essaie d'avancer péniblement sur la glace ; les autres le poussent, il s'affaisse, lutte, se relève, avance de quelques pas ; il se traînera des semaines jusqu'au jour où, Dieu merci, il ne se relèvera plus. Ou bien un renard s'attaquera à un cygne pris dans la glace et le laissera agoniser pendant des heures, une aile à moitié dévorée — à moins qu'un être humain ne passe par là par hasard et ne lui donne le « coup de grâce* ». D'après

* En français dans le texte.

ces contes de fées, c'est agir sainement ou sagement que de ne pas se mêler de ces choses au-delà d'un certain seuil et de ne pas se poser de questions insolubles. Nous pouvons brandir le poing vers la déesse-nature, cela n'y changera rien. C'est l'ombre abyssale qui se tient au-delà de Baba Yaga, que l'on ne peut regarder qu'avec horreur, avant de s'en détourner. Le secret de la nature semble être celui-ci : elle tue cruellement et donne naissance aux plus belles choses. Elle a ses lois et ses limites propres.

Un autre conte, intitulé *Waldminchen* (La petite femme de la forêt) développe le même thème que *Dame Trude* sous une forme plus positive et nous permet de mieux comprendre le rôle de ces sorcières. En voici le résumé :

Les parents d'une petite fille obstinée lui disent que la Waldminchen viendra la prendre si elle n'obéit pas. La fillette, en effet, tourmente cruellement ses camarades d'école. Un jour, une vieille femme verte sort de la forêt, la saisit et l'emporte vers un groupe d'enfants très gentils qui s'amusent à cueillir des marguerites. La Waldminchen lui conseille de bien se comporter avec les enfants et de jouer avec eux ; elle lui dit qu'elle veut l'éduquer et qu'elle doit rester auprès d'elle. Le premier jour, l'enfant se montre assez effrayée et se conduit bien, joue avec les enfants et passe une très bonne journée. La Waldminchen s'occupe d'eux et leur donne un bon repas. Mais, le lendemain matin, la fillette recommence à jouer de mauvais tours et les enfants se plaignent. « Très bien », dit la Waldminchen, et elle saisit la fillette et la livre à des hommes — les princes consorts de la grande déesse — *qui jettent l'enfant dans le moulin où elle est broyée en menus morceaux et d'où elle ressort, de l'autre côté, transformée en vieille femme toute bossue. La Waldminchen lui dit : « Ce qui est vieux deviendra jeune, et ce qui est jeune deviendra vieux. » Quand l'enfant se voit dans un miroir, elle est horrifiée et complètement désespérée. Elle est laissée ainsi un cer-*

tain temps jusqu'à ce qu'elle ait compris la leçon ; alors on la repasse au moulin, mais en sens inverse, et elle retrouve sa jeunesse. Puis le père arrive : la perte de son enfant lui a causé tant de chagrin qu'il est devenu tout vieux ; on le passe donc au moulin de jouvence, après quoi tous deux rentrent chez eux ; la fillette se conduit bien désormais et devient une femme accomplie.

On retrouve dans ce conte le thème de la transformation à travers les opérations de tri et de mouture. La jeunesse et la vieillesse sont des formes symboliques adoucies de la vie et de la mort. Le moulin de jouvence que possède la femme verte (couleur de la végétation qui meurt chaque hiver pour renaître au printemps) rappelle le moulin à farine et à huile de Baba Yaga, ainsi que son mortier et son pilon. C'est là une allusion évidente à un thème alchimique classique. Nous avons vu que la « trituration » et la « réduction en poudre » correspondaient, psychologiquement, à l'écrasement des duretés égoïstes et volontaristes du moi, et préparent la transmutation. Quant à la « calcination » à laquelle Dame Trude soumet la fillette capricieuse, elle ressemble fort, elle aussi, à une opération alchimique.

On voit donc que ces figures dissimulent, sous leur aspect effrayant de sorcières, un sens bien plus profond, puisqu'elles président en réalité aux opérations du grand œuvre intérieur. Ces contes tendraient donc à suggérer qu'il existe une finalité intérieure aux souffrances de la nature et de la vie.

Les couleurs attribuées aux serviteurs de la sorcière font également allusion aux différents stades de la confection de la pierre philosophale. De même, *le Jour, la Nuit* et *le Soleil* figurent le passage par la mort et la naissance du « Soleil intérieur ». Le soleil levant est un symbole du Soi[4].

---

4. Cf. M.-L. von Franz, *L'Ane d'Or. Interprétation d'un conte*, trad. cit., pp. 267 et suiv. : Horus, incarnation du soleil levant et image de la naissance intérieure du Soi. (N.d.T.)

Dans *Dame Trude*, nous avons une précision supplémentaire : la sorcière cherche apparemment à réduire par une rationalisation le rôle des trois hommes que la jeune fille a vus. Cette rationalisation est un piège, une épreuve qu'elle lui propose. Elle correspond à la tendance que l'on a, devant une expérience intérieure, à dire : « ce n'est que... », de façon à éviter de se laisser atteindre et transformer par elle. L'homme noir, dit Dame Trude, est le ramoneur (il est celui qui, en nettoyant le conduit qui relie l'intérieur de la maison aux cieux, permet au feu de flamber. Ce nettoyage correspondrait à l'intégration de l'ombre). L'homme vert est le chasseur (celui qui, ayant entrepris la quête, atteint la cible). L'homme rouge est le boucher (le sacrificateur). Qu'il suffise de rappeler le rôle du prêtre, barbier et sacrificateur, dans les visions de Zosime de Panopolis[5]. Les alchimistes connaissent ces couleurs de l'œuvre : le noir *(nigredo)*, le blanc *(albedo)*, le vert *(viriditas)*, le jaune *(citrinitas)*, le rouge *(rubedo)*, etc.

La femme verte de la forêt a donc des pouvoirs divins. Telle Isis, c'est une alchimiste et une magicienne qui est hors ou au-delà du temps, et qui accorde jeunesse ou vieillesse suivant son désir. Rendue sorcière par le rejet que lui oppose notre civilisation, la Déesse-Nature, qui est la vie elle-même, et que des songes nomment parfois « Mère Alchimie », continue de présider aux mystères des transmutations. Si l'on compare ce qui arrive aux trois jeunes filles (*Wassilissa*, la fillette de *Dame Trude* et celle de *Waldminchen*), on constate que la face que présente la Déesse-Nature dépend entièrement de l'attitude de sa visiteuse. Dans *Dame Trude* la fillette est une petite créature infantile et méchante qui est détruite par le feu. Elle est cependant transformée en chaleur et en

5. Les visions de l'alchimiste égyptien sont rapportées par Marcelin Berthelot, in : *Les alchimistes grecs*. Jung les commente au livre IV des *Racines de la conscience*, trad. cit. Voir également M.-L. von Franz, *L'Ane d'Or*, op. cit. La déesse Isis et les couleurs de l'Œuvre, pp. 224 et suiv. ; et aussi Etienne Perrot, *La Voie de la transformation*, op. cit., IIe partie, chapitre V : « Les visions de Zosime. » (N.d.T.)

lumière. C'est comme si ce conte s'arrêtait au stade de la « cuisson » de la matière première. Dans *Waldminchen,* elle est apparemment punie, mais pour être transformée : le processus est engagé. *Wassilissa,* qui, elle, se comporte correctement, est mise à l'épreuve avant d'être aidée. Elle traversera le processus complet et épousera le roi.

Il est intéressant de remarquer que la curiosité des enfants est présentée dans ces contes comme extrêmement destructrice. La curiosité, autant que j'aie pu le voir, est rarement punie dans les mythes de héros, alors qu'elle provoque souvent la mort de l'héroïne. Wassilissa ne pose pas de questions sur les mains et elle a la vie sauve. Par contre, l'enfant de *Dame Trude* s'immisce dans des secrets qu'elle devrait ignorer et y perd la vie. Ceci fait allusion à ce que les alchimistes appelaient : « Les dangers de l'œuvre. » Ne peut pénétrer les mystères de la Nature et le processus de transformation que celui qui ne se contente pas d'une curiosité gratuite, mais s'y engage. Jouer avec les vérités intérieures sans y apporter suffisamment de sérieux, de crainte révérentielle et d'honnêteté vis-à-vis de soi-même, est dangereux. Devenir conscient exige, en fin de compte, une attitude éthique.

Du point de vue psychologique, la curiosité de la fillette correspond à l'éveil en elle de l'animus. Elle est à l'âge des « pourquoi ? » Cet esprit inquisiteur, positif dans son essence, ne devient négatif que lorsqu'il s'obstine à donner des réponses toutes faites aux mystères de la vie et à les rationaliser, croyant les expliquer. En outre, la curiosité des femmes se porte souvent de façon indiscrète sur ce qui se passe chez le voisin et les commérages ; elles s'intéresseront, par exemple, à des querelles ou à un divorce. Si l'on y regarde de plus près, on s'aperçoit souvent que cet intérêt cache le germe d'une pensée philosophique, telle que : « Pourquoi les hommes et les femmes se disputent-ils ? » Mais, cela ne va généralement pas plus loin. Si, à ce moment, une femme se dit : « En quoi cela me concerne-t-il ? Pourquoi suis-je fascinée par la question de la mésentente entre hommes et femmes ? », cela la mènerait à une réflexion réelle, au lieu de rester au niveau d'une opération mentale mal développée, parce qu'elle n'est ni désintéressée, ni objective. Cela est typique d'un animus non exercé. Le manque de culture dans lequel les femmes ont été longtemps confinées dans les sociétés à dominance masculine en est, pour une grande part, responsable. C'est pourquoi tant de femmes ont besoin de développer et de différencier leur fonction pensée, et, si elles ont arrêté trop tôt leurs études, elles doivent parfois même les reprendre. L'un des rôles de l'analyste peut être d'aider une femme à préciser sa pensée, à trouver l'expression juste et à développer son sens critique dans ce domaine, alors que souvent il faut aider l'homme à préciser ses sentiments et ses « états d'âme ». Certaines femmes laissent exprimer ce que l'on pourrait nommer la philosophie naturelle en ne cessant de parler de ce qui les fascine ; puis, remarquant votre manque d'intérêt, il leur arrive d'ajouter : « Ce n'est pas vraiment cela qui m'intéresse, mais ça me fait penser à la vie, à ce que peut être l'amour, à ce que pourrait être une véritable relation », etc., après quoi, elles énoncent quelque sage sentence toute faite sur un ton banal, et changent de conversation. Dans quelle mesure y a-t-il là un effort de réflexion ou simplement la mesquine curiosité de l'ombre ? Il y a généralement les deux : un intérêt philosophique en germe *et* une curiosité due à l'ombre qui s'identifie à la malchance des autres, s'en réjouit et y projette ses propres déceptions et défauts. Voilà, je pense, qui a partie liée avec l'inquisition destructrice exprimée dans ces contes. Le diable, comme incarnation du pouvoir (sur soi et autrui), y est bien, en effet, pour quelque chose !

La fonction du mal dans la nature est un mystère tellement ambigu et troublant que l'on ne peut souvent que se comporter comme la fillette. Le mal, dans ses aspects les plus destructeurs et les plus scandaleux, tels que les guerres, les tortures ou les camps de déportation, n'est cependant plus relié directement à la Déesse-Mère ; il résulte, au contraire, du principe masculin, dans la mesure où celui-ci exclut le principe féminin en faveur d'une pensée pure, d'un monde dominé par la technique et le pouvoir et d'un matérialisme sans âme. Le principe féminin, renié, resurgit alors par « vengeance » sous la forme froide et destructrice de l'anima négative. Même en sociologie, on voit des savants adopter ce mode de pensée. Ainsi, dans son ouvrage : *The Biology of War*, Nicolaï se demande froidement si, d'un point de vue biologique et génétique, la guerre est une bonne ou une mauvaise chose, si les bons ou les mauvais éléments y sont détruits, et ainsi de suite. On sait à quels excès peuvent aboutir des attitudes semblables. Les savants atomistes qui envisagent calmement les destructions en masse et inventent tout un vocabulaire technique et « neutre » pour les désigner, sont possédés par les « mains » privées de corps et d'âme.

Cependant le destin peut pousser un être à se pencher sur de tels sujets. Un médecin, par exemple, peut être obligé d'acquérir un peu de ce détachement pour supporter d'être en contact continuel avec la souffrance et la mort. Au cours du premier semestre, aux leçons de dissection, ou bien l'étudiant renonce, ou bien il acquiert un peu de l'indifférence de la nature. Mais si l'on ne sait pas ce que l'on fait et que cela aille trop loin, on devient soi-même froid et diabolique, ce qui entraîne une dissociation. Un médecin qui peut observer objectivement une grave maladie chez le patient du lit numéro tant, réagira tout autrement si un jour sa femme ou sa fille est atteinte du même mal. Souvent se produira un conflit ou une faille entre l'homme médical qui observe la maladie et la manière dont elle se développera et se terminera et y voit simplement un processus naturel, et l'être humain individuel pour qui c'est un événement unique, une catastrophe profondément ressentie. C'est la contradiction entre deux esprits qui s'excluent mutuellement. Face à cet esprit trop masculin et abstrait, il appartient tout particulièrement à la femme de préserver l'aspect personnel et affectif des événements. Elle doit en rappeler l'aspect humain, la réaction émotionnelle unique qui ne peut se décrire froidement, statistiquement. En défendant les droits de la relation affective, elle compense l'esprit masculin et empêche que l'homme ne perde tout sentiment. Par contre, une femme qui commence à penser de cette manière froide est possédée par l'animus et l'effet en est toujours destructeur. La tâche irremplaçable de la femme est d'œuvrer à conserver l'atmosphère personnelle qui lie entre eux les êtres humains, c'est-à-dire l'éros.

Même une bonne discrimination et une attitude juste et consciente ne peuvent empêcher complètement la souffrance et le mal. D'où, comme le disent ces contes, la nécessité de ne pas examiner trop fortement ni trop exclusivement cet aspect de la vie. Nous pouvons travailler sur nos affects inconscients et leurs effets et soulager d'autant nous-mêmes et notre entourage, avoir une action partielle sur notre milieu, mais nous ne réussirons jamais à faire disparaître du monde la maladie et la mort. Il y a des limites aux possibilités humaines et il arrive un point où la nature est la plus forte. Jamais elle n'arrêtera ses moulins de vieillesse et de jeunesse, de mort et de vie.

Les anciens Chinois semblent avoir pris ce problème du bien et du mal avec un détachement proche de celui de la nature sans perdre pour autant la chaleur du sentiment. J'ai été frappée de ce que dit Tchoang-Tseu à ce sujet : l'homme sage est comme la lionne ; il se contente de regarder la nature et devient semblable à elle. A première vue, on pourrait croire à une certaine indifférence insouciante : le sage taoïste, tel que le présente Tchoang-Tseu, ne doit pas, en effet, trop s'affliger si sa femme, son meilleur ami, son disciple préféré ou son maître vient à mourir. Il s'acquittera de la cérémonie funéraire sans s'attarder dans le chagrin. Dans un autre passage, il ajoute que tout maître taoïste éclairé ne s'efforce pas d'être charitable, de sauver autrui, ou de faire une bonne action : il laisse advenir. En apparence, il agit comme la nature suivant son cours, mais, ajoute Tchoang-Tseu, le sage aime tous les êtres à partir de son propre centre (le Soi), et par le rayonnement de la bonté spontanée qui est en lui. Ce qui, aux yeux du taoïste, est contre nature et donc suspect, c'est d'agir au nom de principes moraux et éthiques, car cela produit des effets contraires cachés. Ainsi, Lao-Tseu dit que la Bonté et l'Amour ont décliné à partir du moment où on les a nommés, c'est-à-dire où on les a érigés en principes, en idéaux. Soulignons que Tchoang-Tseu parle ici uniquement du *Sage,* c'est-à-dire de celui qui, ayant établi l'ordre et le désintéressement en lui-même, est en ordre avec autrui, avec les événements et avec les rythmes de la vie et de l'univers. Comme le disent les alchimistes, la *materia prima,* la nature, doit d'abord être « rectifiée ». Autrement dit, l'individu qui cherche à vivre de façon juste et généreuse doit d'abord travailler à clarifier ses propres motivations et se mettre en état de disponibilité : « Cherchez le royaume de Dieu et sa justice, et le reste vous sera donné par surcroît ».

Porté par l'élan naturel de l'être relié à son centre, le sage, dit Tchoang-Tseu, pourra soigner son ami quand il est malade, se rendre utile à la cité et aller où l'on a besoin de lui, et ceci sans quitter le Tao, le sens intérieur. Comme il agit de façon juste, il n'y aura pas de contrecoup ni de retombées négatives : il n'y aura ni sentiment d'obligation de la part de l'autre, ni gratitude escomptée de sa part à lui. C'est la manière la plus subtile de transcender l'éthique, d'approcher de la bonté absolue et désintéressée. C'est ce qu'entendait Pascal lorsqu'il écrivait : « La véritable morale se moque de la morale », ou Saint Augustin, avec son fameux : « Aime, et fais ce que tu voudras ! » On ne peut, en effet, décrire cette attitude que sous forme de paradoxes. Pour nous, une telle position est beaucoup plus difficile que pour un Oriental, car on nous a toujours appris à agir et à lutter pour parvenir à être bon et à faire notre devoir. Par cette attitude trop unilatérale et volontariste, nous avons accumulé, par refoulement, un tel abîme d'horreur « de l'autre côté », aussi bien au plan individuel que collectif, que ce problème est devenu quasiment insoluble. Jung nous propose une approche de cette forme de sagesse mieux adaptée à l'Occident. La voie qui y mène est l'élargissement de la conscience et les rectifications et transformations auxquelles mène l'écoute lucide de notre être intérieur, en particulier à l'aide des rêves ; c'est celle de la réalisation de la totalité de l'individu, celle du Soi en lui.

Les deux contes que je vous propose maintenant décrivent une attitude différente de l'héroïne en présence du secret ; ils présentent une variation très intéressante de ce thème. Le premier est une histoire autrichienne : *Une femme noire, qui possède un château, interdit à une fillette d'aller dans une certaine chambre. Evidemment, l'enfant désobéit et découvre que la femme noire, grâce à un travail sur elle-même, change de couleur et devient blanche. La fillette se retire rapidement mais, dès ce moment, elle ne cesse d'être harcelée par la femme noire qui veut savoir si, oui ou non, elle est entrée dans la chambre. Elle nie et, au moment crucial où elle va être brûlée comme sorcière, la femme noire la sauve et lui explique : « Si tu avais dit une seule fois que tu étais entrée dans la chambre, je t'aurais réduite en poussière et en cendre, mais maintenant tu m'as libérée et tu seras récompensée. »*

Dans une variante allemande, *la fillette pénètre le secret terrifiant de la sorcière qui lui demande ensuite : « Mon enfant, m'as-tu vue souffrir ? » La fillette prétend n'avoir rien remarqué et, elle aussi, elle est récompensée.* Ce thème du mensonge bénéfique est passionnant. Ne pas pénétrer les secrets de la Mère-Nature ou mentir en feignant ne rien avoir vu, tel est, selon ces histoires, le grand art. La déesse apparaît comme une créature indigente, souffrante et malheureuse, et cela, elle ne veut pas que les humains le voient. S'il s'agissait d'un être humain, cette réaction serait compréhensible : elle désirerait dissimuler son ombre, ses défauts ou sa souffrance. C'est une réaction que l'on rencontre chaque fois que l'on essaye d'atteindre l'ombre d'un analysé : il se révolte et s'en prend à vous. Il peut se produire qu'un patient ait une ombre forte que vous aviez discernée dès la première heure, et que vous ne puissiez aborder le sujet avec lui que bien plus tard, au fur et à mesure que ses rêves et le travail intérieur lui auront permis de se rapprocher de l'inconscient. Une vérité assénée peut avoir un effet destructeur et le contact entre vous volera en éclats. Pour l'amour du ciel, ne tombez pas dans ce piège !

Sans doute n'est-ce là qu'une analogie ; ici, c'est une déesse-sorcière qui protège soigneusement son secret. Je pense que cette réaction est liée à une attitude religieuse primitive profondément enracinée dans l'être humain. On rencontre encore de telles réactions, par exemple, chez les montagnards des Alpes. Au-dessus de Seelisberg il y a un endroit superbe d'où l'on a vue sur tout le lac des Quatre-Cantons. Au moment où vous vous retournez, vous découvrez tout à coup le lac sous un angle totalement inattendu. Si le soleil brille, l'eau n'est plus verte, mais transparente, et la vue embrasse toutes les Alpes. Si l'on est sensible à la beauté de la nature, on vit là une expérience qui coupe le souffle. Les vachers eux-mêmes, gens pourtant assez rudes, se laissent impressionner par ce spectacle. Ils disent en effet que, très souvent, des vaches disparaissent brusquement à cet endroit (ils projettent sur elles leur propre éclipse de conscience). Quand on passe par là, disent-ils, on doit être très attentif à ne pas se laisser gagner par la panique. Il faut faire claquer son fouet, continuer de parler aux vaches comme si elles étaient toujours là et feindre que rien ne s'est passé, et, après quelques minutes, on les verra à nouveau marcher devant soi. Si l'on agit autrement, un accident risque de se produire et une vache, ou son gardien, de tomber dans le précipice. L'homme fait là, en quelque sorte, un geste religieux. S'il se laissait submerger par l'émotion, il risquerait d'avoir une réaction de panique animale qui se répercuterait immédiatement sur les vaches, qui, très sensibles à l'humeur du vacher, sont alors capables de faire n'importe quoi. Mais si l'on est pris de panique, il ne sert à rien de se raisonner. C'est pourquoi le vacher prétend que les vaches sont parties et feint de ne pas le remarquer. Il se ment à lui-même et sauve ainsi sa peau et celle de ses bêtes.

On voit la même réaction chez les personnes soumises à un choc émotif, qu'il s'agisse d'une douleur ou d'une joie extrême : il se produit un temps mort. Ainsi, si l'on annonce à une personne le décès d'un proche parent, il se peut qu'il fasse comme si rien n'était arrivé, jusqu'à ce que le plus fort de l'impact soit passé, après quoi, généralement, il s'effondre, pleure et montre une réaction normale. Ce processus naturel protège les êtres très sensibles qui autrement se briseraient sous l'effet du choc. Feindre de n'avoir rien remarqué est en ce cas un instinct salutaire, profondément ancré en l'homme ; c'est pourquoi il est à la base de nombreux rites religieux. Il a en effet à faire avec la crainte révérentielle sacrée, le respect de ce qui est numineux, et avec tous les « gardiens du seuil ». Le mystère le plus intérieur, celui, à la fois admirable et terrible, de l'expérience du numineux et de la transmutation, se cache dans le secret le plus profond de l'âme. Il est bon de reconnaître l'aspect positif du silence devant le mystère.

La nécessité humaine de passer sous silence l'expérience numineuse est compréhensible ; mais on peut se demander pourquoi la Mère-Nature elle-même ne veut pas être vue dans toute sa splendeur ou son abomination. Nous ignorons évidemment ce qu'elle est en soi ; mais, étant donné qu'elle se conduit exactement comme un être humain qui aurait honte de lui-même, il semble qu'on puisse discerner dans la nature comme une aspiration vers une humanisation plus grande de l'être humain. Nous ne pouvons dire si cela est vrai dans l'absolu, mais seulement que les documents fournis par l'inconscient semblent l'affirmer *Si* c'était vrai, cela signifierait qu'il y a des chances pour que, malgré les événements catastrophiques et les menaces auxquels l'humanité est confrontée, la nature ait l'intention de poursuivre l'expérience « Homme » que nous sommes, et que l'espèce humaine survive encore longtemps.

Ceci nous amène à aborder une autre question importante : les mythes doivent-ils être considérés comme des créations purement humaines, ou bien révèlent-ils objectivement la face cachée de la nature ? Sont-ils une simple projection, ou correspondent-ils à une vérité plus vaste que l'homme ? On ne peut pas trancher une pareille question, car elle est du domaine métaphysique. C'est pourquoi Jung insiste toujours sur le fait que, lorsqu'il parle de la divinité, il n'affirme pas, au sens métaphysique, que Dieu, la réalité ultime, soit ceci ou cela, mais que *l'image de Dieu* se reflète en l'homme de telle ou telle façon, ou que la psyché inconsciente de l'homme lui en renvoie telle ou telle image. Cependant, comme pour la Déesse-Mère, nature et face féminine de la divinité, on est en droit de penser qu'il ne s'agit pas d'une pure projection, car l'inconscient *est* la nature dans l'être humain. C'est donc la nature, en tant que psyché inconsciente de l'homme, qui se décrit elle-même comme désirant devenir plus humaine et accéder à davantage de conscience. Affirmer qu'il en est ainsi ou non dans l'absolu échappe aux limites de notre investigation objective et empirique.

Tout ce que nous pouvons dire et conclure à partir des matériaux fournis par l'inconscient collectif est que, puisque la psyché naturelle de l'être humain décrit la nature comme ayant cette aspiration, il est normal, naturel, et donc salutaire, de nous fier, empiriquement, à ce qu'elle révèle d'elle-même en nous.

Pour nous résumer, nous dirons que la nature apparaît dans l'inconscient comme une réalité à la fois sublime et terrifiante, c'est-à-dire produisant l'« horreur sacrée » que l'être humain ressent devant le numineux. Comme dans le monde extérieur, son reflet intérieur la montre à la fois belle et terrible, mais, cependant, tout se passe comme si elle aspirait secrètement à une évolution et à un sens. Or le moyen privilégié pour épouser cette évolution et ce sens est de nous soumettre nous-mêmes à l'épreuve à la fois douloureuse et merveilleuse de la transmutation dont, nous disent ces contes, elle est la maîtresse.

CHAPITRE IX

LA BELLE WASSILISSA (FIN)

Nous avons vu que, d'après bien des contes et des mythes, l'imperfection de la nature est la conséquence de la chute d'une déesse ou du fait qu'elle a été déçue et trompée. Nous avons également constaté que ces thèmes ne sont pas propres à nos régions, mais qu'ils existent aussi chez d'autres peuples, tels que les Esquimaux, avec quelques variantes selon les différentes tribus. Ainsi nous avons vu que Sedna, déesse-mère et déesse de la nature, vit sous la mer où elle est la maîtresse des baleines, des phoques, des poissons et autres animaux aquatiques. La population, qui vit uniquement sur ces proies, prie la déesse et lui offre des sacrifices pour qu'elle accorde chance et succès aux chasseurs. Revenons plus en détail sur ce mythe. D'après certaines versions, *Sedna était une étrange jeune fille qui se refusait à épouser un homme ordinaire. Un jour, un prétendant venu de très loin se présenta à elle (soit sous une forme humaine, soit sous celle d'une mouette), et elle le suivit. Mais, quand elle arriva chez lui, elle constata qu'il ne s'occupait pas d'elle, la négligeait et ne lui rapportait pas de quoi manger. Sedna envoya un messager à son père pour qu'il vienne la chercher. Le père tua l'amant ou le mari insatisfaisant. Pour se venger, les mouettes, ou le fantôme du mari mort, provoquèrent une tempête qui les surprit sur le chemin du retour.*

Pour sauver sa propre vie, le père jeta sa fille à la mer ; celle-ci s'agrippa au rebord du bateau, mais il prit un couteau et lui trancha les doigts et elle s'enfonça dans les abîmes marins. Désirant se venger, elle persuada, par des incantations magiques, ses chiens d'attaquer son père. Ils lui mangèrent le nez, ou les mains et les pieds, ou les deux.

Le père et la fille, s'étant mutilés l'un l'autre, vécurent désormais ensemble sous la mer. Sedna y devint la grande déesse de la nature ; bienfaisante pour les humains, elle était aussi la maîtresse de la mort : les âmes des Esquimaux allaient la rejoindre dans son domaine sous-marin où ils partageaient son existence ; s'ils s'étaient bien comportés de leur vivant, ils jouissaient de conditions assez agréables, sinon ils étaient torturés par ses animaux. Périodiquement, lorsque la chasse et la pêche devenaient stériles, un chaman allait débarrasser Sedna des poux qu'elle avait dans la tête, et la prospérité revenait sur la terre des vivants. C'est ainsi que chaque fois que la baleine ou les phoques ne se présentaient pas aux chasseurs, l'homme-médecine devait s'occuper de la tête de la déesse.

Sedna est l'esprit secret de la nature qui détient les puissances de vie et de mort. Son horrible secret est lié à une double déception : son père et son mari l'ont tous deux trahie, si bien que jamais elle n'a pu instaurer une juste relation avec le principe masculin, ce qui se traduit par ses côtés négatifs et dangereux.

Par ailleurs, on connaît la version biblique selon laquelle la mort et la corruption sont apparues dans le monde par la faute d'Eve, et nous avons vu qu'une doctrine s'est développée dans la Kabbale, où il est dit que cette situation insatisfaisante est le résultat de la séparation qui s'est produite entre la Shekhina et Dieu : si le principe féminin était réhabilité et rejoignait la divinité, le monde retrouverait une harmonie. Si nous transposons sur le plan psychologique le sens de ces contes et de ces mythes, nous dirons que ces quelques exemples illustrent la blessure et l'appauvrissement psychiques qui découlent du refoulement et du mépris dans lesquels est tenu, le plus souvent, le principe féminin[1]. C'est pourquoi l'être humain sage et religieux et tous ceux qui s'efforcent de faire progresser la conscience travaillent à sa restauration et à celle de la hiérogamie ou mariage sacré des principes masculin et féminin.

En temps normal, il est relativement rare de rencontrer le mal à l'état presque pur en un individu. La plupart des attitudes et des pensées mauvaises ainsi que des affects destructeurs résultent, comme pour Sedna, d'une vie malheureuse, d'une peur fondamentale de la vie ou d'une déception. Le mal et le bien sont généralement intimement mêlés en nous. Le plaisir dans le mal, le mal pour le mal, existe pourtant et c'est sans doute là quelque chose d'horrible qui nous apparaît comme contre-nature. Que l'on pense à certains criminels ou, au niveau collectif, aux horreurs qui se déchaînent lors des persécutions ou des guerres par exemple.

L'existence même du mal et de la souffrance, tels qu'on les observe dans le monde et, tout particulièrement, en l'être humain, est un mystère devant lequel on ne peut que se taire. A propos de l'interdiction de la déesse-mère d'observer son ombre, il nous reste à ajouter qu'à regarder le mal de trop près, sans maturité suffisante, on devient cynique. Si vous visitez le musée d'Auschwitz, que concluez-vous ? Schopenhauer disait que l'homme n'est bon à l'homme qu'à cirer ses bottes. Si l'on fait sienne cette philosophie, on n'a plus qu'à se dire : « Je vais prendre un revolver, car je compte bien survivre, moi, je me moque bien des autres ! De toute manière, ils veulent me tuer, alors tirons le premier ! » C'est la seule conséquence logique, lorsqu'on est coupé du sentiment. Si, au contraire, je veux rester humain, je dois, en quelque sorte, me voiler la face. Voir des films de guerre et de violence, loin d'en détourner, incite à la violence. C'est ce que l'on savait dans l'antiquité,

1. M.-L. von Franz, *L'Ane d'Or,* trad. cit. ; cf. chapitre VI et *passim.* (N.d.T.)

où, par exemple, par respect pour les dieux chthoniens, les gens détournaient le regard et se couvraient le visage ; ils portaient un voile noir quand ils priaient Hécate pour *ne pas* la voir, de crainte de devenir semblables à elle. Si, cependant, la vie nous force à descendre aux Enfers et à contempler de près le visage noir d'Hécate, voire à l'embrasser, alors il pourra en sortir une lumière. C'est la résurrection sortant de la passion, le mal changé en bien plus grand, ce qui nous renvoie à la transmutation alchimique. A chacun de savoir ce qu'il peut assumer du poids commun et de le proportionner à ses forces : supporter ses propres épreuves du mieux que l'on peut et en aider d'autres, modestement, suivant ses possibilités et les dons que l'on possède, est déjà beaucoup.

En pratique, cela signifie que si l'on absorbe l'avalanche de calamités et de malheurs, tant collectifs que privés, que nous déversent chaque jour radio, télévision et quotidiens, ou l'on devient indifférent, ou l'on demeure accablé et incapable de faire même le peu de bien qui serait de notre ressort. C'est pourquoi un certain retrait par rapport au mal est légitime et même nécessaire. Cela n'a rien à voir avec la tour d'ivoire égoïste de celui qui ne veut rien savoir des problèmes sociaux ni de sa vieille voisine de palier qui aurait besoin d'aide. Cette discipline de soi permet de ménager ses énergies afin de pouvoir affronter le mal avec efficacité là où on le rencontre face à face. En effet, l'expérience prouve que l'on supporte beaucoup mieux le spectacle d'une souffrance à laquelle on peut apporter du secours et devant laquelle on n'est pas passif. Une personne très sensible me disait avoir secouru des blessés pendant la guerre presque sans émotion (le souci d'efficacité ayant momentanément polarisé toutes ses forces d'attention), mais avoir manqué s'évanouir des mois après à la vue d'une scène sanglante dans un film policier qui lui rappelait des scènes vécues. Dans la situation réelle, elle s'était rendue utile et n'avait eu le loisir ni d'avoir la nausée ni de se poser des problèmes métaphysiques au moment de poser un garrot ! Voir le mal auquel nous pouvons, directement ou indirectement, porter quelque remède et nous tenir à distance, sans nous attarder plus qu'il n'est nécessaire, de celui auquel nous ne pouvons rien est sagesse et instinct de conservation. L'attitude inverse est morbide.

Il y a là une vérité psychologique profonde qui transcende ce que nous aurions tendance à prendre comme une simple sagesse de bon sens. L'Ancien Testament recommandait la crainte de Dieu : c'est que plonger trop loin le regard dans l'abîme de méchanceté et de douleur qui existe dans le monde est une forme d'inflation. Si je porte des jugements sur ces choses à la légère, je me hisse au niveau de la divinité. Or, la sagesse de Dieu n'est pas ma sagesse ; en l'oubliant je manque de saisir la différence de niveau. En ordonnant à l'homme de Le craindre, Dieu lui demande de rester dans certaines limites, de reconnaître qu'on ne peut pas Le juger à l'aide des critères humains, comme l'illustre l'histoire de Job. Sentant que Dieu lui avait fait une injustice, il s'en plaignit à Lui. Il ne céda pas à ses amis qui essayaient de le convaincre que Dieu avait raison et lui tort, et il demeura fidèle à ses propres critères. Yahvé vint lui-même lui souligner la distance entre Son ordre et celui de l'homme. Job comprit la leçon ; il était assez respectueux et réaliste pour se rendre compte qu'il ne pouvait se permettre d'accuser Dieu. Il dit : « Je mettrai ma main sur ma bouche. J'ai parlé une fois, je ne répèterai pas ; deux fois, je n'ajouterai rien[2]. » En cela il demeurait humain, prenant conscience qu'il était une créature limitée et dotée d'une vision anthropomorphique de la réalité. Le Divin a toujours été vécu comme une expérience qui transcende l'humain, aussi bien par sa lumière que par son obscurité. L'homme ne peut impunément s'ériger en juge de la réalité dernière. Nous sommes une partie du tout. Nous possédons certains critères de valeur et des instincts qui nous permettent de vivre, mais non de comprendre et de juger le Tout

2. Job, XL, 3. (N.d.T.)

inconnaissable, à moins qu'il ne nous fasse entrer lui-même dans son mystère, mais une telle expérience rend muet comme Job.

Un autre aspect du problème réside dans le fait que la plupart d'entre nous éprouvent une terrible difficulté à approcher le mal, car nous n'avons plus, de nos jours, ni concepts ni rites pour nous protéger. Nous n'avons, en fait, plus d'attitude religieuse face au mal. Ce n'est pas tant que nous manquions de connaissances à son sujet, car le mal est facilement reconnaissable et, si l'on est honnête, on discerne facilement, en soi, en autrui et dans la nature la malhonnêteté, la colère, le meurtre et toutes les autres tendances destructrices ; mais face à cela, nous n'avons pas d'attitude psychologique, pas d'attitude religieuse spécifique. Dans l'histoire de Wassilissa, la fillette va vers Baba Yaga, protégée par la poupée. Le conte nous indique l'attitude religieuse à garder et nous montre que nous ne pouvons pas en avoir une approche purement intellectuelle ni nous contenter de suivre les réactions de notre seul moi humain.

Je crois que c'est là un immense problème pratique, que l'on rencontre aussi bien en psychothérapie que dans toute relation humaine. S'il vous est déjà arrivé d'avoir une explication sérieuse avec quelqu'un, vous savez qu'on en arrive parfois à un point de résistance qu'il est impossible de dépasser. Il peut se faire que l'un des protagonistes soit complètement « possédé » et incapable de discuter de façon raisonnable et humaine : dès que l'on touche un sujet brûlant, il prend la tangente ou entre dans un état passionnel, et l'on se trouve devant quelque chose que l'on ne sait comment prendre et qui est analogue à une situation archétypique chaotique. Si l'on ne perd pas son calme, on se rend compte que c'est une impasse, et l'on n'insiste pas. Cette situation est fréquente en analyse car, si l'on touche chez le patient un problème profond, on atteint à un moment donné un point qui ne peut pas être dépassé. Tout est complètement bloqué et l'analysé ne peut plus associer, ni accepter rien de ce qu'on lui dit.

Si cette situation se prolonge et se révèle sans issue, on peut être tenté d'insister et d'essayer de s'expliquer, au lieu de se taire et d'accorder à la situation un respect total. Même au cas où l'on serait amené à interrompre le traitement ou à conseiller au patient de changer de thérapeute (une autre personne ne constellera pas exactement la même résistance), il faut bien se garder de penser en termes de jugement, fût-il psychologique, tels que : « Ce patient est possédé par son animus ou son anima, ou par tel ou tel complexe ! » Peut-être sera-t-on tenté de tout abandonner. Si, au contraire, l'on s'efforce à une extrême patience, le traitement risque de se prolonger indûment, alors que le sujet plafonne (pendant une période qui peut durer des années) sans pouvoir aller plus loin. Il faut en ce cas accepter le blocage intervenu et respecter pleinement le destin et le mystère de chacun ; le plus sage sera de proposer d'interrompre le travail. Plus vous dépensez de paroles, d'efforts et d'émotion, plus vous vous enfoncez dans la mauvaise direction. Il faut se rendre compte que les problèmes du patient et ses résistances ne sont pas créés de propos délibéré. Même si quelqu'un semble se refuser à progresser, il est bien rare qu'il en soit totalement responsable, car nul n'est volontairement possédé par un complexe ; peut-être n'est-il pas mûr et se développera-t-il plus tard. C'est un destin tragique qui devrait être respecté en silence. Il est bien clair que si je ne peux plus aider l'analysé, je perds mon temps, l'analysé perd son temps et son argent : il est préférable de se séparer en paix.

Les femmes, pour qui les relations humaines ont un intérêt vital plus grand que pour les hommes, ont davantage tendance à commettre l'erreur d'entretenir de telles constellations émotives ; ce faisant, elles les aggravent. Des expériences pénibles m'ont appris qu'il était bon d'adopter dans de tels cas l'attitude des Anciens — c'est-à-dire se voiler la face en silence et laisser les choses reprendre leur cours car, même si tout ce que l'on dit est vrai, si l'autre ne peut le recevoir, on ne fait que creuser davantage l'abîme, sans rien améliorer. On n'affronte pas seulement, en ce cas, le mal humain, mais le mal de la nature, présent dans la psyché de l'individu. Le destin de cet être suivra son cours et on peut espérer qu'il évoluera et que, plus tard, il pourra dépasser ce cap.

Je crois que les paroles du Christ : « Ne résistez pas au mal » ont ce sens et sont vraies au plus haut point sur le plan pratique. Elles mettent en garde contre la tendance par trop humaine, inflationniste, de courir après l'ombre de l'autre et non pas après la sienne propre. On peut se dire : « J'ai fait de mon mieux et je n'ai pas réussi, mais j'ai vu ainsi mes propres limites. » Il est mieux de ne pas même nommer (diagnostiquer !) le mal de l'autre, car celui-ci est une personne, un individu dont le mystère ne peut être ni défini ni qualifié d'un terme général. Dans la civilisation de la Grèce ancienne comme au Moyen Age, on évitait de nommer les esprits du mal ; de même, dans la plupart des sociétés primitives, appeler les fantômes et les esprits obscurs par leur nom est tabou : « Si l'on parle du diable, on en voit les cornes ». Mentionner le nom constelle immédiatement l'objet ; ne pas le mentionner correspond à une attitude religieuse de respect : on se retire dans ses propres terres, dans les limites de l'humain. La plupart des systèmes religieux où le mal est encore reconnu comme une entité recommandent pareille attitude. Le mystique allemand Jacob Böhme[3] mourut juste au moment où il travaillait sur le problème du mal ; il abordait un sujet qu'il aurait peut-être dû garder secret. Saint Thomas, lui, mourut en écrivant un article sur la pénitence qui est, bien sûr, liée au péché, donc au mal. Il est très dangereux d'aborder un tel sujet si on le fait avec l'optimisme naïf qu'enseigne le christianisme, mais que le Christ lui-même n'a pas prêché. Cette attitude

---

3. Cf. *Jacob Böhme*, Cahiers de l'Hermétisme, op. cit. (N.d.T.)

rationnelle et légère est un héritage des philosophies platonicienne, néo-platonicienne et stoïcienne, et non pas un influx émanant d'un enseignement authentiquement évangélique.

Le grand danger de la doctrine chrétienne de la *privatio boni*, de la non-existence du mal, vient, à mon avis, de ce qu'elle provoque une surestimation du bien et un optimisme inflationniste de mauvais aloi. Elle est en partie responsable de notre habitude de prendre l'harmonie des choses et le bonheur humain comme allant de soi, comme un dû, que le Destin, Dieu ou « la Société » ont pour tâche de nous offrir. Une telle attitude, en entretenant la passivité de l'individu, le maintient dans l'infantilisme. Nous lui devons également de manquer, à la différence des peuples dits « primitifs », de rites qui garantissent cette harmonie ; par ailleurs, elle engendre l'idée qu'il est en notre pouvoir d'éclairer l'impénétrabilité de la nature et du divin. Si cette vision a conféré à la civilisation chrétienne élan et optimisme, elle est, par contre, à la base d'une appréhension faussée de la réalité. On est ici en face d'un problème très délicat : si l'on ne croit pas en la possibilité de clarifier les zones obscures et nauséabondes de l'âme et d'améliorer la situation de l'être humain, on ne peut ni travailler sur soi-même, ni être analyste ; mais que l'optimisme aille un peu trop loin, et l'on est en pleine inflation. Encore une fois, la seule voie est la confrontation personnelle avec l'ombre, car seul celui qui connaît bien ses propres abîmes peut aider un autre à descendre en lui-même.

Une autre facette de cette attitude de respect religieux nous est révélée par l'avertissement de Baba Yaga. Elle dit à Wassilissa que trop de connaissance rend vieux. On peut prendre cela à la lettre. Quand on est jeune, on se mêle de tout par optimisme juvénile et l'on reçoit quelques bons coups sur la tête. En vieillissant, on s'intériorise davantage et l'on devient plus prudent. Mais cela peut aller trop loin, car les personnes âgées peuvent tomber dans le scepticisme et, sous prétexte d'expérience et de sagesse, refroidir votre ardeur à entreprendre quoi que ce soit ; elles peuvent vous décourager en disant de chacun de vos projets que ça ne marchera pas, que ça ne vaut même pas la peine d'essayer. Il faut trouver un équilibre entre ces extrêmes. Si la fillette avait cherché à se renseigner sur les mains, elle aurait vécu une expérience terrible qui lui aurait fait perdre tout élan vital. Il faut se demander : quel degré de mal puis-je me permettre de voir sans perdre mon appétit de vivre ? Si le destin pousse quelqu'un à se pencher particulièrement sur la souffrance et le mal, il doit le faire, mais ne chargez pas votre barque d'un poids qui ne vous est pas demandé, ce qui est imprudent, surtout si vous cédez à une curiosité morbide. On en revient toujours à l'attitude du sage taoïste qui laisse au Soi en lui le soin de décider quand et dans quelle mesure il doit agir. Ce n'est pas de l'égoïsme, car le Soi peut nous demander des sacrifices et un dévouement tout à fait héroïques. Nous avons à accepter notre destin (car là est notre matière première pour l'Œuvre), mais non à l'anticiper ou à nous en forger un nous-mêmes ; nous nous imposerions une charge illégitime que le Soi ne nous aiderait pas à porter.

C'est pourquoi la plupart des hommes ou des femmes-médecine primitifs ne font pas de publicité. Ils n'ont pas d'« enthousiasme thérapeutique », ils ne s'immiscent pas dans le mal plus qu'il n'est nécessaire (traduisons : ils ne vont pas encourager étourdiment les gens non préparés à entreprendre une analyse). Si quelqu'un se sent persécuté par de mauvais esprits et vient les trouver en sollicitant leur aide, alors seulement ils y consentent, non sans réticences d'ailleurs — ce qui montre qu'ils sont beaucoup plus conscients que nous de la réalité dangereuse et bien vivante du mal. Il peut arriver qu'aimant quelqu'un, on soit amené à partager son destin et à affronter son mal, mais autrement mieux vaut ne pas réveiller le chat qui dort, car il s'agit souvent d'un diable qu'il est imprudent et peu sage de provoquer.

Le problème éthique que cela pose d'être la cause de

mal ou de souffrance pour autrui est évoqué par l'image du crâne aux yeux ardents que Baba Yaga donne à Wassilissa. Le crâne lui demande de l'emporter chez sa belle-mère et, arrivé là, son regard reste fixé sur celle-ci et ses deux filles jusqu'à ce qu'elles soient consumées et réduites en cendres.

Avoir le sentiment d'être sans cesse observé sans pouvoir se cacher signifie avoir mauvaise conscience. On se rappelle le beau poème de Victor Hugo ; après le meurtre d'Abel, Caïn a des hallucinations : il voit un œil qui ne cesse de l'observer. Il fuit au bout du monde, mais l'œil le poursuit. Finalement, il pénètre dans une tombe, referme la dalle sur lui, et reste tapi dans l'obscurité. Mais, quand il lève les yeux, « L'Œil était dans la tombe et regardait Caïn ». On pourrait dire, dans les termes de Jung, que l'âme humaine contient un « savoir absolu » qui connaît le bien et le mal et auquel on ne peut échapper. Ce n'est pas un hasard si « conscience » signifie à la fois « avoir conscience de » et avoir « bonne » ou « mauvaise » conscience, car, souvent, la faute consiste à ne pas vouloir avoir conscience de quelque chose. On ne peut échapper aux reproches de sa conscience, même si la police ne vous attrape pas et si tout le monde ignore votre crime !

Ayant, dans une certaine mesure, pris conscience elle-même du mystère du mal, Wassilissa constelle cette conscience également chez les autres. En vivant auprès de Baba Yaga, en contemplant les profondeurs obscures de celle-ci, elle a suscité une protection pour elle-même ; c'est le fruit de l'œuvre fort pénible qui consiste à plonger dans sa propre ombre et à jeter un regard sur celle de la nature. Descendre dans son ombre est d'abord fort désagréable, ce n'est guère amusant, et les résultats ne le sont pas non plus. Pourtant, cette confrontation avec l'ombre est la seule entrée et la clef de toute évolution et de tout travail intérieur. En outre, plus on connaît sa propre iniquité, plus on est capable de se protéger contre celle des autres : le mal à l'intérieur de nous reconnaît le mal à l'extérieur. Si je me montre naïf quant à mes propres mauvaises intentions, je suis victime de celles des autres. Tout le monde pourra me mentir, me jouer de mauvais tours, je tomberai chaque fois dans le panneau, je serai un pauvre enfant perdu, un innocent rempli de bonnes intentions pour qui le monde est cruel. Les gens qui se font maltraiter à tout propos par les autres sont soit très jeunes, soit trop candides ; ils sont indirectement responsables de ce qui leur arrive, car ils n'ont pas suffisamment conscience du mal en eux-mêmes. S'ils l'avaient, ils acquerraient une sorte de perception intuitive du mal chez les autres et se méfieraient. Plus on a contemplé son visage dans son miroir intérieur, plus on a regardé en face sa propension à la haine, à l'avidité, à la jalousie, à l'insatisfaction, etc., plus on peut lire ces sentiments sur le visage des autres et, en ce cas, se montrer assez sage pour s'écarter de leur chemin. Cette perception immédiate et instinctive des intentions de l'autre, l'animal la possède aussi. Un animal « sent » si vous l'aimez, si vous êtes animé envers lui de mauvaises intentions, ou si vous avez peur de lui. On aidera le fol idéaliste qui se laisse duper par tout le monde et tombe dans tous les pièges, non par de la pitié, mais en le conduisant vers son ombre.

L'analyste, dont une des principales tâches est d'aider le patient à rencontrer son ombre et de l'y accompagner, doit apprendre à se protéger contre les influences psychiques destructrices — tout autant qu'un médecin travaillant dans un service de maladies infectieuses. En effet, l'intégration de l'ombre donne une sorte d'autorité et de poids invisibles auxquels les gens n'osent pas s'attaquer ; ils sentent obscurément qu'ils risquent de se mesurer à plus fort qu'eux. Ainsi certains professeurs n'ont aucun besoin de s'imposer en tapant du poing sur la table ou en distribuant des punitions. Les enfants les respectent instinctivement. Ils sentent que son ombre crocodile est proche et à sa disposition et que s'ils vont vraiment trop loin, ce crocodile mordra ou donnera un coup de queue. En analysant des maîtres d'école, j'ai souvent remarqué que plus ils acquéraient de discernement, de pénétration, de connaissance d'eux-mêmes et de leur ombre, plus ils gagnaient en maturité, et plus le problème de l'autorité s'évanouissait. La connaissance de soi et l'intégration de l'ombre rendent un être concentré et inviolable. Sa connaissance de l'obscur est son bouclier.

Pour en revenir au conte, il est à remarquer que Wassilissa désire d'abord se débarrasser du crâne et que ce n'est que sur l'injonction de celui-ci qu'elle l'emporte jusque chez sa belle-mère. De plus, elle ignore ses intentions meurtrières. Elle n'agit donc pas par vengeance. Le ressentiment d'avoir été si mal traitée serait une réaction naturelle compréhensible, mais qui signifierait que le moi et l'ombre seraient impliqués. Si elle avait rendu le mal pour le mal, il se répandrait comme une traînée de poudre. Elle a gagné le crâne, la chose destructrice, mais elle n'agit pas par elle-même. C'est le crâne qui agit, comme si la vengeance suivait son cours naturel, sans que Wassilissa y participe. En langage concret, c'est ce que l'on entend par l'expression : « donner à quelqu'un une corde pour se pendre. » Vous pouvez, par exemple, briguer une position que quelqu'un de très ambitieux vous dispute. Combattre cette personne ne mènerait qu'à une rivalité d'ambition à ambition, mais si vous renoncez à votre propre soif de pouvoir, si vous vous retirez et laissez l'autre obtenir le poste ou si vous défendez votre position sans passion, l'autre personne risque d'être prise à son propre piège et, livrée à sa propre avidité, d'être grisée par ses succès. Si, par contre, un ami est concerné, votre loyauté envers lui vous amènera à essayer de lui montrer son erreur, mais autrement, mieux vaut ne rien faire.

Emporté par son cours naturel, le mal finit toujours par se détruire lui-même ; il faut laisser la nature suivre son cours. L'ombre de l'être humain est généralement liée à une certaine cupidité sur le plan du sexe, du pouvoir ou de toute autre chose. Une libido cupide ressemble à un feu qui se consume et s'anéantit lui-même. Ainsi dans le cas de Wassilissa, ses demi-sœurs, qui l'avaient envoyée chez Baba Yaga pour qu'elle s'y fasse dévorer, subissent le sort même qu'elles avaient souhaité à leur victime. Le crâne ne figure pas l'ombre de Wassilissa, mais l'ombre de la belle-mère et des demi-sœurs et, en fin de compte, celle de Baba Yaga ; celle-ci revient sur elles, les rattrape et laisse Wassilissa saine et sauve. A une fête de Mardi Gras, Jung composa un beau poème sur le dragon venimeux dont la morale était qu'il ne fallait pas trop s'inquiéter si un dragon apparaissait, car il suffisait de rappeler à celui-ci son destin naturel qui est de se dévorer lui-même. Il dira alors : « Ah, oui ! » et commencera à se mordre la queue, tel l'ourobouros des alchimistes... Mais il faut pour cela le rappeler à ses devoirs, c'est-à-dire lui apporter un peu de conscience. Il ne s'agit donc pas de laisser la situation aller passivement, mais de lui inoculer un germe de conscience, puis de se retirer. Eclairez un peu la situation, et celle-ci suivra son cours ; le mal détruira le mal.

Le grain de vie consciente dans les ténèbres est plus fort que toutes les ténèbres réunies, comme le dit saint Jean dans son prologue sur la lutte entre la lumière et les ténèbres. Que le mal se réalise peut présenter un aspect positif et renforcer le désir de vivre. Si certains souffrent d'un authentique manque de désir de vivre, dû à une perte de vitalité, à la venue de l'âge ou à la maladie, ou encore si une nécessité objective de se retirer de la vie s'impose à eux, chez d'autres, cette apathie, ce dégoût de vivre résulte de ce qu'ils sont coupés des profondeurs obscures et qu'ils n'en sont pas conscients. Parfois c'est comme si ces derniers s'efforçaient d'être trop bons et nourrissaient des illusions sur eux-mêmes. Si l'on pénètre dans les ténèbres destructrices de sa propre nature, si l'on accepte de considérer ce désir de mort et qu'on le traverse, il s'ensuit normalement, après quelque temps, une réaction contraire, et le désir de vivre renaît : l'instinct positif jaillit de la réalisation des contraires. Vivre exige de tuer du matin au soir ; nous mangeons des plantes et des animaux, ce processus fait aussi partie du tout de la nature. On a découvert que les plantes souffrent et réagissent à nos affects. Nous sommes des meurtriers, nous ne pouvons vivre sans tuer : même si nous sommes végétariens nous ne pouvons plus conserver l'illusion de n'avoir aucune part dans la roue de la destruction. Toute la vie naturelle est basée sur le meurtre ; cette pensée est terrible, mais, si l'on n'a pas une nature trop sensible, elle conduit, paradoxalement, au désir de vivre. Prendre conscience de la destruction est étroitement lié à ce désir. Le crime est de vivre et vivre est un crime.

Je puis illustrer ce paradoxe par le rêve d'une patiente. La rêveuse avait une attitude religieuse beaucoup trop idéaliste, aussi son ombre se manifestait-elle de façon autonome, sous forme de brusques explosions d'affect ou, plus particulièrement, sous forme d'idées paranoïaques. Elle voyait le mal en tout et partout, prêtait à tout le monde des arrière-pensées * ; généralement ses accusations ne reposaient sur rien, et c'était une fieffée menteuse. *Elle rêva qu'elle était en pèlerinage : soudain, sur sa gauche, elle vit dans une maison une vieille femme décrépite et un chat malade. Et une voix dit : « C'est la peur existentielle »* (Seinsangst). *Effrayée, elle demanda à une autre femme d'âge mûr : « Est-ce vrai que ce sont surtout les gens souffrant de peur existentielle et de nervosité qui aiment les chats ? » La femme d'âge mûr, symbole de la sagesse de la nature, répondit : « Oui. » Puis la rêveuse se disputa pour une somme infime avec une figure incarnant son ombre émotive. Celle-ci se mit en colère et la rêveuse fut absolument terrifiée et ne sut plus que faire. Elles se rendirent alors toutes deux chez la femme mûre qui se tourna vers l'une, puis vers l'autre et dit à toutes deux qu'elles avaient raison.*

A l'arrière-plan de l'attitude spiritualiste de la rêveuse, symbolisée par le lieu de pèlerinage, cette femme souffrait effectivement de peur existentielle — ce qui est peut-être un des problèmes fondamentaux dans les cas

* En français dans le texte.

de privation d'amour maternel pendant l'enfance. Cette peur correspond à un profond sentiment d'insécurité et à une nervosité face à la vie qui, dans un certain sens, seraient compensées par le chat, animal très autonome qui sait trouver son confort, s'adapter et s'occuper de lui-même. Il suffit de penser au symbolisme de la déesse-chatte égyptienne, Bastet, pour voir que, dans la mythologie, le chat symbolise la joie de vivre, la gaîté, donc le contraire de la peur existentielle. Un chat entre dans votre chambre quand il a faim, ou désire recevoir des caresses et en donner ; il miaule, et il obtient ce qu'il veut. Le chien réagit plutôt à notre manière. Il montre de la gratitude et de la soumission, mais le chat agit en prince qui nous honore en nous octroyant le privilège de le servir et de lui donner du lait à boire, après quoi il se frotte contre vos jambes et vous accorde le privilège de le caresser. Et cela de façon si suggestive que, naturellement, vous vous penchez et, humblement, obéissez en vous sentant très flatté. Puis, quand il en a assez, il s'en va vaquer à ses propres occupations. Le chien est à votre service, mais le chat, si vous n'y prenez garde, vous prend au sien... Il est d'ailleurs un excellent éducateur : il ne vous permet ni privautés stupides ni puissance à son égard et réagira par la griffure ou la fuite à toute tentative de possession de votre part. C'est pourquoi le chat est un animal divin et la juste compensation à la peur existentielle. Ceux qui souffrent d'une telle peur devraient nourrir la pensée qu'ils honorent les autres simplement en entrant dans une pièce ! Ils devraient prendre le chat comme modèle pour se sentir en sécurité et apprendre ce que toute personne ayant un complexe maternel négatif doit apprendre : s'occuper de soi avec l'insouciance de la nature. Un animal ne se lamente pas sur tout de manière infantile, il prend les choses exactement comme ça l'arrange. Il utilise l'homme et les animaux et tout le reste pour satisfaire ses besoins : telle est la solution à cette peur. La rêveuse est ensorcelée par cette peur, elle devrait donc aimer les chats et méditer sur leur comportement et leur signification.

Si une personne est trop sensible, trop facilement effrayée et qu'elle dise, par exemple : « Je ne peux supporter que l'on se fâche et crie contre moi », vous pouvez être sûr que, du côté de l'ombre, elle est elle-même terriblement agressive. Et vice-versa, les gens qui explosent et attaquent pour un rien ne sont souvent que des lâches qui réagissent ainsi par peur. Si vous vous sentez agressifs, vérifiez sur vous-même, vous verrez qu'en réalité vous avez peur. Les animaux attaquent, eux aussi, quand ils ont peur ; jamais on ne devrait toucher brusquement un chien s'il est craintif ou inquiet. Les gardiens de zoo, qui s'occupent des bêtes féroces, connaissent l'art de ne pas effrayer les animaux. Nous réagissons de la même manière qu'eux. Quelqu'un qui souffre de peur existentielle à un degré morbide se montrera dangereux, agressif et émotif ; c'est là la racine des états paranoïaques.

La femme sage du rêve donnait raison aux deux attitudes incarnées par la rêveuse et son ombre. Son jugement indique la solution. Cette femme mûre représente le Soi qui unit les opposés en équilibrant entre elles la peur et l'agressivité. Elle montre aussi que le problème ne peut être résolu par la raison pure, mais doit être mûri et dépassé. C'est un de ces problèmes qu'il faut laisser évoluer lentement, émotionnellement, sans chercher à l'assimiler intellectuellement. Il faut un long entraînement pour apprendre à être moins effrayé d'une part, moins agressif d'autre part, pour examiner sa propre peur tout en essayant de retrouver confiance et sécurité et mettre un frein à son agressivité jusqu'à ce que, lentement, ces éléments en arrivent à se contrebalancer et à dépasser le conflit. En particulier chez les femmes, le complexe-mère négatif engendre souvent une absence de sécurité, sentiment pourtant fondamental et vital. Et c'est la base de l'inadaptation à la vie et de toutes sortes de pouvoirs destructeurs. En intégrant ce problème émotionnel, on acquiert le calme et l'autorité.

Ce thème est largement amplifié dans l'ouvrage d'Eliade déjà cité sur le chamanisme. Il qualifie, en un passage de son livre, certains chamans de « chauds ». L'on sait que partout dans le monde les forgerons sont considérés comme les premiers hommes-médecine et magiciens, parce que l'homme-médecine est celui qui a intégré ses propres éléments démoniaques et dangereux -- c'est le secret de son savoir. Le mal intégré lui a conféré de l'autorité sur sa tribu comme sur ses pulsions.

Le problème tout entier est merveilleusement illustré par un conte irlandais, qui traite principalement (mais pas uniquement) de psychologie masculine : *Dans un pays de l'autre monde, le roi tue tous les prétendants de sa fille en les provoquant à une compétition magique. Il leur dit : « Tu dois te cacher trois fois et je dois te trouver. Puis je me cacherai trois fois et tu devras me trouver. Celui qui, par trois fois, trouve l'autre, le décapitera ». La fille du roi reste donc longtemps célibataire. Un héros arrive enfin dans ce pays, montant un petit cheval doté de parole qui lui conseille de participer à la compétition, car il l'aidera. Le roi consulte son magicien noir qui lui dit où se dissimuler, et chaque fois le petit cheval révèle au héros la cachette du roi. C'est ensuite au roi de le trouver. Sur les conseils de son cheval, le héros se cache dans une dent creuse de celui-ci, sous un poil de sa queue, puis dans son sabot. Le roi interroge le magicien noir qui consulte en vain tous ses livres. Alors le héros décapite le roi et épouse la princesse.*

Le facteur décisif, c'est que l'animal (l'instinct) se montre plus fort que la magie noire et que le livre de la connaissance. Le magicien possède bien la connaissance absolue, mais elle sort d'un livre, elle est codifiée, alors que le héros bénéficie de la sagesse vivante du cheval. C'est la différence entre ces deux pouvoirs rivaux. Jung alla un jour jusqu'à dire que la bonté qui allait au-delà et à l'encontre de l'instinct n'était pas bonne, et que l'iniquité anti-instinctive ne pouvait pas réussir. Si j'essaie d'être meilleure que mes instincts ne le permettent et que je leur fasse trop violence, je perds mon équilibre intérieur et je cesse d'être bonne. Je ne peux faire le mal nécessaire à la survie que si je suis mes instincts. En faisant plus de mal que mes instincts ne l'admettent, je me détruis moi-même. L'instinct, l'animal en moi, s'il est sain, est le juge ultime, car il dose mes bonnes et mes mauvaises intentions. Ainsi les nazis pensaient que, par le mal, ils pouvaient gagner la guerre, mais ce mal, étant absolument contre nature, ne pouvait durer ni construire rien de durable. Il est hors de doute qu'en transgressant la mesure de l'instinct, ils ont rendu le mal qu'ils avaient mis en mouvement *contra naturam*, pour ne plus pouvoir l'arrêter, jusqu'à en être eux-mêmes anéantis. C'est la loi du dragon qui se dévore lui-même. Il en va de même de la bonté qui, basée sur le programme conscient d'un savoir livresque ou spiritualiste, s'exaspère et se coupe de la nature intérieure et de l'instinct, et en devient destructrice.

Tchoang-Tseu raconte la parabole célèbre intitulée : « Briser et ouvrir les boîtes » : *Pour empêcher les boîtes — c'est-à-dire les coffrets à bijoux, les malles d'habits de soie, les trésors — d'être ouvertes, le bons sens veut qu'on mette des cordes autour des coffres et qu'on y fixe un grand nombre de serrures. Mais qu'un voleur très fort survienne, et il chargera le coffre sur ses épaules en espérant que serrures et cordes tiendront bon et que le contenu ne se déversera pas.* Tchoang-Tseu décrit ensuite une région où les paysans vivaient harmonieusement et où tout était en ordre. (Les cordes et les serrures symbolisent ici la moralité, la bonne conduite.) *Le pays prospérait. Or. un brigand ayant pris possession de ce pays, il ordonna que tout le monde continue à travailler et à se comporter correctement. Ce fut, dès lors, un brigand qui imposa la morale parce que son intérêt voulait que le pays continuât de prospérer. Les voisins, grands ou petits, n'osaient s'attaquer à lui et, pendant douze générations, le pays resta entre les mains de ses descendants.* (On voit que les brigands et les voleurs peuvent se montrer très intéressés par la bonne conduite !) Un autre passage va même plus loin : *Quelqu'un demandant à Tchoang-Tseu si les brigands avaient un sens moral, il répondit : « Oui, bien sûr, autrement ils ne pourraient être brigands. Un brigand doit savoir intuitivement où chercher les trésors, c'est sa grandeur ; il doit être le premier à avancer, c'est son courage ; il doit savoir si un coup est possible ou non, et c'est sa sagesse ; enfin, il doit procéder à la juste répartition du butin, ce qui prouve sa justice. Il est donc absolument impossible d'être un bon brigand sans avoir de grandes qualités morales. Vous le voyez donc, de même que les autres êtres humains, les brigands ont besoin d'une éthique pour survivre. Il existe peu d'êtres bons sur terre et beaucoup de mauvais, si bien que les moralistes n'aident pas tant le monde qu'ils ne lui causent de tort*[4]. »

En fait, le sage taoïste tente de montrer que la bonté qui nécessite un effort artificiel n'est pas la bonté, et peut tout aussi bien servir les desseins d'un brigand. De plus un brigand peut se montrer, par nature, bien intentionné, et être un bon bougre. Etre vrai, authentique et fidèle à sa nature est plus important que d'être moral ou immoral artificiellement. Je fais plus de tort si je suis artificiel, d'une façon ou d'une autre, que si je suis simplement, instinctivement, sainement moi-même. Dans ce cas je cause aussi certains dommages — puisque vivre, c'est tuer — mais le tort causé est relativement faible. C'est la raison pour laquelle Tchoang-Tseu reproche aux moralistes d'exiler l'homme hors de sa bonté naturelle — cette bonté qui signifie simplement être et survivre en causant le minimum de tort.

Revenons maintenant à la poupée qui est un symbole de cette justesse intérieure ; nous avons vu qu'en outre elle est un fétiche aux pouvoirs surnaturels. D'autres contes fournissent des symboles de rédemption similaires. Je citerai brièvement un conte autrichien intitulé *Les petits chats blancs : Une fillette est sous la tutelle*

4. Cf. B. Watson, *Chuang-Tsi*, éd. complète, Columbia University Press, 1968, Livre X.

d'une méchante marâtre qui a ensorcelé le roi du pays et l'a transformé en un corbeau noir, emprisonné dans une montagne située au-delà d'un lac gelé. La fillette sauve de la noyade quatre petits chats, s'occupe d'eux et, un jour, ils réapparaissent dans un carrosse doré et emportent la fillette sur le lac gelé, vers le corbeau qu'elle embrasse et rachète, et elle devient reine. Dans ce cas, l'aide n'est pas fournie par une poupée, mais par un carrosse doré tiré par quatre petits chats blancs. On peut établir pourtant un parallèle entre le carrosse et la poupée. C'est un symbole secourable qui transporte l'héroïne jusqu'au but, la conduit à sa vraie vie et fait d'elle une reine. On voit ici à quel point l'attitude juste est liée à l'instinct et comment le chat, pourtant souvent considéré comme immoral, est représenté comme absolument positif. Le carrosse tiré par les quatre chats symbolise naturellement la totalité, la structure quaternaire de la conscience. L'instinct dont on est conscient est exactement l'opposé de l'instinct qui nous conduit inconsciemment. Ainsi une attitude équilibrée est rétablie, qui compense l'attitude consciente habituelle du moi.

Pour en revenir à l'histoire de *Wassilissa,* après qu'elle est débarrassée de sa belle-mère et de ses demi-sœurs, l'héroïne se rend à la ville et rencontre une vieille femme solitaire chez qui elle s'installe. Elle file là le magnifique tissu qui attire l'attention du roi. Par l'intermédiaire de la vieille femme, le roi lui demande de lui confectionner des chemises. Enfin il tombe amoureux d'elle, et elle devient reine. Ensuite elle fait venir à la cour la vieille femme et son père, et ils vivent désormais ensemble tous les quatre ; le père, la vieille femme (qui, de toute évidence, est une mère positive, remplaçant celle qui est morte au début de l'histoire) le roi et elle-même, devenue reine. Tout se termine donc par une quaternité typique, un symbole quaternaire de totalité. Du point de vue symbolique, c'est donc une des variantes les plus complètes. Le conte opère plusieurs fois par va-et-vient : d'abord la fillette a une mère, qui meurt, et elle tombe entre les mains d'une marâtre complètement destructrice. Puis elle va chez Baba Yaga, qui peut être destructrice mais ne l'est pas à son égard. Cette figure archétypique contient donc déjà, plus ou moins, un équilibre de blanc et de noir : Baba Yaga n'est destructrice que par rapport au mal, non au bien, et elle respecte Wassilissa. Ensuite l'histoire s'oriente à nouveau vers une figure maternelle tout à fait secourable — la vieille femme solitaire de la ville — qui joue, dès lors, le rôle de mère positive. Ce qui distingue cette femme, ce sont ses qualités humaines. On ne nous dit rien d'elle, elle n'a même pas de nom, ni de don magique comme la mère charnelle. La vraie mère ne devait pas être une personne tout à fait ordinaire, puisqu'elle possédait une poupée magique. La belle-mère était totalement humaine, mais destructrice. Baba Yaga, ayant toutes les caractéristiques d'une déesse, en a les qualités ambivalentes. La vieille femme de la ville, quant à elle, est tout à fait bienveillante. Le dernier stade de la transformation nous ramène à une humanité toute simple et positive.

Un élément primordial du processus d'individuation de la femme est l'intégration de l'animus. Nous avons déjà vu que la femme trahie et abandonnée, comme la déesse esquimaude Sedna, est généralement rendue amère et négative. Les Arabes disent encore : « Ne vous approchez jamais d'une femme vivant seule aux confins du désert, une telle femme est possédée par les djinns ». En effet, si des femmes vivent trop longtemps seules sans se trouver en contact avec des hommes, elles tombent généralement entre les mains de l'animus. Il est très difficile de supporter la solitude sans être submergé par l'inconscient et, par conséquent, lorsqu'il s'agit d'une femme, par l'animus. Si donc, dans le conte de Wassilissa, la femme de la ville réussit à vivre seule sans succomber à son animus, elle doit avoir de grandes qualités humaines, et avoir atteint un haut degré de conscience.

Le besoin de créer des liens avec les autres est de la plus haute importance, car cela correspond à l'essence de la nature féminine. Mais ce besoin, poussé trop loin, devient négatif, il devient un besoin de dépendance, de s'accrocher aux autres, chose que les hommes craignent par-dessus tout chez les femmes. C'est un grand mal qui peut détruire le lien que ces dernières réussissent si bien à créer. Si l'éros de la femme, qui est un authentique intérêt pour l'autre, un désir d'établir la relation, une disponibilité, devient par trop dépendant et a besoin de l'autre, il descend déjà un échelon vers son aspect dévorateur. Si l'on éprouve de l'intérêt pour les relations humaines, on ressent aussi de grandes difficultés à trouver un juste équilibre. Si quelqu'un que vous appréciez est malade, le premier mouvement sera de lui téléphoner pour s'enquérir de sa santé, mais si vous en faites trop, l'ami a l'impression que vous voulez l'entourer maternellement et le rendre dépendant. Si vous ne faites rien, vous vous coupez de l'autre, et si vous faites quelque chose, l'autre risque de penser que vous l'accaparez, aussi beaucoup de tact est-il nécessaire. C'est là toute la différence entre une solitude positive, c'est-à-dire indépendante, et celle de la femme ou de la mère dévorante. Cette femme solitaire joue un rôle positif, elle représente donc l'art de vivre indépendante, qualité que les femmes ont grand-peine à acquérir, car elle nécessite une attention envers soi-même liée à une observation des pulsions de l'ombre. C'est le symbole de cette femme seule, qui, maintenant, dans une absence totale d'égoïsme, devient l'intermédiaire entre Wassilissa et le roi. Elle rend le roi attentif à la jeune fille qui tisse de si beaux tissus.

Je voudrais maintenant étudier brièvement le symbolisme de ces belles chemises de soie. On peut les comparer à celles du conte des *Six cygnes* où la jeune fille confectionne des chemises en fleurs étoilées pour racheter ses frères. Ici, le roi n'a pas à être racheté, mais, par l'intermédiaire des chemises, la jeune fille entre en relation avec lui et gagne son amour. Il est dit que le fil est si merveilleusement fin et le tissu si délicat que les chemises elles-mêmes ne peuvent être cousues que par celle qui a fabriqué ces matériaux.

Transposé dans le domaine de la psychologie et de la pratique, que signifie donc le fait que le principe conscient régulateur, grâce au travail de l'héroïne, porte désormais les chemises les plus douces et les plus fines du royaume ? Je dirai qu'elles lui confèrent une certaine finesse ; son attitude, de grossière et rude, devient subtile et nuancée. On dit : « La chemise est plus proche de la peau que le manteau ». Un tel roi ne règnera pas sur la base de règlements. Il ne fera pas de discours indigestes préparés par son premier ministre, mais se montrera capable de saisir, très subtilement, le caractère particulier d'une situation. C'est ce qu'une anima différenciée accorde à l'homme et le sentiment conscient à la femme — la possibilité de vivre de façon tout à fait adéquate les instants de la vie, ce qui est une chose très mystérieuse et très subtile. C'est une attitude intime qui permet de prendre les choses exactement comme elles sont au lieu de prononcer sur elles des jugements catégoriques ; c'est la justesse du sentiment. Ici, le rôle positif du principe féminin ne consiste pas à dominer, mais à donner au principe régulateur toute la subtilité nécessaire. Voilà ce à quoi la femme peut travailler. Elle n'a pas besoin de se pousser artificiellement en avant, ni de porter de merveilleux habits. Il suffit qu'elle en confectionne pour le roi qui, s'il les porte, sera un bon roi. Pris symboliquement, il sera un roi qui peut s'adapter à une situation, la voir de l'intérieur et la sentir par-delà toute réaction collective et générale.

Si l'héroïne du conte symbolise la femme plutôt que l'anima, cela signifie qu'elle confère une certaine subtilité à son animus. L'animus est souvent un peu à côté du sujet parce qu'il manque de nuances, ce qui est très irritant pour autrui. Il a tendance à émettre des jugements tout faits sans se soucier du contexte. Supposons qu'un mari flirte avec une autre femme ; son épouse, au lieu d'écouter ses propres sentiments, se targuera peut-être de former avec lui un couple moderne où chacun est libre : elle fermera donc les yeux sur ce qui se passe. Or, elle peut se tromper complètement en refoulant sa réaction émotive. Par ailleurs il se peut — et j'ai rencontré des cas de ce genre — que le mari espère qu'elle lui fera une scène de jalousie afin de lui montrer qu'elle l'aime. Ou, à l'inverse, l'animus peut souffler à cette femme qu'une femme se doit de défendre ses droits ; elle lui fera donc une scène. Dans l'un et l'autre des cas, vous êtes sûres de vous tromper tant que vous suivez une recette, car chacune des possibilités est à moitié juste. De plus, si vous êtes sous l'emprise de votre ombre, l'animus trouvera toujours des arguments pour justifier tout ce que vous aurez envie de faire. Ainsi la femme dépitée justifiera sa scène en se disant qu'une femme doit savoir se défendre, alors qu'en fait elle est tout simplement jalouse, tandis que la « libérale » refusera peut-être de reconnaître ses véritables sentiments et accumulera la rancœur qu'elle ne se sera pas permis d'exprimer. L'animus de la femme s'expose à de grands risques en agissant ainsi, car, ce faisant, il épouse l'ombre. L'ombre veut « faire quelque chose », « posséder » et l'animus s'empressera de fournir la justification rationalisante de cette attitude ; animus et ombre s'allient en un mariage bien connu, les désirs de l'ombre étant soutenus par les opinions collectives toutes faites que l'animus souffle à la femme en toutes circonstances, et tout va mal !

Au contraire, donner de la subtilité à l'animus signifie le rendre capable de trouver une solution adaptée à chaque situation et de savoir instinctivement ce qui est juste *dans tel cas particulier*. Etre mariée à un roi qui porte de si belles chemises filées, tissées et cousues par le travail habile de ses propres mains indiquerait que l'on possède un jugement plein de discernement et de sagesse. L'acquérir est une des plus hautes et des plus importantes tâches du processus d'individuation de la femme. Cette sagesse subtile et juste, ce discernement par rapport aux situations et aux êtres est l'une des qualités les plus précieuses de la femme accomplie.

CONCLUSION

Ces pages ont cherché à mettre en lumière la façon dont le principe féminin se reflète dans les contes de fées. Elles ne prétendent pas apporter de réponse aux multiples questions qui se posent aux femmes d'aujourd'hui, mais, par une meilleure connaissance de leurs fondements psychologiques, elles voudraient aider à les bien poser.

On a vu que le rôle prépondérant que les contes attribuent à la sorcière traduit le refus, dans nos sociétés, du principe féminin rendu, par là même, négatif. Gardienne du seuil, la sorcière incarne la peur de la vie et de son mystère, la crainte de l'inconscient qu'il faut consentir à affronter pour entrer dans l'aventure intérieure.

Le but ultime que nous proposent les contes correspond à ce que Jung a nommé l'individuation, cette réalisation de la totalité psychique, union des deux principes, masculin et féminin. Cette union apparaît, entre autres, dans l'image de l'union du roi et de la reine qui conclut nombre de contes, voire du mariage quaternaire, esquissé dans *Wassilissa* par la présence à la cour du père et de la vieille femme sage. On sait que, pour Jung, le chemin vers l'inconscient et la réalisation passe, chez l'homme par l'anima/femme et, chez la femme, par l'animus/homme, pour aboutir à la réalisation du Soi qui, lui, se situe au-delà des paires d'opposés, dans l'Un, représenté, chez les alchimistes, par le mariage du roi Soleil et de la reine Lune, avec son fruit, l'hermaphrodite.

Dans cette perspective, la lutte de pouvoir entre les sexes n'a plus de sens, puisque les principes masculin et féminin sont présents tous deux en chaque individu, qui doit œuvrer d'abord à les harmoniser en lui-même. Cela a d'autant plus d'importance à l'heure actuelle que les modèles traditionnels de virilité et de féminité étant en dissolution, on peut observer chez beaucoup de jeunes une profonde désorientation. Celle-ci atteint aussi bien les jeunes hommes que les jeunes femmes : la récente évolution des femmes et leur affirmation d'elles-mêmes rendent souvent difficile aux hommes de se situer vis-à-vis d'elles et de la vie. Hommes et femmes ne pourront retrouver leur nature profonde que dans la reconnaissance et le respect de leur complémentarité.

Des germes de changement dans l'attitude collective apparaissent sous la forme de l'intérêt croissant porté à l'irrationnel, à l'inconscient, à l'aspect éros qui est celui du principe féminin. Les thèmes que l'on voit se développer dans ce sens sont, entre autres, ceux de l'écologie et du retour à la nature, et surtout de l'expérience immédiate vécue sans référence à des grilles d'évaluation préexistantes. Ce ne sont là, évidemment, que des indices, des amorces de transformation. Leur valeur et leur portée dépendront de ce qu'ils seront ou non intégrés et de ce que l'on ne se contentera pas de les garder au stade de velléités, de réactions inconscientes qui seraient alors, à leur tour, unilatérales. Tout individu, homme ou femme, qui travaille à produire en lui-même l'union du principe féminin avec le principe masculin apporte sa pierre à la construction d'un ordre nouveau.

TABLE DES MATIÈRES

Introduction 7

Chapitre premier
La Belle au Bois dormant 21

Chapitre II
Mère et Fille 43

Chapitre III
La revanche de la déesse 63

Chapitre IV
Neigeblanche et Roserouge 87

Chapitre V
La jeune fille sans mains 123

Chapitre VI
La femme qui devint araignée 159

Chapitre VII
Les six cygnes 183

Chapitre VIII
La belle Wassilissa 225

Chapitre IX
La belle Wassilissa (fin) 271

Conclusion 297

DU MÊME AUTEUR

Aux Éditions Albin Michel

LA LÉGENDE DU GRAAL, avec Eva Jung, 1988
RÊVES D'HIER ET D'AUJOURD'HUI, 1992
LA FEMME DANS LES CONTES DE FÉES, 1993
PSYCHOLOGIE DE LA DIVINATION, 1995
LA SYNCHRONICITÉ, L'ÂME ET LA SCIENCE, collectif, 1995
MATIÈRE ET PSYCHÉ, 2002

Aux Éditions Dervy

VISIONS DE NICOLAS DE FLUE, 1991
PSYCHOTHÉRAPIE, 2001

Aux Éditions Médicis

REFLETS DE L'ÂME, 1992

« *Espaces libres* »
au format de Poche

DERNIERS TITRES PARUS

180. *Le Visage du vent d'est*, de K. WHITE.
181. *Petit lexique des mots essentiels*, d'O. VALLET.
182. *Lettres sur la méditation*, de L. FREEMAN.
183. *Dix questions simples sur Dieu et la religion*, d'A. HOUZIAUX.
184. *Dix questions simples sur la vie*, d'A. HOUZIAUX.
185. *Les Nouveaux Penseurs de l'islam*, de R. BENZINE.
186. *Au dernier survivant*, du rabbin D. FARHI.
187. *Schizophrénie culturelle*, de D. SHAYEGAN.
188. *Apprendre à être heureux*, d'A. HOUZIAUX.
189. *Inventaire vagabond du bonheur*, de J. KELEN.
190. *Le Secret de l'Aigle*, de L. ANSA et H. GOUGAUD.
191. *Le Retour de l'enfant prodige*, de H. NOUWEN.
192. *Mu. Le maître et les magiciennes*, d'A. JODOROWSKY.
193. *La Conférence des oiseaux*, de J.-Cl. CARRIÈRE.
194. *Enquête au cœur de l'Être*, dir. par G. E. HOURANT.
195. *Paroles d'Orient*, de M. de SMEDT.
196. *Les Mouvements du silence*, de G. MANZUR.
197. *Jésus, Marie-Madeleine et l'Incarnation*, de J.-Y. LELOUP.
198. *Juifs et chrétiens face au XXI e siècle*, coll. dir. par P. THIBAUD.
199. *La Force de l'amour*, de Sœur CHÂN KHÔNG.
200. *Simon le Mage*, de J.-Cl. CARRIÈRE.
201. *Œdipe intérieur. La présence du Verbe dans le mythe grec*, d'A. de SOUZENELLE.
202. *Saint François d'Assise ou la puissance de l'amour*, de S. ROUGIER.
203. *Dieu* versus *Darwin*, de J. ARNOULD.
204. *Sagesses pour aujourd'hui*, entretiens réalisés par C. MESNAGE.
205. *Jésus, l'homme qui évangélisa Dieu*, de R. LUNEAU.
206. *Anthologie du chamanisme*, de F. HUXLEY et J. NARBY.
207. *La Roue de la médecine. Une astrologie de la Terre mère*, de S. BEAR et WABUN.

208. *Moine zen en Occident*, entretiens avec R. et B. SOLT, de R. RECH.
209. *Enquête sur la réincarnation*, dir. par P. VAN EERSEL.
210. *Une femme innombrable, le roman de Marie Madeleine*, de J.-Y. LELOUP.
211. *Sœur Emmanuelle, la chiffonnière du ciel*, de sœur SARA et G. COLLARD.
212. *S'ouvrir à la compassion*, collectif dir. par L. BASSET.
213. *Le Livre du vide médian*, de F. CHENG.
214. *Préceptes de vie de l'Abbé Pierre*, d'A. NOVARINO.
215. *Préceptes de paix des Prix Nobel*, de B. BAUDOUIN.
216. *Cheminer dans la sagesse*, de D. CHOPRA.
217. *Le Chant des profondeurs*, de Nathalie NABERT (dir.).
218. *Islam et démocratie*, de F. MERNISSI.
219. *Le Harem politique*, de F. MERNISSI.

Reproduction photomécanique IGS
Impression CPI Bussière en avril 2010
à Saint-Amand-Montrond (Cher)
Éditions Albin Michel
22, rue Huyghens, 75014 Paris
www.albin-michel.fr
ISBN 978-2-226-06168-3
ISSN 1147-3762
N° d'édition : 08769/07. – N° d'impression : 101261/1.
Dépôt légal : janvier 1993.
Imprimé en France.